U0928448

CNPC-LH19

中国石油辽河石化组织史资料

第二卷

（2014—2018）

中国石油辽河石化公司｜编

石油工業出版社

图书在版编目（CIP）数据

中国石油辽河石化组织史资料．第二卷，2014—2018 / 中国石油辽河石化公司编．—北京：石油工业出版社，2022.10

ISBN 978-7-5183-5465-8

Ⅰ．①中… Ⅱ．①中… Ⅲ．①石油化工厂－工厂史－史料－辽宁 Ⅳ．① F426.22

中国版本图书馆 CIP 数据核字（2022）第 108228 号

中国石油辽河石化组织史资料．第二卷．2014—2018
中国石油辽河石化公司　编

项目统筹：白广田　马海峰
图书统筹：李廷璐
责任编辑：鲁　恒
责任校对：张　磊
出版发行：石油工业出版社
（北京市朝阳区安华里 2 区 1 号楼　100011）
网　址：www.petropub.com
编辑部：（010）62067197　64523611
图书营销中心：（010）64523731　64523633
印　刷：北京中石油彩色印刷有限责任公司

2022 年 10 月第 1 版　2022 年 10 月第 1 次印刷
787×1092 毫米　开本：1/16　印张：15　彩插：1
字数：238 千字

定价：208.00 元

《中国石油辽河石化组织史资料》编审委员会

《中国石油辽河石化组织史资料》编纂领导小组

主　　编： 马宝山

副 主 编： 马　楠

成　　员： 胡永杰　寇卫民　宋普良　陈　闯

本卷编纂组

组　　长： 陈　闯

副 组 长： 宁晓韦

责任编纂：（以姓氏笔画为序）

马　君　马晓辰　方黎明　朱寅菲　刘　驰　刘　坤
刘　静　刘亚玲　孙庆东　李　琛　李建鉴　何润华
张　杨　张　雪　张丽娜　张雨涵　张晓云　张彩虹
张淑萍　陈静静　陈硕一　邵　颖　苗兴东　周　伟
周　佳　赵肖潇　姚晓艳　贺茂玲　郭　赛　崔　丹
梁　媛

中国石油辽河石化分公司历史沿革及历任主要领导一览表

（1970.3—2018.12）

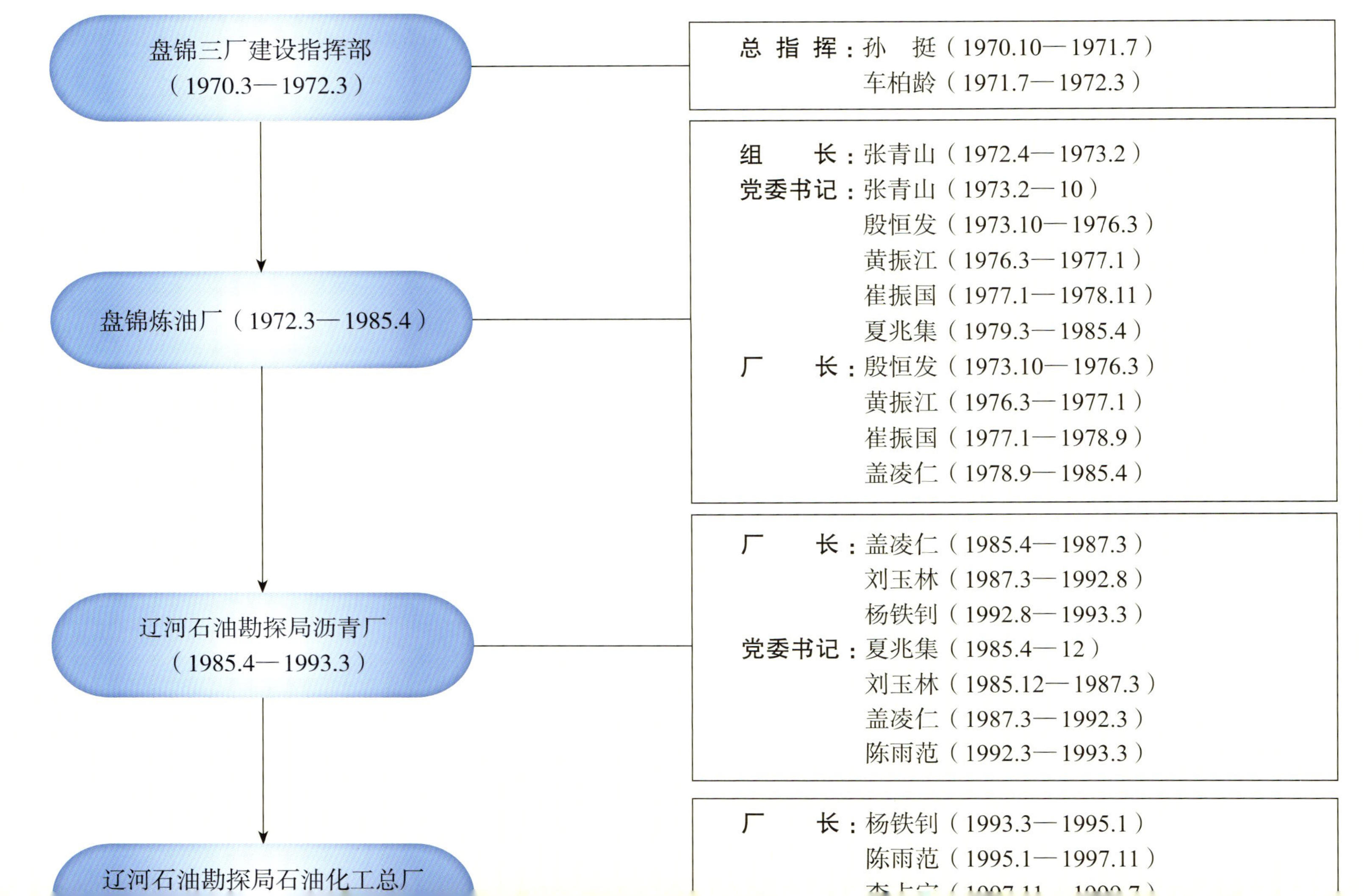

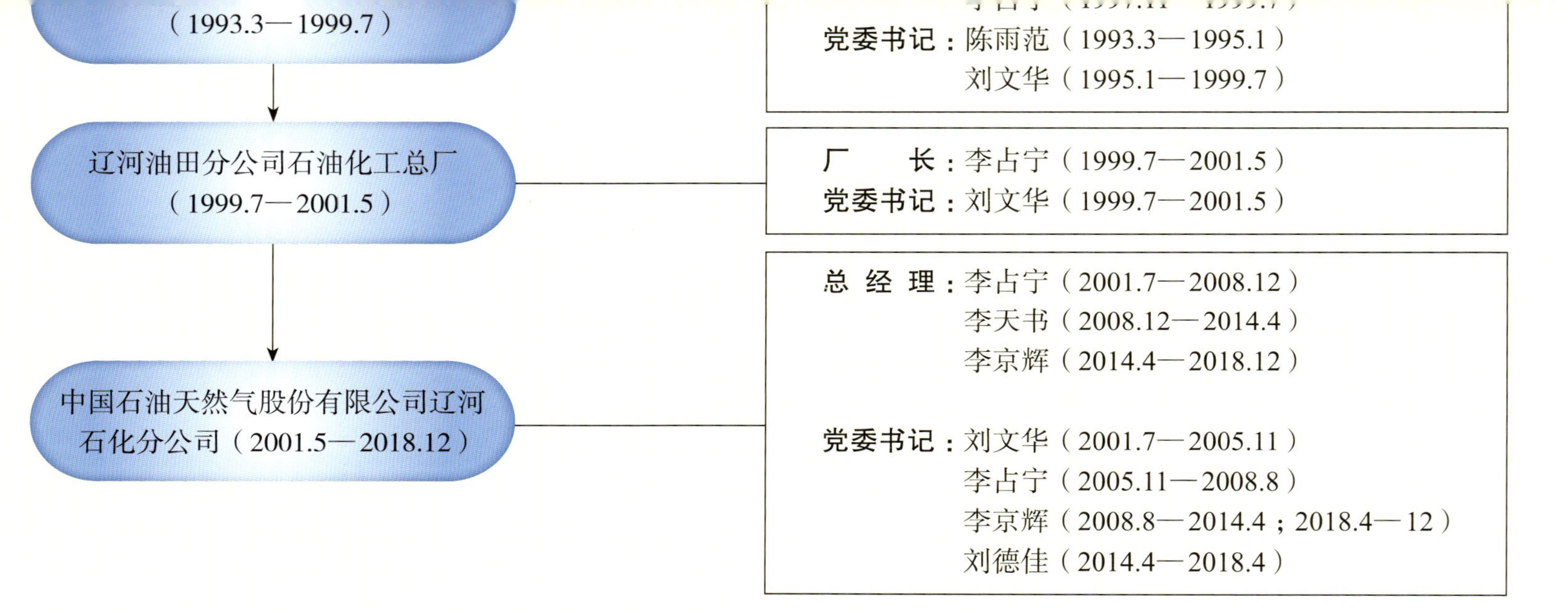

党委书记：陈雨范（1993.3—1995.1）
刘文华（1995.1—1999.7）

厂　　长：李占宁（1999.7—2001.5）
党委书记：刘文华（1999.7—2001.5）

总 经 理：李占宁（2001.7—2008.12）
李天书（2008.12—2014.4）
李京辉（2014.4—2018.12）

党委书记：刘文华（2001.7—2005.11）
李占宁（2005.11—2008.8）
李京辉（2008.8—2014.4；2018.4—12）
刘德佳（2014.4—2018.4）

说明：

1. 1970 年 3 月，根据石油工业部军管会《关于加速下辽河盆地石油勘探的报告》及国务院批示精神，经石油工业部、辽宁省革委会批准，盘锦垦区在盘山区渤海公社牛官屯修建盘锦炼油厂、盘锦化肥厂、盘锦发电厂（简称三厂）。

2. 1972 年 3 月，盘锦地委决定撤销盘锦三厂建设指挥部炼油厂建厂领导小组，成立盘锦炼油厂，归属盘锦地区管理。

3. 1984 年 4 月，盘锦炼油厂归属辽河石油勘探局管理。1985 年 4 月，辽河石油勘探局将盘锦炼油厂更名为辽河石油勘探局沥青厂。

4. 1993 年 3 月，辽河石油勘探局撤销辽河石油勘探局沥青厂和沥青厂工程建设指挥部，成立辽河石油勘探局石油化工总厂。

5. 1999 年 7 月，根据集团公司重组改制要求，辽河石油勘探局石油化工总厂成为辽河油田分公司下属二级单位，更名为辽河油田分公司石油化工总厂。

6. 2001 年 5 月，辽河油田分公司石油化工总厂划归股份公司直接管理，更名为中国石油天然气股份有限公司辽河石化分公司。新组建的辽河石化公司作为股份公司直属地区公司，业务上由炼油与销售分公司归口管理，机构规格为正处级。2005 年 8 月，辽河石化分公司机构规格调整为副局级。2012 年 11 月，辽河石化分公司机构规格调整为正局级。

前　言

通古达今，史为镜鉴。企业的组织机构沿革和人事更迭情况，是企业发展史的一个重要组成部分。2012 年 6 月，辽河石化分公司全面启动《中国石油辽河石化组织史资料》（1970—2013）卷的编纂工作。经过两年多的努力，首编卷顺利出版并取得良好反响。在集团公司的指导与帮助下，在辽河石化分公司的关心与支持下，在首编卷成绩的鼓舞与推动下，组织史资料编纂工作已进入常态化、制度化、规范化。2019 年 2 月，辽河石化分公司启动了《中国石油辽河石化组织史资料 . 第二卷》（2014—2018）续编工作，全书以辽河石化分公司的发展过程及组织机构的设置、演变和领导人员的更迭为主线，兼顾资料的全面性、系统性，同时还反映了企业发展现状、业绩、工作业绩、党建、企业文化建设、干部队伍和党员队伍状况等，比较全面、系统、客观、准确地记录了辽河石化分公司 2014 年至 2018 年间的发展历程，对总结辽河石化分公司组织建设发展规律和经验，传承历史，资政育人，促进公司持续发展，将起到积极的作用。

从 1970 年开始建设到 2018 年，辽河石化已经走过 48 个春秋。从 50 万吨 / 年单体装置到 520 万吨 / 年系统配套，从计划经济下的“战略储备”到新时代背景下的“现代化特色精品企业”，从开始的艰难创业到风雨中茁壮成长，每一次进步都挥洒着一代代辽河石化人辛勤耕耘的汗水，每一次跃升都凝聚着广大干部员工努力拼搏的付出。辽河石化的发展历史，是几代辽河石化人用理想和追求、青春年华和热血汗水绘就的历史画卷，更是他们用知难而进、敢为人先的精神谱写的美好乐章。

2014 年至 2018 年期间，辽河石化以“建设稠油加工基地，打造现代化特色精品企业”为长远发展目标，将“素质好、贡献大、受尊重、可信赖的优秀企业”作为努力标准。立足于稠油特色资源，在 3 个方面形成了自身特色。一是资源特色。辽河石化分公司是中国石油炼化企业中，原油品种最复杂的企业，已实现原油分输、分储、分炼。二是产品特色。辽河石化分公司开发出多种极具特色的沥青，部分取代进口，填补了国内空白，70#A 级沥青销往泰国，成为中国石油来料加工出口沥青第一单。同时生产各种环烷型、芳香型橡胶增塑剂、环保橡胶增塑剂、环保芳烃橡胶增塑剂等产品。除生产国Ⅴ汽柴油外，航煤试生产取得重要进展。三是技术特色。在稠油加工工艺、防腐设备、环保等方面具有独特创新技术。承担了中国石油“劣质重油轻质化关键技术研究”重大科技专项中60%内容。辽河石化分公司将“重油轻质化、沥青特色系列化、润滑油高端化”作为转型提升的具体措施。

《中国石油辽河石化组织史资料》第二卷（2014—2018）以马列主义、毛泽东思想、邓小平理论、“三个代表”重要思想、科学发展观和习近平新时代中国特色社会主义思想为指导，坚持辩证唯物主义和历史唯物主义的立场、观点和方法，按照“实事求是”的原则和“广征、核准、精编、严审”的工作方针，以档案文件的真实记录为依据，去伪存真、去粗取精，反复修改，几易其稿，终于形成了这部全面系统、资料翔实的组织史资料。这套资料，既是一部传承辽河石化分公司发展历史、传播企业文化的重要历史文献，又是一部了解辽河石化分公司组织人事工作沿革的权威工具书。

希望本书发挥“资政、存史、育人、交流”的作用，用辉煌成就鼓舞人，用优良传统教育人，用成功经验启迪人，用历史教训警示人。希望广大员工多了解企业发展历史，从历史中汲取营养，获得前行的动力和方向，在辽河石化分公司未来发展的新征程中，开拓奋进，继续谱写更加宏伟壮丽的篇章。

《中国石油辽河石化组织史资料》编审委员会

2022年2月

凡　例

一、本书按照《中国石油组织史资料编纂技术规范》《中国石油天然气集团公司组织史资料编纂管理办法》进行编纂。

二、指导思想。本书以马列主义、毛泽东思想、邓小平理论、“三个代表”重要思想、科学发展观为指导，以习近平新时代中国特色社会主义思想统领全书，坚持辩证唯物主义和历史唯物主义的立场、观点和方法，按照实事求是的原则和“广征、核准、精编、严审”的工作方针，全面客观记述辽河石化分公司的组织演变发展历程和人事变动情况，发挥“资政、存史、育人、交流”的作用。

三、断限。本书收录上限始自 2014 年 1 月，下限断至 2018 年 12 月。

四、机构称谓。本书中“集团公司”和“股份公司”分别指代中国石油天然气集团公司、中国石油天然气集团有限公司和中国石油天然气股份有限公司；“辽河石化分公司”“辽河石化”或“公司”指代中国石油天然气股份有限公司辽河石化分公司。

五、资料收录范围。本书收录的资料分三部分：一是组织机构沿革及领导成员名录等正文收录资料；二是组织人事统计资料；三是组织人事大事纪要等资料。

（一）组织机构及领导名录收录范围：

组织机构收录范围主要依据行政隶属关系和股权管理确定，领导名录收录范围主要是按照干部管理权限确定。具体包括辽河石化分公司领导机构及其领导班子成员；辽河石化分公司机关职能处室、直属机构、附属机构、基层单位领导机构及其领导成员，收录到副科级及以上干部。

（二）附录主要包括：组织机构名录及沿革图，基本情况统计表，专家和高级职称人员名录表，省、市、区人大代表、政协委员名录及先进集体和先进个人等。

（三）组织人事工作大事纪要主要收录组织干部、人事劳资、教育培训等重要事件。

六、资料的收录原则。党、政组织机构较详，其他组织机构较略；本级组织机构较详，下级组织机构较略；组织机构及领导班子成员资料较详，其他资料较略。

七、编纂结构体例。本书为《中国石油辽河石化组织史资料》第二卷（2014—2018），与《中国石油辽河石化组织史资料》（1970—2013）一脉相承，采取“先分层级，再分层次”的方法，按章、节、目的层次进行编纂。第一章为领导机构，第二章为机关职能处室，第三章为直属机构，第四章为基层单位，第五章为附录，各章下设节，节下设目；第六章组织人事大事纪要章下未设节。

八、资料编排。本书采用文字叙述、组织机构及领导名录、图表相结合的编纂体例进行编排。

（一）文字叙述的编排。本书文字叙述主要起连接机构、名录、图表的作用，主要包括综述、章下述和简述。

在本书之首写有综述，主要记述辽河石化分公司组织机构沿革及编纂时限内的基本简况、沿革变化及其历史背景；下设工作机构和所属单位的机构改革、体制调整等组织沿革发展变化情况；本级组织在党的建设、干部和员工队伍建设、企业管理和改革、生产经营和企业文化建设中所采取的重大决策、重要措施和取得的成绩等内容。

在各章之首，写有本时期领导机构、机关职能处室、所属单位每个层次的分述，即本层次组织机构沿革情况概述或提要。主要是围绕本层次组织机构发展主线，简要概述组织机构的基本概况管理体制调整、组织机构调整、业务重组整合、领导届次变化等。

在各节下，分别收编具体组织机构，第一部分为该组织机构沿革的简述，第二部分是领导名录。简述主要记述该机构建立、撤销、分设、合并、更名、职能变化、业务划转规格调整、体制调整的依据及结果，上级下属、内部机构设置及人员编制的变化情况，生产规模、发展业绩等。

（二）组织机构的编排顺序。一般先按编纂上限时（2014 年 1 月）机构的规范顺序，再按机构成立时间先后排列。即 2014 年 1 月 1 日延续下来的，按照 2014 年 1 月 1 日的规范顺序进行排列；新成立的机构，按照成立时间先后依次排列。

（三）领导名录的编排顺序。一般先按正职后副职和任职时间先后的顺序分别排列。编纂上限时已在任的，按照编纂上限时的规范顺序进行排列。

同为副职的，按任职先后排列；同时任职的，按任职文件中的顺序排列。其他相应职级干部依次排在领导班子成员名录后；提前退出领导岗位的成员，空一行排在行政领导后。

党内职务排序依次为正职、副职、委员。委员排列按照选举产生或历史文献列定的顺序，后增补的按任职时间先后排列。行政职务排序一般为先正职、再副职、后总师。一人兼多职的，按不同职务序列名称分别编排。除上级部门领导兼任下级职务或兼任“安全总监”标注“兼任”外，其他同一人分别任不同职务序列和岗位职务时一般不标注“兼任”。

本书领导名录编排顺序不代表班子成员实际排序。

（四）本书图表。本书卷首收录辽河石化分公司历史沿革及历任主要领导一览表；附录收录有组织机构名录及沿革图、有关统计表等。

（五）其他。组织机构名称一般使用全称。名称过长或常用简称的，第一次出现时使用全称，之后注明用简称。目录和标题中的机构名称一般用规范的简称或全称。

九、本书收录的领导成员资料包括其职务（含代理）、姓名（含曾用名）、性别、少数民族族别、任职起止年月等人事状况。凡涉及女性、少数民族、兼任、主持工作、挂职、未到职或领导成员实际行政级别与组织机构规格不一致等情况的在任职时间括号内标注。涉及同一人的备注信息仅在该节第一次出现时加注。对组织上明确有“常务”职务的，一般单列职务名录，并编排在其他副职前。在列名录时，涉及两个或两个以上职务名称的，第二个名称使用括号。

十、本书收录的组织机构及领导名录，均在其后括号内注明其存在或任职起止年、月。月不详者注季，季不详的注上半年、下半年或年，年、月均不详者括号标注“不详”。任职上下限时间在同一年者，标注下限时间时省略年，例如“（201×.×—×）”；同一个月内者，任职时间只标注年月，例如“（201×.×）”。同一组织、同一领导人员，其存在或任职年月有两个或两个以上时间段时，前后两个时期之间用“；”隔开；组织机构更名后，排列时原名称在前、新名称在后，中间用“—”连接。收录的某一组织机构，在编纂时限内，其领导成员一直空缺或不详者，分别在职务后括号内标注“空缺”或“不详”。其中一段时间空缺或不详的，用页下注予以说明。

十一、组织机构设立和撤销时间，以机构管理部门正式下发的文件和实际成立或撤销时间为准；没有文件的，以领导任免或工商注册、资产变更等法定程序为准。虽有机构管理部门下文的机构设立文件，但实际未设立的，仅在文字叙述部分进行记述。

十二、领导成员任离职时间，均以干部主管部门任免时间或完成法定聘任（选举）程序时间为准。同一人有几级任免文件的，按干部管理权限，以主管部门任免行文时间或宣布任离职时间为准；文件资料与本人任离职时间不一致的，以实际任离职时间为准并加页下注说明。属自然免职或无免职文件的，将下列情况作为离职时间：被调离原单位的时间，办理了离退休手续的时间，去世时间，机构撤销时间，选举时落选时间，新领导人接替时间，副职升任正职的时间，随机构更名而职务变化的时间，刑事处罚、行政处分和纪律处分时间。确无文件依据的，经组织确认后，加以标注。

十三、本书入编机构，只收录以人事部门文件为准的常设机构，各种临时机构、虚设机构、领导小组、委员会等非常设机构未收录。

十四、本书资料的收录截止时间，不是组织机构和领导成员任职的终止时间。

十五、本书对历史上的地域、组织、人物、事件等，均使用历史称谓。中国共产党各级组织名称的书写，一般简写为党委、党总支、党支部等。

十六、本书一律使用规范的简化字。数字使用依据《出版物上数字用法》（GB/T 15835—2011），采用公历纪年，年代、年、月、日和计数、计量、百分比均用阿拉伯数字，表示概数或用数字构成的专用名词用汉字数字，货币单位除特指外，均指人民币。

十七、本书采用行文括号注和页末注。行文括号注包括领导成员的人事状况，组织的又称、简称、代称，专用语全称与简称的互注等。页末注系需要说明的问题。同一内容的注释，只在本节（目）第一次出现时注明一次。

十八、本书原始资料主要来源：辽河石化分公司机关部门、各基层单位的征集上报资料；档案室的文书档案资料；辽河石化分公司年鉴和工作会议资料；人事干部档案、有关文件选编、会议材料、工作总结、人事劳资统计报表等。

十九、本书收录的资料，仅反映组织机构沿革、领导成员更迭变动和干部队伍发展变化的历史，不作为机构和干部个人职级待遇的依据。由于情况复杂，个别人员姓名和任职时限难免出现错漏和误差，有待匡正。

目　　录

综　　述

辽河石化分公司是中国石油最具特色的炼化企业之一，始建于1970年，原油加工能力520万吨/年，以加工稠油为主，是中国最大的沥青生产基地。2014年至2018年，国际国内石油石化行业形势不断变化，稠油加工成本大幅上升，沥青市场持续低迷，辽河石化分公司经历了挑战严峻的困难时期。面对极其严峻的形势，公司上下牢固树立“一盘棋”思想，认真贯彻集团公司党组决策部署，按照“合规强管理，优化增效益，特色促发展”工作思路，坚持党的全面领导，坚守安全环保红线不动摇，坚守质量效益底线不动摇，持续强化“三严”管理，大力实施开源节流降本增效，确定“以效定销、以销定产、以产促销”的生产经营原则，坚定信心，多措并举，克服重重困难，圆满完成了集团公司各阶段下达的业绩指标，认真履行了企业的经济、政治、社会责任，并实现了发展成果惠及员工的美好愿望。2014年至2018年，累计加工原油2399万吨；销售收入939亿元；利润6.75亿元；上缴税费227.2亿元。截至2018年，实现连续13年盈利。

一、历史沿革和组织机构管理

1970年，石油工业部军管会和辽宁省革命委员会决定建设盘锦炼油厂，隶属辽宁省盘锦地区工业局领导。1975年，盘锦炼油厂划归辽宁省营口市石油化学工业局管理。1984年，划归辽河石油勘探局管理。1985年4月，更名为辽河石油勘探局沥青厂。1993年3月，更名为辽河石油勘探局石油化工总厂。1999年7月，辽河石油勘探局重组分立时，辽河石油勘探局石油化工总厂划入辽河油田分公司管理并更名为辽河油田分公司石油化工总厂。2001年5月，辽河油田分公司石油化工总厂上划股份公司直接管理，更名为中国石油天然气股份有限公司辽河石化分公司，机构规格正处级。2005年8月，机构规格调整为副局级。2012年11月，机构规格调整为正局级。辽河石化分公司作为股份公司地区公司，行政上由股份公司直接管理，业务上由炼油与化工分公司归口管理，党组织关系隶属辽河油田分公司党委。

2014年1月，辽河石化分公司设机关职能处室12个：办公室（党委办公室）、人事处（党委组织部）、规划计划处、财务处、生产运行处、机动设备处、安全环保处、科技处、企管法规处、审计监察处（纪委）、企业文化处（党委宣传部）、群团工作处（工会、团委、计划生育办）。机关附属机构6个：培训中心（再就业中心）、资金结算中心、调度中心、现场监察中心、新闻中心、文体中心。直属机构4个：工程管理部、营销调运部、电子商务部、计量部。基层单位35个：东蒸馏车间、南蒸馏车间、西蒸馏车间、催化车间、焦化车间、加氢一车间、加氢二车间、制氢车间、糠醛白土车间、气分—聚丙烯车间、净化车间、重整车间、空分车间、供水车间、水处理车间、油品车间、原油车间、销售车间、鲅鱼圈储运公司、运输车间、钳工车间、电工车间、仪表车间、分析化验中心、原油部、保卫部（信访稳定办公室）、研究院、工程预决算部、信息管理部、设计所、工程质量监督站、档案室、机关车队、后勤服务中心和石化宾馆。合资公司1个：盘锦中油辽河沥青有限公司。

2014年7月，按照集团公司人事部"三控制一规范"要求，辽河石化分公司以组建联合机构为重点，对组织机构进行了大幅度的优化整合：整合东蒸馏车间、南蒸馏车间、西蒸馏车间、焦化车间，组建第一联合运行部；整合催化车间、气分—聚丙烯车间，组建第二联合运行部；整合加氢一车间、加氢二车间、糠醛白土车间，组建第三联合运行部；整合重整车间、制氢车间，组建第四联合运行部；整合净化车间、水处理车间，组建第五联合运行部；整合油品车间、原油车间、运输车间，组建油品储运部；整合空分车间、供水车间，组建动力运行部；整合仪表车间、电工车间，组建仪电运行部；整合钳工车间、工程质量监督站，组建检维修部；整合后勤服务中心、石化宾馆、机关车队、新闻中心、文体活动中心，组建行政事务部。调整后设机关职能处室12个，机关附属机构6个，直属机构5个，二级机构15个，机构压缩20个。

2015年9月，为进一步压缩机关机构数量，将企业文化处（党委宣传部）与群团工作处（工会、团委、计划生育办）合并为企业文化处（党群工作处）。

2018 年 12 月，企业文化处（党群工作处）更名为企业文化处（党委宣传部、工会、团委）。

经过持续调整和优化，截至 2018 年年底，辽河石化分公司设机关职能处室 11 个：办公室（党委办公室）、人事处（党委组织部）、规划计划处、财务处、生产运行处、机动设备处、安全环保处、科技处、企管法规处（内控与风险管理处）、纪委监察审计处、企业文化处（党委宣传部、工会、团委）。机关附属机构 6 个：结算中心、调度中心、培训中心（再就业中心）、档案室、工程造价中心、安全监督中心。直属机构 5 个：工程管理部、营销调运部、物资采购部、计量质检部、信息管理部。基层单位 15 个：第一联合运行部、第二联合运行部、第三联合运行部、第四联合运行部、第五联合运行部、油品储运部、动力运行部、仪电运行部、检维修部、行政事务部、保卫部（信访稳定办公室）、研究院、设计所、鲅鱼圈储运部、盘锦中油辽河沥青有限公司。

二、发展战略和主要成就

2014 年至 2018 年是辽河石化分公司发展历程中极不寻常、极具挑战的一段时期。国际政治经济形势纷繁复杂、国内经济下行压力加大，国际油价大幅震荡、沥青市场持续低迷，国内油气需求增速放缓、成品油价格大幅走低，使公司生产经营难度陡增，面临重大考验。面对复杂形势，辽河石化分公司全面贯彻落实党中央、集团公司决策部署，认真落实炼化转型提升工作要求，遵循“特色化、差异化、高端化”的发展定位，以“合规强管理，优化增效益，特色促发展”为重点，以建设“素质好、贡献大、受尊重、可信赖”的优秀企业为目标，圆满完成“十二五”工作，“十三五”开局良好。

2014 年，公司经受住了宏观经济下行、新建装置运行、机构整合改革等考验，超额完成全年工作任务，共加工原油 530.77 万吨，再创历史新高；生产道路沥青 184.5 万吨，同比增加 6.8 万吨；生产柴油 146.2 万吨，同比增加 4.4 万吨；加工费 288 元 / 吨，比目标值低 31 元 / 吨；实现销售收入 255.6 亿元；实现账面利润 2.5 亿元，在炼化排名第六，实现了效益上台阶目标；上缴税费 42.8 亿元。

2015 年，国家宏观经济形势仍然严峻，石油石化行业应对低油价，处境艰难。辽河石化分公司沉着应对挑战，积极稳健前行，经受住了宏观及行业环境不利、沥青和成品油市场需求低迷、装置低负荷运行、稠油成本同比增加、合规管理提上更高层次、装置大检修等一系列考验，在全体干部员工的共同努力下，圆满完成了全年工作任务。加工原油 483 万吨；计划执行率 98.54%；生产柴油 143 万吨、汽油 54 万吨、润滑油 18.78 万吨、沥青 173 万吨；生产苯 3.22 万吨，同比增加 1 万吨；生产二甲苯 8.86 万吨，同比增加 5.72 万吨；生产聚丙烯 2.25 万吨；实现利润 1.03 亿元，完成炼油与化工分公司分阶段下达的创效指标；上缴税费 54 亿元，同比增加 11 亿元。

2016 年，国际油气价格低位运行，国内油品市场、沥青市场需求低迷，辽河石化分公司的生产经营从原油成本到产品销售都遇到重大挑战。特别是 1 月和 4 月，稠油定价机制先后在重质油贴水基础价格、重质油结算吨桶比和原油品质差系数 3 个方面进行调整，使全年同比增加原油成本 7.5 亿元。面对巨大压力和严峻挑战，公司审时度势，超前研判，沉着应对，全年工作圆满完成。加工原油 470.5 万吨；生产沥青 177 万吨、汽油 57 万吨、柴油 132 万吨、润滑油 13 万吨；销售产品 455 万吨；销售收入 139 亿元；炼油完全加工费 288.17 元 / 吨，账面利润 1324 万元，加上来料加工海外账户盈利及剔除原油涨价因素影响，实现考核利润 4.7 亿元，超额完成 4 亿元业绩目标；股权投资收益比预算增加 102 万元，超出业绩指标；上缴税费 41 亿元。主要经济技术指标中，计划执行率、原油综合损失率位居炼化板块第一位，有 7 项指标位居炼化板块前六位。公司发展进程取得突破：40 万吨 / 年润滑油高压加氢项目通过集团公司可研评审，催化装置改造项目获得批准立项，重油轻质化思路积极推进，2# 硫磺[①] 回收装置、2# 酸性水汽提装置建成，醚化装置开工建设。科研工作扎实推进，新产品“研、产、销、服”一体化体系作用进一步有效发挥，行标沥青实现批量生产，圆满完成环保油中试装置试验任务，成功试产航煤产品。“高液收的延迟焦化新技术开发与工业应用”项目成果获集团公司科技进步奖一等奖。

2017 年，辽河石化分公司坚持稳健发展方针，积极应对原料成本高企、

① 硫磺同硫黄，企业惯称“硫磺”。

沥青市场低迷等诸多不利因素，坚守安全环保红线不动摇，坚守质量效益底线不动摇，持续强化“三严”管理，确定“以效定销、以销定产、以产促销”的生产经营原则，坚定信心，多措并举，全力落实“6+34”提质增效措施，努力破解稠油加工高成本、高效产品低产销量、优质产品低附加值“三道难题”，全面完成集团公司下达的四类16项年度责任指标。加工原料（油）478万吨，其中原油456万吨，销售产品453万吨，营业收入182亿元，完全单位加工费286.21元/吨，现金单位加工费160.93元/吨，实现利润2.26亿元，上缴税费49亿元。“40万吨/年润滑油高压加氢”项目基础设计获批，签订项目建设EPC总承包合同，进入建设施工阶段。炼化业务转型升级发展项目有序推进。15万吨/年催化轻汽油醚化装置及配套工程建成投产。新型沥青生产技术成功应用，沥青产品出口泰国。公司获沥青行业民族品牌贡献奖、石油和化工企业“绿色工厂”、集团公司统计工作先进单位、节能节水先进单位、环境保护先进企业、辽宁省平安建设示范单位等荣誉称号，“劣质超重油改质、加工成套技术研究开发及工业应用”项目成果获集团公司科技进步奖特等奖。

2018年，公司持续打牢安全环保基础，坚持“以效定销、以销定产、以产促销”生产经营原则，全力落实提质增效措施，共同克服资源波动、成品油调运艰难、装置检修库存增长、油品市场价格连续下跌等多重困难，取得了良好的生产经营业绩。全年加工原油458万吨，营业收入200亿元，完全单位加工费320.01元/吨，现金单位加工费175.05元/吨，实现账面利润3202万元，上缴税费40.4亿元。公司坚持“三严”管理，安全环保风险全面受控，实现年度安全环保工作目标。积极推进环保达标升级，污染物稳定达标排放。中央环保督查“回头看”实现零投诉。获批排污许可证。安全、环保、优质、高效地完成21套系统及单元的检修改造任务，并实现一次开车成功。精心组织项目建设，全年完成投资6亿元，“40万吨/年润滑油高压加氢”项目主体工程完成86%。

截至2018年年底，辽河石化分公司经过近50年的发展建设，成为原油加工能力520万吨/年，拥有常减压蒸馏、催化裂化、连续重整、汽柴油加氢、润滑油加氢、延迟焦化、润滑油糠醛白土联合精制、气体分馏、聚丙烯、制氢、硫磺回收、酸性水汽提、干气及液化气脱硫等28套生产装置及完善的公用工程系统和辅助生产设施，占地面积177万平方米，固定资产原值60亿元的现代化石油化工企业。公司突出科技引领，持续推进创新驱动发展战略，紧紧围绕“特色化、差异化、高端化”发展战略和“建设集团公司劣质稠油加工示范基地”战略目标，立足加工稠油的资源优势、研发优势，在困扰生产及发展的技术瓶颈上开展科技攻关，形成了稠油加工独特的工艺技术，生产出了具有广阔市场前景的特色产品。以“建设稠油加工基地，打造现代化特色精品企业”为发展目标，形成了以“聚合光热，播撒欢喜”为核心内容的特色企业文化，为辽河石化分公司的可持续发展奠定了坚实的基础。

“十二五”以来，公司先后获得中央企业管理提升活动先进单位，集团公司安全生产模范单位、环境保护先进单位、设备管理先进单位、科技工作先进单位、节能节水先进单位、中国石油500万吨级炼油企业职业技能竞赛团体第一名，全国企业文化建设优秀单位，辽宁省平安示范单位、思想政治工作先进单位、守合同重信用企业、沥青行业卓越贡献奖、沥青行业诚信单位，中交交通产品认证中心交通产品认证第一号证书和CCPC十年发展卓越贡献单位，中国沥青行业“社会最佳贡献奖”企业等多项荣誉。

三、领导班子和人才队伍建设

2014年至2018年，辽河石化分公司人事工作坚决贯彻落实集团公司改革发展要求，着力在控制员工总量、降低人工成本、调整队伍结构、提高队伍素质上下功夫，严把入口、畅通出口、盘活存量，员工总量压减10%；组建联合机构，实行扁平化管理，组织机构压减37%。通过一系列改革，组织运行效率显著提高，劳动效率显著增长，员工收入稳步增加，队伍素质明显提升，为公司发展提供了人力资源保障。

选人用人工作质量不断提高。2014年4月起公司开展了组织机构优化整合工作，此次组织机构优化整合机构压缩幅度之大、职级调整涉及领导人员之多、选拔任用条件把握之严，由于准备充分、方案细致完善、过程把控严密，实现了新旧体制无缝对接、管理程序平稳过渡、干部队伍和谐稳定。整合后中层领导人员114人，其中处级领导人员64人，严格控制在集团公司批复范围内。在干部调整过程中有 11 名领导人员所在岗位机构规格发生了变化，却因任期条件和考核成绩没有达到标准，其职级没有得到调整，占应调整领导人员总数的 12.08%。

为进一步推进领导干部管理工作的科学化、制度化、规范化，努力建设一支信念坚定、为民服务、勤政务实、敢于担当、清正廉洁的高素质领导干部队伍，2016 年 11 月，制定并印发了《辽河石化分公司领导人员管理办法》，落实全面从严治党、从严管理干部的要求，规范了选拔任用程序，坚持和完善动议、民主推荐、考察、讨论决定、任前公示、组织谈话等选拔任用程序；完善党管干部、集体决策机制，强化公司党委、组织人事部门、基层党组织在干部选拔任用中的责任。

积极加强后备干部队伍建设，遵循干部成长规律选用年轻干部，正确处理个人潜质与阅历积累的关系，对看得准、有潜力、有发展前途的，解放思想，大胆提拔使用。研究制定《辽河石化分公司优秀年轻干部培养选拔工作方案》，力争 5 年左右时间，机关处、部领导班子 40 岁以下、二级机构领导班子中 35 岁以下的年轻干部，总体上达到相应层级班子成员总数的六分之一到五分之一；逐步实现二级机构领导班子的“123”目标，即：二级机构班子中 35 岁左右的成员至少要有 1 名，40 岁左右的成员要占 1/2 以上，发现和培养不少于 3 名有潜力的后备干部。分别于 2017 年、2018 年完成主管和高级主管岗位聘任工作。2017 年聘任的 32 人平均年龄 40 岁，其中 35 岁及以下 7 人，占 22%; 36 岁至 40 岁 8 人，占 25%。2018 年聘任 34 人平均年龄 44 岁，其中 35 岁及以下 4 人，占 12%; 36 岁至 40 岁 2 人，占 6%。调整后领导人员工作活力得到加强，各机构领导人员合力得到明显改善。

严肃组织纪律、加强日常监督。2015 年，制定并印发了《辽河石化分公司员工因私出国（境）管理办法》，进一步加强和规范领导人员因私出国（境）管理工作，证件集中管理，严格审批、管理、使用等工作制度。严格执行《辽河石化分公司领导人员及机关管理人员请销假管理规定》，规范领导人员请销假程序，进一步严肃纪律、转变作风。认真组织开展党员领导干部个人有关事项报告工作。

人才队伍建设取得新突破。完善技术专家管理，全面实施人才强企战略，充分调动广大专业技术人员的创新积极性，提高专业技术人员队伍的素质，营造有利于人才培养与平等竞争的良好环境。2016 年 9 月，对聘期满 3 年的 1 名集团公司技术专家进行了聘期考核，完成集团公司技术专家增补选聘工作，推荐集团公司原技术专家参加续聘。2017 年，解聘所有聘任期满的企业技术专家，在全公司范围重新评聘。加强青年科技英才培养。按照个人申报、资格审核、评审推荐、公示、上报集团公司等步骤开展集团公司青年科技英才选拔，2017 年和 2018 年，每年选拔 1 名集团公司青年科技英才，制定《辽河石化分公司青年科技英才培养方案》，不断落实各项配套保障，不断丰富培养渠道。推进专业技术岗位序列改革，制定了《辽河石化分公司专业技术岗位序列改革工作方案》《辽河石化分公司研究院专业技术岗位人员聘任管理暂行办法》《辽河石化分公司研究院专业技术岗位人员薪酬管理暂行办法》《辽河石化分公司研究院专业技术岗位人员考核暂行办法》等相关制度。

不断完善高技能人才补充、退出机制，形成合理的技能人才梯次结构，充分调动广大操作技能人员学技艺、强技能、提素质、立足岗位成才的积极性，确保高技能人才队伍建设长效开展。2015 年，完成集团公司技能专家续聘工作，对公司 6 名在聘企业级技能专家进行聘期考核，同时开展对公司新一届企业级技能专家评聘工作，重新聘任 9 名企业级技能专家。根据集团公司培养计划，组织 1 人参加集团公司国际化人才“千人培训工程”，1 人参加集团公司专业技术骨干进修班。2017 年，加强高技能人才管理，完善专家考核机制，完成了 10 名两级技能专家的年度考核工作，并签订了年度任务书。将企业级技能专家考核分为日常工作表现和作用发挥情况两个方面。其中作用发挥情况考核为新增项目，由人事处组织公司相关人员成立年度考核评审组，组织技能专家对本人年度工作任务的完成情况进行述职，评委针对工作任务提出问题，并根据专家工作任务书、证明材料和答辩情况对专家进行打分。2018 年，完成新一届集团公司技能专家推荐工作，推荐 3 人为集团公司技能专家。完善了高技能人才队伍，在原有技师、高级技师、企业技能专家和集团公司技能专家的基础上，增加了首席技师人才队伍。完成了各支队伍的聘任工作，公司在聘技师 130 人、高级技师 38 人、首席技师 5 人、企业技能专家 3 人和集团公司技能专家 3 人。加强高端人才培养。2018 年，选派 4 人参加国家安全生产监督管理总局举办的第二届化工安全复合型高级人才研修班。

员工培训工作扎实推进。培训工作紧密围绕公司中心工作，以“三强化三提升”主题活动为载体，以服务生产经营、提升核心竞争力为目标，以“实际、实用、实效”为原则，通过创新培训方式，更新培训内容，全面落实培训直线责任，持续深化培训机制创新和管理创新，为公司安全生产和可持续发展提供坚实的人力资源保障。2014 年，组织工艺技术员、设备技术员、安全员、统计员、人事员和体系内审员共 357 人进行了专业基本知识和通用知识培训、考核，优胜劣汰，全面优化队伍结构。2015 年，为了全面检验培训效果，推动通岗培训深入开展，组织通岗培训考核验收考试，新组建和整合单位的领导成员、装置运行工程师（专业主管）、安全工程师（安全主管）、专业技术人员、安全员共计 223 人参加了此次考试，这次考试采用由职能处室和各运行部自主开发的题库，题量大，知识面广，既有通用性又有较强的针对性，真正起到了以考促培的目的。2016 年开始，采用联盟式培训方式，推进校企合作，每年组织专业技术骨干参加中国石油大学（华东）举办的全国石油炼化行业专业技术骨干“微专题”研修班，3 年共完成 14 个专题，46 人次的培训。为了进一步提高班组长的安全管理意识，更新精细化管理理念，有效掌握管理技能，提升综合素养，充分发挥其“兵头将尾”作用，更好地为生产实际服务，2017 年，与中国石油大学（华东）合作，完成 3 期，每期 9 天，共计 80 人的班组长培训。为进一步强化年轻干部的党性修养、宗旨意识、担当精神，切实增强科学决策、依法治企和驾驭复杂局面、处理复杂问题的能力，为公司长远发展提供人才保障，2018 年 12 月，与广州石油培训中心合作举办中青年干部培训班，共培训 24 人。

积极筹备参加技能竞赛，为员工提供交流、展示、提高的机会，发挥竞赛在技能人才选拔、培养中的作用。2014 年至 2018 年，共组织 120 人参加集团公司技能竞赛。2015 年，在集团公司催化裂化装置操作工职业技能竞赛中，获得团体第三名，个人获铜牌 2 块，获应急演练团体成绩第二名。2016 年，参加盘锦市第九届职业技能竞赛，获团体总分和钳工个人项目第一名。2017 年，在第九届全国石油和化工行业职业技能竞赛中，取得仪表工团体一等奖、污水处理工团体三等奖，仪表工 3 名选手获得“全国石油和化学工业行业技术能手”荣誉称号。2018年，在全国技能大赛——第十届全国石油石化行业职业技能竞赛机修钳工赛项和化学检验工赛项中，取得了团体三等奖，个人获得集团公司炼化专业职业技能竞赛设备管理专业竞赛1块金牌、催化重整装置操作工竞赛1块银牌、安全管理专业竞赛1块铜牌。2018年，高技能人才撰写一线创新成果12项，获集团公司一等奖1项、三等奖2项、优秀奖2项。

精简机构编制，控员增效取得新进展。持续精简机构设置，从严核定人员编制和领导职数，推进机构优化整合，压缩管理层级，有效降低公司管理成本。2014年7月，开展了有史以来最大规模的机构优化整合，组织机构数量由58个压减至38个，压缩幅度达34.5%。其中，直属机构由9个压缩为5个，二级机构由31个压缩为15个。2015年9月，将企业文化处与群团工作处合并，进一步压缩了机关机构数量。2016年，制定下发机关岗位设置规范，规范机关岗位设置，严格控制机关编制定员，通过定岗定编和岗位聘任，实现机关处部减少编制定员23个。在组织机构整合的基础上，加强岗位人员通岗培训，积极推行“大班组、一体化”业务整合工作，将小班组合并为大班组，真正实现了机构整合、业务整合、人员整合的目标，有效缓解人才断档压力。

多措并举控减员工总量，用工规模持续减少。按照“严把入口、畅通出口、盘活存量”思路控减用工规模，员工总量减少285人。新增用工指标主要用于招聘主体专业大中专毕业生和接收安置复转军人，补充到一线关键岗位。2014年12月至2015年10月，先后印发了《辽河石化公司进一步清理长期在册不在岗人员实施细则》等文件，通过自查自改、调查摸底、系统清理三个阶段，完成长期在册不在岗人员清理工作。按照2016年5月9日集团公司下发的《关于结构调整中人员分流安置的指导意见》文件要求，2017年2月14日，公司下发了《关于结构调整中人员分流安置的实施办法》，通过八项措施开展人员分流安置工作。分流安置113人。按照集团公司《关于促进开展业务外包工作的指导意见》要求，先后完成物业保洁、会议服务、通勤、食堂、绿化、治安保卫等业务外包工作，减少正式员工300人以上，人员转岗至生产和辅助生产单位倒班岗位。

考核制度不断完善，奖惩作用有效发挥。辽河石化分公司业绩考核体系以 KPI 考核、专业管理考核、专项考核、总经理奖励基金、满意度测评为基本框架，结合对标管理考核、班组绩效考核、360° 反馈评价等多种考核手段，通过经营活动分析会、业绩考核讲评会、对标工作推进会等形式加强绩效考核过程控制，依托业绩考核管理系统、年度测评系统、班组一体化系统和问卷调查系统，形成系统完整、层次清晰、科学高效的绩效考核体系。充分发挥了绩效考核的导向作用和激励约束作用，促进了公司经营业绩指标完成和日常管理工作的开展。

2014 年，辽河石化分公司完善经济责任制考核办公室机构及职责，成立由人事处、规划计划处牵头，企管法规处配合，各相关处部业务骨干组成的考评小组，参与制定各专业单位绩效合同，制定各单位考核指标操作手册，小组成员每月定期召开考评例会并执行考核手册内容，每季度召开一次公司级的考评会。

因 2014 年 7 月辽河石化分公司组织机构优化整合，各部门的工作职责和管理权限发生了变化，2015 年公司经济责任制考核办公室听取各单位意见和内部多次例会研究的基础上，对综合管理考评方案进行了修订。经济责任制考核分为对基层单位的考核和对机关处部的考核两大类。对基层单位的考核由关键业绩指标（KPI）考核（50%）、专业管理考核（50%）和专项考核 3 部分构成。对机关处室的考核由关键业绩指标（KPI）考核（70%）、满意度测评（30%）和专项考核 3 部分构成。

坚持利润导向原则。根据公司季度账面利润完成情况确定奖金基数。完成季度利润奋斗目标，奖金基数上调 5%；完成季度利润基本目标，奖金基数不变；完不成公司季度利润基本目标，奖金基数下调 10%。

坚持安全第一、环保优先原则。一般 A 类安全、环保事故全体员工当月奖金基数下调 5%、主责单位当月奖金基数下调 15%、相关单位当月奖金基数下调 10%；一般 B 类主责单位当月奖金基数下调 10%、相关单位当月奖金基数下调 5%。

2016 年，考核办公室在公司党政领导班子的领导下，坚持通过考核助力公司管理水平提升的理念，秉承考核过程公平、公正、公开的原则，矢志探索考评体系的持续改进。考核办公室明确分工，合理确定各部门奋斗目标数量平衡性、审定各部门目标值是否具有挑战性。人事处牵头梳理；计划处负责各单位 KPI 类指标确定；企管法规处负责专业管理类指标确定。各单位的奋斗目标值确定要突出两大要点：一是各单位奋斗目标实现确保关键业绩指标的完成；二是解决专业管理工作的短板，实现管理水平的稳步提升。

2017 年，参照集团公司的考核办法，对《辽河石化分公司综合管理考评办法》进行修订，加大“税前利润”“炼油现金加工费”和“生产计划执行率”等关键指标的考核权重。各部门业绩合同中，“税前利润”占 20% 权重，“炼油现金加工费”占 10% 权重。将 KPI 分为效益类、营运类、服务类、约束类和服务类。考核内容主要以分解落实公司关键业绩指标为主，结合公司年度重点工作、主要经济技术指标和部门年度工作要点。在 KPI 指标中增加了约束性指标，切实提高约束性指标在考核体系中的地位，并层层分解考核，考评办公室考核主管部门，主管部门考核其他部门。

2017 年 6 月，考评办公室制定了《工作督察督办结果考核兑现办法》，此办法提高了所属单位的工作执行能力，确保实现工作任务“决策、部署、落实、反馈”的闭环管理，促进管理水平的全面提升。

2018 年，考评办公室不断完善综合管理考评体系，将财务处纳入综合管理考评办公室，重点负责对效益类、成本类指标的分解、考核，确保指标全年过程受控。充分发挥综合管理考评办公室工作职能，强化指标主责部门主体责任，细化考核细则和考核标准，突出考核各部门年度重点工作，形成压力传递氛围。

为了改进机关工作作风，强化机关部门对二级机构的服务意识，2018 年建立二级机构对机关部门的满意度测评。评价指标为履行职能、服务态度、工作质量、工作效率和工作业绩五项内容，各占 20 分。参加满意度测评人员为二级机构党政负责人和员工代表。

建立两级特殊奖励机制：“突出贡献奖”主要对阶段性重点工作完成好贡献大的集体和个人进行奖励；二级机构“急难险重贡献奖”主要对二级机构对本单位急难险重工作中做出突出贡献的班组和个人进行奖励。

加强人事档案管理工作，推进干部人事档案专项审核工作。2014 年，根据中组部关于从严管理干部档案的精神，研究下发《关于进一步从严管理人事档案的通知》（人事〔2014〕285 号），对严格落实人事档案管理职责、加强人事档案日常管理提出要求。结合集团公司实际，印发《关于开展人事档案改版工作的通知》(人事〔2014〕344号),全面部署和组织完成2700余本人事档案改版工作。2015年印发《关于开展干部人事档案专项审核工作的通知》(人事〔2015〕154号),按照集团公司要求于2015年12月前完成副处级以上领导人员人事档案专项审核工作。2017年,根据集团公司《关于完善干部人事档案材料的通知》(人事〔2017〕381号)要求,对照中共中央组织部规定的材料收集范围完善干部人事档案材料,开展干部人事档案材料收集归档工作,将劳动合同书全部归入个人人事档案。完成《中国石油辽河石化组织史资料(1970—2013)》编纂出版,获得集团公司组织史编纂工作先进单位和优秀著作一等奖。

四、党的建设和企业文化建设

公司党委认真贯彻党的十八大、十八届三中、四中、五中全会,党的十九大和习近平总书记系列重要讲话精神,落实集团公司党组关于党建工作的要求,不断探索和实践适合辽河石化特点的党建工作内容和方法,注重把党建工作成效体现在领导班子凝聚力、党员干部执行力、员工队伍战斗力和企业的成长力上。党组织坚持以"七抓七促"(抓思想,促先进理念引领;抓作风,促队伍素质提高;抓表率,促先进作用发挥;抓载体,促特色精品文化;抓执行,促制度有效落实;抓廉政,促两个责任落实;抓融合,促科学和谐发展)工作思路,贯彻上级党组织各项部署要求,有效发挥了党组织优势,使党的建设、反腐倡廉建设、企业文化建设、群团工作不断取得新成果,为公司转型提升稳健发展提供了坚强保证。

全面加强党的建设。持续巩固和拓展党的群众路线教育实践活动成果。2014年,紧紧围绕公司党委党的群众路线教育实践活动中查摆出的问题和群众反映强烈的突出问题,以"钉钉子"精神、"三老四严"作风和一抓到底的态度,立足思想抓根本、紧盯顽疾抓整改、健全制度抓长效、强化责任抓落实。公司党委对党的群众路线教育实践活动"两方案一计划"中各项整改任务完成情况进行全面梳理,明确整改目标、具体措施,落实整改责任,建立整改销项制度,定期组织开展"回头看",推动整改工作落到实处、取得实效。公司党委班子成员坚持以上带下,带头落实整改措施和承诺,对于查找出的自身“四风”方面22项问题和员工提出的需要公司协调解决的74项个性化问题，明确责任分工、整改时限，实现立行立改。2014年，公司5项费用发生1039万元，同比减少676万元，同比下降39.43%（其中，差旅费、招待费、办公费、会议费和出国人员经费分别同比下降40.93%、39.78%、22.04%、30.38%和91.35%）；取消了辽O牌照公务用车；对1名违规操办升学宴的副科级干部和1名违规操办丧事的处级干部给予了党内警告处分。制定并颁布了《辽河石化公司公务接待管理办法》《辽河石化公司公务车辆管理办法》《辽河石化公司会议管理办法》等10项制度和规定，促进了作风建设长效机制的建立。

抓实推进三严三实专题教育活动。2015年5月下旬，按照党中央和集团公司党组要求，认真制定公司党委《关于开展“三严三实”专题教育实施方案》，精心部署安排，公司党委坚持先学一步、学深一步，率先落实主体责任。坚持从严从实抓好关键动作，两级班子成员带头讲好专题党课，讲清开展专题教育的意义背景、不严不实问题的危害和工作中存在的不严不实问题。党委书记刘德佳以《自觉践行“三严三实”，做素质好、贡献大、受尊重、可信赖的领导干部》为主题，为158名公司副科级以上党员干部讲专题党课；公司党委副书记、总经理李京辉以《持续改进机关作风，带头践行“三严三实”》为主题，为全公司180余名机关党员干部讲专题党课；党委委员在分管领域和“三联点”讲党课。推荐第二联合运行部党支部书记陆顺良撰写的题为《深入领会“三严三实”本质，立足本职，服务基层，服务群众》党课参加集团公司“三严三实”专题教育优秀党课评选，获二等奖。坚持把学习放在首要位置，开展了“严以修身”“严于律己”“严以用权”三个专题的学习研讨。坚持边学、边查、边改，两级班子对照集团公司党组列举的党员领导干部存在的8个方面“不严不实”的具体表现和公司当前领导干部存在的6方面“不严不实”问题和践行“三严三实”6个方面要求，认真解决不严不实问题，坚持问题导向，努力查清、查全、查准问题，上下联动、推进整改。两级班子共查摆并整改“不严不实”问题221项，副处级以上领导干部累计查摆并整改“不严不实”问题378项。2015年5月26日，成功承办了集团公司东北片区专题教育推进落实座谈暨工作培训会。专题教育经验在集团公司“三严三实”专题教育座谈会上进行了书面交流。

扎实开展“两学一做”学习教育。2016年，按照党中央、集团公司党组和辽宁省委要求，认真开展学习研讨，重点学习党的十八大和十八届、二中、三中、四中、五中、六中全会精神、习近平总书记系列重要讲话精神，学习党章党规党纪，广大党员的理想信念进一步坚定，政治意识、大局意识、核心意识和看齐意识进一步牢固树立。公司领导班子成员率先垂范，以普通党员身份参加所在支部的专题学习研讨，并结合“三联系”参加联系点的组织生活。各党支部在采取集中学、自主学、交流学等常规学习方式的同时，创新开展了“周周读党章党规、每人10分钟”“手抄党章”“小组对抗赛”“一站到底”等活动，进一步提升了学习效果。积极使用“互联网+”，分层次建立联络群，向全体党员推送“微党课”等学习内容，引导党员利用互联网自主学习、互动交流。公司组织开展了“支部书记讲党课”竞赛、“党规党纪基本知识、习近平系列讲话精神”答题活动。各级党组织集中学习党章104次，研讨187次，学习习近平总书记系列重要讲话185次，累计上党课60次。针对不同岗位党员实际，公司党委有针对性地提出“做”的具体措施。提出在生产单位以“立足岗位做贡献、提质增效当先锋”为主题，开展“创放心岗位，做合格党员”活动；在机关、窗口单位和后勤保障部门开展党员示范窗口、服务明星创建活动。组织开展了“学习毛丰美、实干促增效”“两学一做”答题竞赛、“普通党员上讲台”微党课评选、“我身边的共产党员”微故事微视频征集、义务劳动等“纪念建党95周年，向党代会献礼”系列活动，引导广大党员立足岗位作奉献。七一前夕，评选并表彰了11名模范共产党员，树立起了党员先进标杆。公司各级党组织认真组织广大党员立足岗位做贡献，带头践行“四讲四有”，带头参与劳动竞赛、创先争优等实践活动，在急难险要任务中当先锋、做表率，促进了队伍整体素质的提升和全年任务目标的完成。

开展“四合格四诠释”岗位实践活动，推进“两学一做”学习教育制度化常态化。2017年，按照中央和集团公司党组工作要求，结合企业实际，认真开展“四合格四诠释”岗位实践活动，推动“两学一做”学习教育常态化制度化。坚持以“学”为基础。把“两学一做”纳入中心组学习和“三会一课”固化。分三期完成了63名处级干部学习党的十八届六中全会精神专题培训，所有领导干部参加远程学院学习，党支部书记讲党课30余场次，党委书记为210名干部党员讲了专题党课。组织开展了党的知识竞赛、默写入党誓词等活动。坚持以“做”为关键。组织开展了党员结对树形象、党员奉献服务周、在职党员进社区等活动，引导广大党员做好“四个合格”“四个表率”。坚持以“改”为重点。以“讲工作职责，赛明晰工作内容；讲工作流程，赛流程熟练掌握；讲存在问题，赛勇于自我剖析；讲整改措施，赛责任分解到位”岗位讲述活动为抓手，抓好问题整改，公司党委委员以普通党员身份参加了所在支部的岗位讲述活动。

*严肃党内政治生活。*认真组织、有序推进两级领导班子民主生活会。按照集团公司党组的部署要求，2014年公司党委以“严格党内生活，严守党的纪律，深化作风建设”为主题，以认真贯彻落实中央八项规定精神和集团公司党组20条要求、坚决反对“四风”、持续抓好整改落实为重点召开专题民主生活会。2015年，紧紧围绕“三严三实”要求、结合重塑形象大讨论活动认真组织两级领导班子民主生活会。2016年，以“学习贯彻党的十八届六中全会精神”为主题，围绕“两学一做”学习教育，聚焦“政治合格、执行纪律合格、品德合格、发挥作用合格”4个方面要求，以对照《关于新形势下党内政治生活的若干准则》和《中国共产党党内监督条例》，查找理想信念、政治纪律和政治规矩、作风、担当作为、组织生活、落实全面从严治党责任等6个方面存在的突出问题为重点认真组织两级领导班子民主生活会。2017年，两级领导班子民主生活会以“认真学习领会习近平新时代中国特色社会主义思想，坚定维护以习近平同志为核心的党中央权威和集中统一领导，全面贯彻落实党的十九大各项决策部署，积极推进企业稳健发展”为主题，着重从学习贯彻习近平新时代中国特色社会主义思想，坚决维护以习近平同志为核心的党中央权威和集中统一领导、认真执行党中央决策部署和上级党委决议决定，带头坚持请示报告制度、对党忠诚老实，对党组织讲实话、讲真话、担当负责，攻坚克难，以“钉钉子”的精神抓落实、纠正“四风”，反对形式主义、官僚主义，严格执行廉洁自律准则，坚决反对特权思想和特权现象等6个方面查找突出问题。2018年，两级领导班子民主生活会以“强化创新理论武装，增强‘四个意识’，坚定‘四个自信’，做到‘两个维护’，勇于担当作为，以求真务实作风坚决把党中央决策部署和集团公司党组、公司党委决定要求落到实处”为主题，重点从思想政治、精

神状态、工作作风等 3 个方面查找存在的突出问题。公司党委每年派出督导组，按照“提前介入、全程参与、从严把关、认真点评”的要求，对公司所属各单位民主生活会进行“全覆盖”督促指导，确保民主生活会开出高质量、好效果。公司领导班子成员通过多种方式参加和指导分管单位民主生活会，并以普通党员身份参加所在党支部、小组的专题组织生活会，自觉践行党章和党内政治生活准则，为广大党员做出表率。通过民主生活会，公司两级领导班子着力解决了党内生活不经常、不认真、不严肃，一些党员干部组织观念淡薄、组织纪律涣散，以及作风漂浮、不干事、不担责等问题，达到了统一思想、凝心聚力、团结一致的目的，努力推动形成积极向上、干事创业、风清气正的政治生态。

抓好基层党组织建设。2014 年 8 月，因公司组织机构调整和各党支部任届期满，重新组建 17 个党支部，15 个党支部完成换届选举。调整后，公司党委直属党支部由原来的 47 个整合为 32 个，包括公司机关的党支部 11 个、直属机构的党支部 5 个、二级机构的党支部 15 个和属地双重管理党支部 1 个。2016 年 12 月 28 日，召开中共中国石油辽河石化分公司第三次代表大会。选举产生了第三届委员会和第三届纪律检查委员会，第三届委员会由刘德佳、闫铁伦、李京辉、余昌信、沈薇（女）、相养冬、屠规龙等 7 人组成（以姓氏笔画为序），第三届纪律检查委员会由马楠、马宝山、王罡、王大东、付炜、刘德佳、宫树和等 7 人组成（以姓氏笔画为序）。同日下午，中共中国石油辽河石化分公司第三届委员会和第三届纪律检查委员会分别召开第一次全体会议，选举刘德佳为中共中国石油辽河石化分公司第三届委员会书记、李京辉为副书记；选举刘德佳为中共中国石油辽河石化分公司第三届纪律检查委员会书记、王大东为副书记。2017 年 9 月，集中开展了基层党支部换届选举工作，32 个党支部全部完成换届选举。持续加强“四好班子”建设，深化“六个一”党支部、“四优”共产党员争创活动，开展党员责任区、党员示范岗、党建“三联”责任示范点工作。每年七一，开展创先争优评选表彰活动，2014 年至 2018 年共评选表彰先进“四好”班子 25 个、先进党支部 46 个、先进党小组 153 个、模范共产党员 57 名、优秀共产党员 530 名、优秀党务工作者 144 名、优秀党员示范岗 163 个，获得集团公司先进基层党组织 2 个、优秀共产党员 2 名、优秀党务工作者 2 名，获得辽

宁省先进基层党组织1个，营造了崇尚先进、学习先进、争当先进的浓厚氛围，有效激发了基层党组织活力。认真落实党建工作责任制，制定出台《党建工作责任制考核评价实施办法（试行）》，明确党建责任清单72项，定量与定性考核相结合，明确了10大类评价指标、36项具体指标、80项评价要点、233项评分标准的百分制评价标准以及“凝聚力、执行力、战斗力、成长力”的测评方法，并将党建责任落实情况纳入公司综合管理考评体系。

深化党组织结对共建工作。2014年11月12日，召开党组织结对共建推进会，系统总结公司结对共建开展情况，安排下一步工作重点。第五联合运行部党支部和规划计划处党支部分别从基层和机关的角度做了典型经验发言。截至2014年年底，公司所属32个支部全部开展了结对共建工作，达到了全覆盖。2016年，将结对共建工作经验总结提炼为“五结五建”（组织结对，建坚强堡垒；党员结对，建先锋模范；管理结对，建合规环境；项目结对，建特色品牌；文化结对，建和谐氛围）工作模式，撰写的《在共建双赢中激发党组织活力》作为优秀案例入选集团公司《企业党建创新实践案例集》。2018年，公司营销调运部党支部与中燃油东北销售公司经营部党支部依托沥青保供项目进行了党组织跨地区公司结对共建的尝试，收到良好效果。

有序推进党建信息化平台推广应用工作。2018年5月，按照集团公司关于全面推广应用党建信息化平台工作要求，制定《集团公司党建信息化平台辽河石化公司推广应用实施方案》。建立公司信息化平台内训师队伍，分层次组织对党支部书记和平台推广管理员集中培训，多措并举推进党建信息化平台推广应用工作。成立网讯平台运维志愿者团队，开设新媒体运营培训班，注重内容引领，瞄准关键时间节点，开展形式丰富的线上活动，推动党建工作水平提升。2018年，在辽河石化党建公众号和门户网站开设“党建要闻”“党建动态”“主题党日+”“结对共建”“动漫课堂”等10余个栏目，制作《党徽下的他和她》《祖国母亲，我想对您说》以及《党建平台“喊”你晒年报》等专题专栏7个，推送文章近400篇，其中被集团公司录用40余篇。利用平台规范开展“三会一课”、交纳党费，31个党支部全年共维护“三会一课”记录2405次，党员在线交纳党费率近100%。编制党的十九大报告、改革开放40周年、新党章、《中国共产党纪律处分条例》等在线题库16个，共计6万余字。通过平台开展“谁是答题王”“每日五题”“签到擂台赛”“谁是答题王”等线上活动，增加平台黏度，使平台逐步成为党委工作的“风向标”、党务干部的“好帮手”、支部工作的“工具箱”、党内生活的“记录本”。

深入推进党风建设和反腐败工作。深化反腐倡廉教育，增强党员干部拒腐防变意识。围绕企业发展战略目标和中心任务，转职能、转方式、转作风，认真履行监督责任，协助党委落实全面从严治党主体责任，不断巩固党的群众路线教育实践活动成果。2014 年，召开领导人员廉洁从业集体谈话会，机构优化整合涉及的 158 名干部全部参加，为 122 名新调整中层干部发放电子学习资料，开展党规党纪知识测试，组织 81 名党员干部到集团公司反腐倡廉警示教育基地参观。强化监督，规范权力运行。深入开展“三重一大”决策制度执行情况的监督检查，确保涉及公司经营管理，生存发展的重大事项依法、科学、民主决策，增强公司对重点经营管理环节的管控力，防范经营风险，确保企业科学健康的发展。深入贯彻落实中央八项规定精神和集团公司党组二十条要求，对会议费、公务用车、通信费、业务招待费、差旅费、出国（境）费用、培训费及礼品费等相关费用预算执行情况监督检查，进一步加强对职务消费的管理和监督。努力实现“三个转变”。按照中纪委提出的纪检监察工作实现转职能、转方式、转作风要求，在公司纪检监察队伍和支部纪检委员中开展“三转”学习。通过“三强化、三提升”主题活动，促进作风转变；明确纪检监察工作程序、标准和具体要求，努力实现转方式；认真梳理工作内容，清理出应还职能于主责部门的工作内容 6 大项，计划 2015 年全面退出，逐步实现转职能。

加强党风廉政建设，深入落实监督责任。2015 年，结合辽河石化综合管理考评、考核方式等特点，制定《辽河石化公司党风廉政建设指标纳入综合管理考评考核暂行办法》，把各党支部主体责任落实情况、干部廉洁从业履职情况纳入公司综合管理考核体系。通过丰富检查与考核评价方式，督促各级领导和行政主要领导做到党政同责，抓生产管理与党风廉政建设并重，与防范廉洁风险并重。其他成员也要认真履行“一岗双责”，担负起分管范围的党风廉政建设教育、管理和监督责任。推动党风廉政建设责任制全面落实，筑牢公司反腐倡廉的防线。

不断构建“三不腐”体制机制。2016 年，通过网络电视组织党员学习

《永远在路上》专题片。为中层干部配发《中国共产党纪律处分条例》《中国共产党问责条例》等党规党纪学习读本。结合近年公司出现的违纪违规事件开展典型案例剖析。在北京石油干部管理学院举办2期干部培训班，105人参加培训。领导干部、党员、重要岗位人员全年廉洁从业警示教育时间人均40小时。认真组织“两学一做”活动，班子成员发挥表率，带头讲授党课。积极开展理论研讨，不断推进党风廉政建设向基层延伸，3个党建思想政治（企业文化）研究成果和课题获得集团公司奖项。

坚决挺纪在前，充分运用“四种形态”。落实《党风廉政建设约谈制度》，2017年，两级班子与党员干部谈心谈话300余次。规范信访处理和线索处置，受理信访件5件，上级转办件1件，及时完成问题核查；对联合监督信息系统预警的3项问题进行了核实。加强案件管理，严格案件审批程序，及时对党纪政纪处分落实情况开展监督检查。针对中高考时段、节日假期专门下发通知，重申党规党纪。特别是针对群众反映强烈的大操大办升学宴问题做出明确规定，要求领导干部、共产党员带头抵制，不操办、不参加。

积极配合党组巡视，立足长效抓整改。2018年4月，党组第三巡视组对公司开展3个月巡视。对巡视期间发现的问题即知即改，巡视组撤点前完成5项问题立行立改。坚持问题导向、突出综合施策，组织相关业务部门逐项分析，把集团公司反馈的26项问题细化为64个具体问题，制定出147项整改措施，汇总形成《巡视反馈问题整改措施台账》，制定《巡视反馈问题整改措施确认表》，逐项整改确认，落实责任。每周对整改推进情况督导检查，分部门召开中期督导会，评估每项措施取得的实效。召开阶段性验收会，全面检查整改工作落实情况，研究部署长效机制，巩固整改成果。在两个月集中整改期，反馈的26项问题有18项完成整改，完成率69%；细化的64个问题完成45个，整改完成率达到70%；制定的147项措施落实124项，落实率达84%，完善规章制度27项，整改效果得到巡视组的充分肯定。撤销公司驻京联络点，撤回在京车辆和留守人员，防止问题和风险的发生。

强化监督、严肃执纪，推动企业合规管理上水平。针对重点问题和关键领域开展9个专项检查，提出20余项管理建议。核查2017年采购的25台阀门与实际使用工况不符的问题，对8名责任人通报批评并进行经济处罚。

对劳保用品（茶叶）滞后发放问题进行核查，追究3个单位、2名管理人员责任。对1640余万元的库存积压物资清理整治，盘活1200余万元积压物资。开展大检修、“五项费用”核销清查等工作，对责任部门、责任人依纪处置。对电子监察系统提示的36项风险信息进行筛查，提出整改意见44项。对招标不规范、事后合同、拆分合同、独家采购等问题集中整治，对责任人严肃问责，责成有关部门进一步规范制度。组建政治巡察办公室，制定3年巡察计划，编制《巡察工作手册》《巡察制度规范》《党委巡察工作规定》，全年完成3轮5家单位的巡察，梳理形成问题底稿98个，发现问题线索6个，向党委提出各类管理建议50余条。开展扶贫领域专项治理工作，规范扶贫资金使用，确保党和国家扶贫政策落实到位。成立线索排查工作领导小组，制定《线索排查工作程序》，及时处置信访举报和问题线索。制定《监督执纪工作实施细则》，规范监督执纪工作程序；设置专门谈话室，保证执纪审查安全受控。

大力加强思想政治工作和企业文化建设。扎实开展政治理论学习。每月编印一期基层党支部政治理论学习要点。认真学习习近平新时代中国特色社会主义思想、习近平总书记系列重要讲话、全国人大和政协会议、中央经济工作会议、中国共产党第十九次全国代表大会会议精神、《中国共产党章程》《中国共产党廉洁自律准则》《中国共产党纪律处分条例》《中国共产党支部工作条例（试行）》及集团公司工作会议、公司职代会及党委会等会议精神。认真抓好中心组学习。每月集中学习2次，定期开展专题学习研讨。制定发布《贯彻执行〈中国共产党党委（党组）理论学习中心组学习规则〉实施办法》，严格执行党委中心组学习制度。深入开展形势任务教育。紧密结合公司不同时期的生产经营实际，每季度一个专题开展形势任务教育。采用答疑解惑、形势任务报告会、形势任务目标巡回宣讲等教育形式，收到了较好效果。结合“三严三实”专题教育、“重塑中国石油良好形象”大讨论活动、“两学一做”学习教育，在基层党支部、党委中心组开展深入学习研讨、调查研究、查摆问题、整改提升，不断提高党员领导干部政治素养。

开展“双十”全员读书活动。根据集团公司政工《关于开展“双十”全员读书活动的通知》要求，采用多种形式，确保全员3年通读政治经济、法律、科技、管理、石油、历史、地理、文学艺术、生活、健康等十册《中国石油员工基本知识读本》。为保证读书活动扎实有效，在全公司范围内开展了以“读书强化素养，知识成就梦想”为主题的“读书政工论文征集评选活动”“读书感言征集评选活动”“个人读书手抄报”征集评选活动。

认真做好员工思想状况分析。结合“三强化、三提升”（干部强化作风、党员强化表率、全员强化素养，提升公司管理水平、提升企业贡献能力、提升员工幸福感）主题活动的开展，针对员工队伍综合职业素养，开展了《员工队伍素养描述》工作，完成了15个基层单位员工队伍的基础数据采集、问卷调查、基础资料查阅、座谈访谈等基础工作，经综合分析形成了《公司2014年度员工队伍素养分析报告》，报告对单位员工队伍素养整体情况做了客观评价，提出了存在的问题和不足，并给出了改进意见和措施，此项工作对增强思想政治工作的针对性和有形化做了有益的尝试。每半年在全公司范围内开展一次员工思想动态分析，形成分析报告，提交公司领导班子，为领导决策提供依据。

开展“弘扬光荣传统、重塑良好形象”全员大讨论活动。根据中油党组《关于开展“重塑中国石油良好形象”大讨论活动的意见》安排，结合公司实际，制定下发《辽河石化公司重塑中国石油良好形象大讨论活动方案》。开展大讨论知识答卷活动，编制印发以集团公司会议精神、公司大讨论活动方案为主要内容的答卷1900份。编印下发《感知身边的大庆精神铁人精神——辽河石化典型事迹读本》，开展感知身边的大庆精神铁人精神活动。通过形式多样的学习活动，进一步继承弘扬大庆精神铁人精神，秉承“我为祖国献石油”核心价值观，展现辽河石化的良好形象。为了统筹把握活动每个环节的进度和重点，使学习讨论、查找问题、整改提升三个环节有机结合、环环相扣，编制了《大讨论活动全员学习计划》《重点活动计划表》《大讨论活动宣传计划》《重塑形象讨论、“三严三实”研讨实施方案》。开展以“坚定信心、再鼓干劲、大干四季度、争创全年最佳工作业绩”为主题的保持辽河石化良好形象全员大讨论活动，各单位紧密围绕11个问题，结合本单位实际情况，多角度、全方位开展大讨论活动。

加强精神文明建设。开展“我为祖国献石油”第三届集团公司摄影大赛征集活动，征集摄影作品80幅，展示辽河石化分公司良好企业形象。深入开展大庆精神、铁人精神和职业道德学习教育活动，采用各单位自主培训学习的形式，印制学习材料、下发答卷，深入宣贯集团公司职业道德规范，弘扬“我为祖国献石油”的价值观。2016年3月5日是毛泽东“向雷锋同志学习”题词发表53周年，也是第17个“中国青年志愿者服务日”。开展以“学雷锋树新风，重塑良好形象”为主题的青年志愿者活动。按照集团公司政工函文件要求，面向各单位组织开展“重塑形象，从心出发”第二届新媒体创作大赛、“同心共筑中国梦”第三届新媒体创作大赛。2018年，按照集团公司关于深入开展学雷锋活动的实施意见要求，结合公司实际，开展以“学雷锋树新风，学铁人立新功”为主题的青年志愿者活动。

深入开展企业文化建设。以多种形式不断丰富以“聚合光热、播撒欢喜”为核心内容的特色精品文化内涵。一是修订下发企业文化手册。按照集团公司企业文化建设“六统一”要求，坚持大庆精神铁人精神在企业文化建设中的核心地位，在深化和完善的基础上，重新梳理了公司文化脉络、体系，建立了以大庆精神铁人精神为文化“源头”，以辽河石化“聚合光热、播撒欢喜”特色精品文化为“干流”，以专项和基层文化为“支流”，以全员素养提升为“水系”的辽河石化分公司企业文化体系，重新修订了《企业文化手册》。二是打造基层文化建设示范点。基层文化建设把握“共享统一理念，构建特色文化”原则，制定了《辽河石化公司基层文化体系建设框架》，对基层文化实行分类管理、分步实施，打造了第五联合运行部“情系环保，追求卓越”文化和鲅鱼圈储运部“担起家的责任，感受家的气息”家文化示范点。全体员工主动参与、共同培育特色突出的基层文化、班组文化，用文化凝聚队伍，进一步发挥了文化软实力的作用。三是传播企业文化，营造良好的文化氛围。充分利用公司正门显示屏、厂区宣传牌，精选12条企业文化理念进行特色精品文化宣贯，定期更新、上传公司图片新闻和简讯，使广大干部员工在出入正门时近距离、全方位地接受特色精品文化熏陶，营造良好的文化氛围。不断丰富“聚合光热，播撒欢喜”特色精品文化，展示公司良好企业形象，在东区中控室设计制作“企业产品介绍展台”。在元旦、春节等重大节日期间，进行厂区亮化工程，营造节日氛围。

开展政工政研课题研究工作。公司政研会紧紧围绕世界一流综合性国际能源公司建设，积极探索新形势下加强和改进企业党的建设、思想政治工作、企业文化建设、新闻宣传工作、基层建设和群团工作的新思路、新方法，在实践中创造并总结出许多鲜活的经验，对不断提升党建思想政治工作科学化水平发挥了积极作用。以集团公司优秀政研成果征集评选活动为契机，深入研究、认真探索、积极实践，做好重点课题的结题上报工作，使思想政治工作覆盖到公司发展稳定的全过程，深入到生产经营管理的最前沿，保证和促进了企业的中心工作。每年年初，政研会根据新形势下思想政治工作遇到的新情况、新问题和企业发展进程中的实际问题，确定年度研究重点和参考选题，指导开展年度政研工作。年末召开政研会年会，总结安排下年度政研工作，表彰交流优秀政研成果、论文、案例，促进了党组织政治核心作用的有效发挥。几年来，公司政研会和各会员单位以推进两级政研工作为抓手，取得了多项具有推广应用价值和指导意义的优秀政研成果。在集团公司第七届党建思想政治工作优秀研究成果的评选中，公司政研成果“强化员工素养，化思想政治工作无形为有形的探索与实践”获得二等奖，“以‘六抓六促’促进企业党委发挥政治核心作用的实践与研究”“以‘三强化、三提升’主题活动提升企业核心竞争力的实践与研究”“创新‘结对共建’模式，增强党支部战斗堡垒作用的实践与研究”“新形势下企业共青团参与青年人力资源开发的实践与研究”获得三等奖；在集团公司第八届（2014 年至 2015 年度）党建思想政治工作优秀研究成果评比中，课题“企业自办媒体的作用发挥研究”获得二等奖，课题“新形势下提高基层党组织战斗力问题研究”“企业党组织落实党风廉政建设主体责任对策研究”获得三等奖，课题“深入推进全面从严治党研究”“新形势下思想政治工作作用及规律研究”获得优秀奖。在集团公司第九届党建思想政治工作优秀政研成果评选活动中，“传承创新石油特色文化，推进企业发展研究与实践”获一等奖，“加强基层党支部建设的实践与研究”获二等奖，“创新形势任务教育方式方法的研究与实践”获三等奖，“加强重点工作督查办研究与实践”获优秀奖。辽河石化分公司被评为第九届党建思想政治工作优秀组织单位。

全面落实意识形态工作责任制。一是完善制度，为进一步加强和改进公司意识形态工作，落实意识形态原则，公司党委按照集团公司党组要求，结合工作实际，制定辽河石化分公司党委意识形态工作责任制管理制度：《贯彻执行中国共产党党委（党组）理论学习中心组学习规则》《贯彻执行中国共产党党委（党组）理论学习中心组学习规则实施办法》《辽河石化公司员工思想动态（意识形态）管理实施办法》《辽河石化公司意识形态阵地管理办法》《辽河石化公司意识形态工作责任制检查考核管理办法》《辽河石化公司舆情风险评估管理办法》《辽河石化公司网络意识形态工作责任制实施细则》《辽河石化公司信息发布管理办法》。二是完善制度机制，明晰职责和流程。不断完善领导责任机制、考核评价机制、统筹推进机制，把意识形态工作摆在公司各项工作的重要位置，纳入重要议事日程，纳入党的建设、领导班子建设和干部队伍建设重要内容，纳入工作规划和党建工作责任制，纳入领导班子、领导干部目标管理，与生产经营管理、改革发展、党的建设等工作紧密结合，一同部署、一同落实、一同检查、一同考核。三是坚持正面宣教，牢牢占领主阵地。以党的十九大召开为契机，遵循团结稳定鼓劲、正面宣传为主的基本方针，进一步强化阵地意识，统筹发挥公司报纸、网站、电视台、广播等传统媒体的舆论导向作用，加快推进辽河石化官微等新兴媒体与传统媒体融合，形成主题共同、内容共享、形式共补的正面宣传教育阵地。四是加强舆情管控，坚决打好主动仗。始终把牢党对意识形态的绝对主导权，对涉及公司的微博、微信、微视、App 客户端等新媒体平台加强日常监测，开展公司各类新媒体调查备案，规范新媒体开设、变更、注销审批程序，细化新媒体组织、建设、运行办法。成立公司新闻媒体突发事件领导小组和新闻应急工作办公室，下设新闻发布、媒体协调、舆情监测 3 个工作小组，及时搜集、研判、处置可能产生重大负面影响的舆情，处置突发舆情事件，引导舆论走向。组建公司网络评论员队伍，制定《辽河石化网络评论员队伍实施意见》，明确了网络评论员队伍的总体思路、队伍建设、工作职责和运行保障等内容。

加强新闻宣传体制机制建设，发挥整体功能，适应宣传思想文化工作的需要。一是完善了《辽河石化分公司新闻宣传工作机构》《辽河石化分公司新闻宣传工作管理规定》，明晰新闻宣传工作的管理职责、管理内容及要求。新闻宣传工作由公司党委统一领导，企业文化处归口管理，实行公司、基层单位两级管理。二是明确了 9 个方面（宣传工作原则、宣传工作主要范围及内容、重大敏感信息宣传管理、宣传报道员队伍、组织与实施、媒体接待、与新闻媒体联系、新闻稿件的审批、新闻宣传工作检查）的新闻宣传的管理内容，把新闻宣传工作纳入企业发展战略，列入重要议事日程，与生产经营工作同研究、同要求、同部署、同检查。三是按照集团公司思想政治工作部的工作要求和公司职代会和党委扩大会的工作安排，围绕年度中心工作，制定新闻宣传工作计划。

有效发挥企业自办传统媒体的作用。一是充分利用报纸、电视、广播和网站四大内宣媒体，对特色亮点工作进行广泛宣传，使内部媒体真正成为沟通信息、引领思想、抑恶扬善的平台。2014 年至 2018 年，公司编辑出版《辽河石化报》494 期 1964 版。电视新闻采编 248 期，播报新闻 1449 条。石化之声报播 992 期，广播新闻 9820 条。发表外宣稿件 276 条。其中集团公司报道 120 条，辽宁省台 24 条，盘锦市台 24 条，辽河油田电视台 108 条。公司门户网站发布信息篇，公司门户网站发布信息 8382 篇，其中，公司要闻 936 篇，基层动态 7188 篇、图片新闻 258 组。二是加强外宣工作，扩大企业知名度和影响力。5 年来，公司共在外部媒体发表稿件 1140 篇，省部级报纸、网站发表稿件 570 篇，市、局级报纸发表稿件 582 篇。其中，刊发各报纸一版的稿件有 318 篇，刊发在各报纸版面头条的稿件 288 篇。三是新闻宣传工作业绩突出。辽河石化记者站多次荣登中国石油报“三星级记者站”光荣榜，在中国石油报同规模炼化企业记者站中位列第一。在中国石油报同规模炼化企业记者站中位列第一。其中，企业文化处报道组、稠油加工宣传报道组、对标优化工作宣传报道组获中国石油报先进报道组称号。

分类别、分层次开展典型选树宣传，充分发挥典型的示范引领作用。通过公司网站、电视、广播、报纸、微信公众号等平台加大典型宣传力度。一是在每年七一期间，集中开展先进党支部、先进党小组、优秀党务工作者、优秀党员、模范党员、优秀党员示范岗宣传活动。二是每年五四前夕，开展团（青工）系统先进典型“杰出青年”“石化新秀”宣传活动，不断激发青工的工作热情。三是开展技能人才典型选树宣传。在公司内宣媒体大力宣传“中国石油工匠”“辽宁省百名大工匠、全国石油和化学工业行业技术能手”“集团公司技术能手”“劳动模范”先进典型事迹，营造全员学技术、重素质、创业绩的良好氛围。选树基层技能人才典型，突出模范带头作用。

利用新媒体，加强新闻宣传阵地建设。按照集团公司新媒体建设要求，2017 年 3 月初正式开通辽河石化分公司官方微信和官方微博。公司党委通过新媒体手段构建新闻宣传网络平台，创新新闻宣传工作方式，借助微信、微博等传播方式展示公司要闻、基层动态、典型事迹、员工生活，并借助新媒体的互动性特点，让员工充分参与其中表达观点，充分调动广大员工参与新闻宣传工作的积极性。目前官微关注人数近2000人，平均每月累计推送各类文章（消息）44篇（条）。在新媒体宣传阵地建设中，充分体现官微形式活、内容实、跟踪快、活动新的特点，综合运用图、文、音、像等多种展示形式，推介鲜活的新闻作品，弘扬主旋律，传播正能量。同时统筹报纸、电视、广播传统媒体力量，整合各方面资源，健全协作联动机制，做到联合策划、资源共享、协同发力，把新闻媒体的传播优势整合放大，形成高效衔接、运转顺畅的新闻宣传工作链条，切实提高新闻宣传的质量和水平。

持续加强群团工作。认真执行职工代表制度，搭建上下沟通平台，畅通沟通渠道。每年按照要求召开职工代表大会，代表团进行分组讨论，围绕企业发展、生产经营、提质增效、安全环保、企业管理、人力资源、民生等方面提出问题，经整理汇总后，提交公司领导班子，召开专项会议，要求各个主责部门逐条进行整改落实。建立《总经理联系人制度》，每半年召开一次总经理联系人座谈会，征求员工意见建议，汇总整理后，提交总经理，安排责任部门进行整改落实。2015年以来，持续开展群众性合理化建议“金点子”征集评选活动，389个“金点子”在生产经营中广泛推广和应用，为公司创造了可观效益。

成立基层协会组织，激发员工队伍活力。2016年4月，成立班组长协会。定期开展培训和经验交流活动，共同探讨班组管理的新方法、新思路。2017年3月，成立后勤服务管理委员会。针对公司员工食堂、公寓、浴池、车队、超市、文体中心、新闻中心6个单元的精细化管理发挥监督检查职能，促进员工与后勤服务部门之间的双向交流和相互沟通，提高服务水平。组建“欢喜”文体协会，设游泳、跑步、羽毛球、毽球、乒乓球等14个分会，员工参与度达到60%以上。举办各类文体赛事活动，丰富员工文化生活。依据公司不同时段重点工作，开展主题劳动竞赛，充分调动和激发干部员工的积极性、主动性、创造性，圆满完成生产经营任务目标。

开展扶贫帮困送温暖活动。按照集团公司扶贫帮困工作总体部署，依托辽河油区统一政策开展扶贫帮困工作。修订完善了修订完善《辽河石化分公司困难职工帮扶管理办法》《辽河石化分公司困难职工帮扶管理办法实施细则》管理制度、文件。加强对扶贫帮困工作的组织领导，加大支持力度，把帮扶工作和稳定工作结合起来，确保实现“每一个困难家庭生活有保障，每一个困难职工看得起病，每一个困难家庭子女上得起学”的帮扶目标。成立由党政主要领导任主任的扶贫帮困工作委员会，成立帮扶中心，建立二级机构帮扶工作站。明确各级组织的工作职责，通过多种形式，为困难职工提供直接、快捷、方便的帮助和服务，构建横向到边、纵向到底的帮扶工作网络。按照《辽河石化分公司困难员工统计工作方案》，坚持每年 2 次困难员工的普查认定工作（每年 7、8 月份和 10、11 月份），通过走访、调查，对于摆脱贫困的员工及时移除档案，继续跟踪关注；对于新增贫困员工，及时建立档案，适时帮扶，扶贫帮困基础工作不断夯实。利用元旦、春节、中秋、国庆期间开展扶贫帮困工作。进一步规范日常慰问的范围、条件和标准，让困难员工家庭分享公司发展成果。

加强团的基层建设，完善共青团工作管理体系。2015 年 9 月，群团工作处与企业文化处进行机构整合，根据工作实际，公司团委修订完善了工作考核制度，建立比较规范的考核评价机制和工作反馈机制，每月对各基层团（青工）组织进行考评，并于当月团的工作例会上公布考核结果，及时有效地反馈沟通信息。每月按时向集团公司团工委进行信息报送。不断加强基层团（青工）组织 QQ 管理工作群，完善了“欢喜青春”微信平台的架构，增设“公司要闻、团情快讯、青春风采、生活贴士”4 个特色栏目，提高团组织运用新媒体做好青年思想引领的作用。持续开展青年志愿者活动。公司团委完善了“宝石花—欢喜青年志愿者总队”的管理办法，统一了形象，规范了志愿服务。组织开展岗位学雷锋系列活动，成立青年志愿者服务队，开展青年志愿者活动。组织开展青年安全文化作品征集活动。组织开展青年联谊活动。在迎“五一”、庆五四期间开展团（青工）系统先进支部、“杰出青年”、先进个人评选。开展专题调研，了解青年思想动态。开展了专题调研活动。对基层团、青工支部，采用座谈的形式，对团组织建设以及青工关心的热点问题进行了调研。开展青年大讲堂系列活动。开通“欢喜青春”微信平台，利用平台组织开展微讲堂活动。结合公司团委的品牌活动“工艺流程我来讲”，组织开展了“青工岗位描述”活动。

第一章　领导机构

截至 2014 年 1 月 1 日，辽河石化分公司党政领导班子由 6 人组成：

李天书任党委副书记、总经理，负责行政全面工作，分管人事组织、办公室、财务工作，代管矿区、后勤工作。

李京辉任党委书记、副总经理，负责党委全面工作，分管组织人事、党委办公室工作，代管纪检、监察、审计、保密、工会、共青团、宣传、企业文化、保卫、武装信访、稳定、计划生育工作。

屠规龙任党委委员、副总经理，分管计划、资产（账务）、物资供应、销售、绩效考核、多种经营工作，协助总经理分管财务工作。

闫铁伦任党委委员、副总经理，分管机动、企业管理、工程项目、资产（实物）、质量监督、档案史志、通信、设备防腐研究、水质管理工作，协助总经理分管总经理办公室工作。

余昌信任党委委员、副总经理、安全总监，分管生产、安全、环保、产品质量、计量、节能、统计、原油调运工作。

相养冬任党委委员、副总经理，分管规划、科技、投资控制、外事信息、科研、设计、培训、职称评定、新产品开发工作。

2014 年 4 月，集团公司党组决定：刘德佳任辽河石化分公司党委委员、书记；李京辉任辽河石化分公司党委副书记，免去其党委书记职务；免去李天书的辽河石化分公司党委副书记、委员职务。股份公司决定：李京辉任辽河石化分公司总经理，刘德佳任辽河石化分公司副总经理；免去李天书的辽河石化分公司总经理职务，调抚顺石化分公司工作。

2014 年 5 月，对领导班子成员分工进行调整：

党委副书记、总经理李京辉负责行政全面工作，分管人事组织、办公室、财务、行政事务工作。

党委书记、副总经理刘德佳负责党委全面工作，分管组织人事、党委办公室、纪检、监察审计、工会、共青团、宣传、企业文化、保卫、信访稳定、计划生育工作。

党委委员、副总经理屠规龙分管计划（优化、3000万元以下投资）、资产（账务）、物资供应、销售、绩效考核，协助总经理分管财务工作。

党委委员、副总经理闫铁伦分管机动、企业管理、工程项目、资产（实物）、质量监督、档案史志、设备防腐研究、水质管理工作，协助总经理分管办公室工作。

党委委员、副总经理、安全总监余昌信分管生产、安全、环保、产品质量、计量、节能、统计、原油调运工作。

党委委员、副总经理相养冬分管规划、科技、投资控制（3000万元以上）、外事、信息、科研、设计、培训、职称评审、新产品开发工作。

2015年9月，集团公司党组决定：刘德佳任辽河石化分公司纪委书记、工会主席。

2016年5月，集团公司党组决定：沈薇任辽河石化分公司党委委员。股份公司决定：沈薇任辽河石化分公司总会计师。

2016年6月，对领导班子成员分工进行调整：

党委副书记、总经理李京辉负责行政全面工作，分管办公室、人事处（党委组织部）、纪委监察审计处。

党委书记、副总经理、纪委书记、工会主席刘德佳负责党委全面工作及纪委、工会、保卫、稳定工作，分管党委办公室、人事处（党委组织部）、纪委监察审计处、企业文化处（党群工作处）、保卫部（信访稳定办公室）。

党委委员、副总经理屠规龙负责物资采购、产品销售、原油计划、劳动工资、绩效考核及相关工作，分管物资采购部、营销调运部，协管规划计划处、人事处。

党委委员、副总经理闫铁伦负责机动设备、工程建设、设备防腐、资产管理（实物）、工程质量监督、企管法律、档案史志及相关工作，分管机动设备处、工程管理部、企管法规处，协管办公室。

党委委员、副总经理、安全总监余昌信负责生产运行、生产计划统计、安全环保、节能、质量计量标准化、原油调运及相关工作，分管生产运行处、安全环保处、计量质检部，协管规划计划处。

党委委员、副总经理相养冬负责项目规划及后评价、投资计划及控制、科研、技术、设计、协会管理、招标管理、信息管理、职称评审、培训及相关工作，分管科技处、信息管理部、规划计划处，协管企管法规处。

党委委员、总会计师沈薇负责财务、资金、税价、资本运营、资产管理（账务）、关联交易、行政后勤管理及相关工作，协助总经理分管监察审计工作，分管财务处、行政事务部，协管纪委监察审计处。

2016年12月27日至28日，中共辽河石化分公司第三次代表大会在盘锦市召开，136名党员代表和5名列席代表参加会议。会议选举产生中共辽河石化分公司第三届委员会和纪律检查委员会。中共辽河石化分公司委员会由刘德佳、闫铁伦、李京辉、余昌信、沈薇、相养冬、屠规龙等7人组成（以姓氏笔画为序），刘德佳为党委书记，李京辉为党委副书记；中共辽河石化分公司纪律检查委员会由7人组成，刘德佳为纪委书记。辽河石化分公司党委下属党支部32个，共有党员994人。

2017年12月，集团公司党组决定：柳迎斌任辽河石化分公司党委委员、纪委书记；免去刘德佳的辽河石化分公司纪委书记职务。随后，明确柳迎斌负责辽河石化分公司纪委工作。

2018年4月，集团公司党组决定：李京辉任辽河石化分公司党委书记；免去刘德佳的辽河石化分公司党委书记、委员、工会主席职务，退出领导岗位。股份公司决定：免去刘德佳的辽河石化分公司副总经理职务。随后，对领导班子成员分工进行调整：

党委书记、总经理李京辉负责行政、党委全面工作，分管办公室（党委办公室）、人事处（党委组织部）、纪委监察审计处、企业文化处（党群工作处）。

党委委员、副总经理屠规龙负责物资采购、产品销售、劳动工资、绩效考核及相关工作，分管物资采购部、营销调运部，协管人事处，负责联系沥青公司。

党委委员、副总经理闫铁伦负责机动设备、工程建设、设备防腐、资产管理（实物）、工程质量监督、档案史志及相关工作，分管机动设备处、工程管理部，协管办公室，负责联系仪电运行部、检维修部。

党委委员、副总经理、安全总监余昌信负责生产运行、综合计划、安全环保、节能、质量计量标准化、原油调运及相关工作，分管生产运行处、安全环保处、计量质检部，协管规划计划处，负责联系第一联合运行部、第二联合运行部、第三联合运行部、第四联合运行部、第五联合运行部、油品储运部、动力运行部、鲅鱼圈储运部。

党委委员、副总经理相养冬负责项目规划及后评价、投资计划及控制、科研、技术、设计、协会管理、企管法律、招标管理、企业改革、信息管理、职称评审、培训及相关工作，分管规划计划处、科技处、信息管理部、企管法规处，负责联系研究院、设计所。

党委委员、总会计师沈薇负责财务、资金、税价、资本运营、资产管理（账务）、关联交易、行政后勤管理及相关工作，协助总经理分管审计工作，分管财务处、行政事务部，协管纪委监察审计处。

党委委员、纪委书记柳迎斌负责纪委、巡视巡察、保卫、稳定及相关工作，协助总经理分管监察工作，分管纪委监察审计处、保卫部（信访稳定办公室）。

2018 年 9 月，集团公司印发《关于推行企业和领导人员岗位分级分类管理的意见》，明确辽河石化分公司为一级二类企业。

2018 年 10 月，集团公司党组决定：免去屠规龙、余昌信的辽河石化分公司党委委员职务，退出领导岗位。股份公司决定：相养冬任辽河石化分公司常务副总经理；免去屠规龙的辽河石化分公司副总经理职务；免去余昌信的辽河石化分公司副总经理、安全总监职务。随后，对领导班子成员分工进行调整：

党委书记、总经理李京辉负责行政、党委全面工作，分管办公室（党委办公室）、人事处（党委组织部）、纪委监察审计处、企业文化处（党群工作处）。

党委委员、常务副总经理相养冬负责日常生产经营等工作，负责生产运行、安全环保、质量计量节能、原油调运、综合计划、规划及投资、科研、技术、企管法律、招标管理、信息管理及相关工作，分管生产运行处、安全环保处、规划计划处、科技处、企管法规处、信息管理部、计量质检部，负责联系生产系统各联合运行部、研究院。

党委委员、副总经理闫铁伦负责机动设备、工程建设、物资采购、设计、资产管理（实物）、工程质量监督、档案史志、公务接待及相关工作，分管机动设备处、工程管理部、物资采购部，协管办公室，负责联系仪电运行部、检维修部、设计所。

党委委员、总会计师沈薇负责财务、资金、税价、资本运营、资产管理（账务）、关联交易、产品销售、行政后勤管理及相关工作，协助负责审计、综合计划、劳动工资、绩效考核、培训工作，分管财务处、营销调运部、行政事务部，协管纪委监察审计处、规划计划处、人事处，负责联系沥青公司。

党委委员、纪委书记柳迎斌负责纪委、巡视巡察及相关工作，协助负责监察、宣传、群团、保卫、稳定工作，分管纪委监察审计处，协管企业文化处（党群工作处）、保卫部（信访稳定办公室）。

截至 2018 年 12 月 31 日，辽河石化分公司党政领导班子由 5 人组成，其中，行政领导班子 4 人，党委由 5 人组成。李京辉任总经理、党委书记，相养冬任常务副总经理、党委委员，闫铁伦任副总经理、党委委员，沈薇任总会计师、党委委员，柳迎斌任纪委书记、党委委员，领导班子成员自 2018 年 10 月以来分工未调整。

期间：辽河石化分公司党委书记、总经理李京辉继续担任政协辽宁省第十一届委员会委员。2016 年 12 月，辽河石化分公司党委书记、副总经理、纪委书记、工会主席刘德佳当选中共辽宁省第十二次代表大会代表。2018 年 1 月，辽河石化分公司党委副书记、总经理李京辉担任政协辽宁省第十二届委员会委员。

第一节　党委（2014.1—2018.12）

截至 2014 年 1 月 1 日，辽河石化分公司党委由李京辉、李天书、屠规龙、闫铁伦、余昌信、相养冬等 6 人组成，李京辉任党委书记、李天书任党委副书记。

2014 年 4 月，集团公司党组决定：刘德佳任辽河石化分公司党委委员、书记；李京辉任辽河石化分公司党委副书记，免去其党委书记职务；免去李天书的辽河石化分公司党委副书记、委员职务，调抚顺石化分公司工作。

2016 年 5 月，集团公司党组决定：沈薇任辽河石化分公司党委委员。

2016 年 12 月 27 日至 28 日，中共辽河石化分公司第三次代表大会在盘锦市召开，136 名党员代表和 5 名列席代表参加会议。会议选举产生中共辽河石化分公司第三届委员会。中共辽河石化分公司委员会由刘德佳、闫铁伦、李京辉、余昌信、沈薇、相养冬、屠规龙等 7 人组成（以姓氏笔画为序），刘德佳为党委书记，李京辉为党委副书记。辽河石化分公司党委下属党支部 32 个，共有党员 994 人。

2017 年 12 月，集团公司党组决定：柳迎斌任辽河石化分公司党委委员。

2018 年 4 月，集团公司党组决定：李京辉任辽河石化分公司党委书记；免去刘德佳的辽河石化分公司党委书记、委员职务，退出领导岗位。

2018 年 10 月，集团公司党组决定：免去屠规龙、余昌信的辽河石化分公司党委委员职务，退出领导岗位。

截至 2018 年 12 月 31 日，辽河石化分公司党委由李京辉、相养冬、闫铁伦、沈薇、柳迎斌等 5 人组成，李京辉任党委书记。

书　　记　李京辉（2014.1—4；2018.4—12）
　　　　　　刘德佳（2014.4—2018.4）①

副 书 记　李天书（2014.1—4）②
　　　　　　李京辉（2014.4—2018.4）

委　　员　李天书（2014.1—4）
　　　　　　李京辉（2014.1—2018.12）
　　　　　　屠规龙（2014.1—2018.10）③
　　　　　　闫铁伦（蒙古族，2014.1—2018.12）
　　　　　　余昌信（2014.1—2018.10）④
　　　　　　相养冬（2014.1—2018.12）
　　　　　　刘德佳（2014.4—2018.4）
　　　　　　沈　薇（女，2016.5—2018.12）
　　　　　　柳迎斌（2017.12—2018.12）

① 2018 年 4 月，刘德佳退出领导岗位。
② 2014 年 4 月，李天书调任抚顺石化分公司党委副书记、总经理。
③ 2018 年 10 月，屠规龙退出领导岗位。
④ 2018 年 10 月，余昌信退出领导岗位。

第二节　行政领导机构
（2014.1—2018.12）

截至 2014 年 1 月 1 日，辽河石化分公司行政领导班子由 6 人组成：李天书任总经理，李京辉、屠规龙、闫铁伦、余昌信、相养冬任副总经理，余昌信兼任安全总监。

2014 年 4 月，股份公司决定：李京辉任辽河石化分公司总经理，刘德佳任辽河石化分公司副总经理；免去李天书的辽河石化分公司总经理职务，调抚顺石化分公司工作。

2016 年 5 月，股份公司决定：沈薇任辽河石化分公司总会计师。

2018 年 4 月，股份公司决定：免去刘德佳的辽河石化分公司副总经理职务。

2018 年 10 月，股份公司决定：相养冬任辽河石化分公司常务副总经理；免去屠规龙的辽河石化分公司副总经理职务；免去余昌信的辽河石化分公司副总经理、安全总监职务，退出领导岗位。

截至 2018 年 12 月 31 日，辽河石化分公司行政领导班子由 4 人组成，李京辉任总经理，相养冬任常务副总经理，闫铁伦任副总经理，沈薇任总会计师。

2014 年 1 月至 2018 年 12 月期间，辽河石化分公司对总经理助理、副总师进行调整：

2015 年 12 月，辽河石化分公司决定：免去赵学成的辽河石分公司副总工程师职务，改任正处级调研员。

2017 年 3 月，辽河石化分公司决定：马宝山任辽河石化分公司总经理助理。

2017 年 9 月，辽河石化分公司决定：免去李艳辉的辽河石化分公司副总会计师职务。

一、辽河石化分公司行政领导名录（2014.1—2018.12）

总　　经　　理　李天书（2014.1—4）

李京辉（2014.4—2018.12）
常务副总经理　相养冬（2018.10—12）
副 总 经 理　李京辉（2014.1—4）
屠规龙（2014.1—2018.10）
闫铁伦（2014.1—2018.12）
余昌信（2014.1—2018.10）
相养冬（2014.1—2018.10）
刘德佳（2014.4—2018.4）
总 会 计 师　沈　薇（2016.5—2018.12）①
安 全 总 监　余昌信（兼任，2014.1—2018.10）②
正局级干部　刘德佳（2018.4—11）③
副局级干部　屠规龙（2018.10—12）
余昌信（2018.10—12）

二、辽河石化分公司助理、副总师名录（2014.1—2018.12）

总经理助理　马宝山（2017.3—2018.12）
副总工程师　于建林（2014.1—2018.12）
赵学成（2014.1—2015.12）
安全副总监　汤规成（2014.1—2018.12）
副总会计师　李艳辉（2014.1—2017.9）

第三节　纪委（2014.1—2018.12）

截至2014年1月1日，辽河石化分公司纪委由6人组成：纪委书记空缺，王大东任纪委副书记，马宝山、马楠、付炜、李荣峰、宫树和任委员。

2015年9月，集团公司党组决定：刘德佳任辽河石化分公司纪委书记。

① 2014年1月至2016年5月期间，辽河石化分公司总会计师空缺。
② 2018年10月至12月期间，辽河石化分公司安全总监空缺。
③ 2018年11月，刘德佳辞职。

2016 年 12 月 27 日至 28 日，中共辽河石化分公司第三次代表大会在盘锦市召开，136 名党员代表和 5 名列席代表参加会议。会议选举产生中共辽河石化分公司第三届纪律检查委员会。中共辽河石化分公司纪律检查委员会由 7 人组成，刘德佳为纪委书记。

2017 年 12 月，集团公司党组决定：柳迎斌任辽河石化分公司党委委员、纪委书记；免去刘德佳的辽河石化分公司纪委书记职务。柳迎斌负责辽河石化分公司纪委工作。

截至 2018 年 12 月 31 日，辽河石化分公司纪委由 6 人组成：柳迎斌任纪委书记，王大东任纪委副书记，马宝山、马楠、付炜、宫树和、王罡任委员。

书　　记 刘德佳（2015.9—2017.12）①
柳迎斌（2017.12—2018.12）
副 书 记 王大东（2014.1—2018.12）
委　　员 马　楠（2014.1—2018.12）
马宝山（2014.1—2018.12）
李荣峰（2014.1—2016.12）
付　炜（2014.1—2018.12）
宫树和（2014.1—2018.12）
刘德佳（2015.9—2017.12）
王　罡（2016.12—2018.12）
柳迎斌（2017.12—2018.12）

第四节　工会（2014.1—2018.12）

2014 年 1 月至 2015 年 9 月，辽河石化分公司工会主席空缺。

2015 年 9 月，集团公司党组决定：刘德佳任辽河石化分公司工会主席。

2017 年 9 月，辽河石化分公司决定：王罡任辽河石化分公司工会副主

① 2014 年 1 月至 2015 年 9 月期间，辽河石化分公司纪委书记空缺。

席，免去宁宝财的辽河石化分公司工会副主席职务。

2018 年 4 月，集团公司党组决定：免去刘德佳的辽河石化分公司工会主席职务。

2018 年 4 月至 12 月，辽河石化分公司工会主席空缺。

主　　席　刘德佳（2015.9—2018.4）

副 主 席　宁宝财（2015.9—2017.9）

王　罡（满族，2017.9—2018.11）

第二章　机关职能处室

截至 2014 年 1 月 1 日，辽河石化分公司设机关职能部门 12 个：办公室（党委办公室）、人事处（党委组织部）、规划计划处、财务处、生产运行处、机动设备处、安全环保处、科技管理处、企管法规处、审计监察处（纪委）、企业文化处（党委宣传部）、群团工作处。

2014 年 7 月，科技管理处更名科技处。

2015 年 9 月，辽河石化分公司将机关职能处室企业文化处（党委宣传部）与群团工作处合并为企业文化处（党群工作处）。

2018 年 12 月，将企业文化处（党群工作处）更名为企业文化处（党委宣传部、工会、团委）。

截至 2018 年 12 月 31 日，辽河石化分公司设机关职能处室 11 个：办公室（党委办公室）、人事处（党委组织部）、规划计划处、财务处、生产运行处、机动设备处、安全环保处、科技处、企管法规处（内控与风险管理处）、纪委监察审计处、企业文化处（党委宣传部、工会、团委）。机关附属机构 6 个：结算中心、调度中心、培训中心（再就业中心）、档案室、工程造价中心、安全监督中心。

第一节　办公室（党委办公室）
（2014.1—2018.12）

办公室（党委办公室）前身可追溯至 1970 年 10 月盘锦三厂建设指挥部时期下设的办事组。1972 年 3 月，撤销办事组，成立办公室，行政级别正科级。1980 年 12 月，增设党委办公室，行政级别正科级。1985 年 4 月，沥青厂机关设厂办公室和党委办公室，厂办公室党员和审计科党员组成厂办审计党支部，隶属机关总支；党委办公室党员与宣传部、组织部、纪委、团委、武装部党员组成政工党支部，隶属机关总支。1993 年 3 月，辽河石化总厂机关设厂长办公室和党委办公室。1999 年 7 月，石油化工总厂机关设办公室和党委办公室。2000 年 5 月，党委办公室、宣传部、武装部合并为党委工作部。2001 年 6 月，辽河石化分公司将厂长办公室更名为经理办公室，成立经理办公室党支部，隶属机关总支。2004 年 11 月，经理办公室更名为总经理办公室。2005 年 8 月，总经理办公室由正科级调整为副处级。2010 年 4 月，成立党委办公室，与总经理办公室合署办公，更名为办公室（党委办公室）。同年 5 月，辽河石化分公司党委增设机关第一联合党支部，由办公室（党委办公室）、档案室党员组成。

截至 2014 年 1 月 1 日，办公室（党委办公室）在册员工 17 人，其中党员 8 人。内设秘书、文书、保密、接待、综合、外事、行政事务等岗位，共有领导 2 人，陈绍元任办公室（党委办公室）主任，负责全面工作。杨丹任办公室（党委办公室）主管，负责保密、文书工作。办公室（党委办公室）下设档案室，内设档案管理、史志编辑等岗位。共有领导 2 人，宋普良任档案室主任，负责档案室全面工作；马德君任档案副主任，负责史志、年鉴工作。办公室（党委办公室）内设秘书、文书、保密、外事、接待、档案管理、史志编辑等岗位。

办公室（党委办公室）主要负责行政公文管理、党委公文管理、行政文稿撰写、党委文稿撰写、行政情况调研与信息传递、党委情况调研与信息传递、接待与联络、行政会务管理、党委会务管理、办公室事务管理、值班管理、保密管理、外事接待与涉外联络、印刷业务管理、行政印章管理、党委印章管理、公务车辆管理、档案业务管理等工作。

2014 年 7 月，办公室（党委办公室）机构规格由副处级调整为正处级，档案室为其下设的附属机构，机构规格为正科级。成立办公室（党委办公室）党支部，隶属公司党委，由陈绍元任党支部书记，宋普良任组织委员，杨丹任宣传委员。

2014 年 8 月，公司决定：杨丹任办公室（党委办公室）副主任。

2014 年，办公室（党委办公室）组织开展了“三强化三提升”主题活动，作为党的群众路线教育实践活动、服务型党组织创建活动和劳动竞赛活动的载体，有效促进了干部员工队伍的素质、企业管理水平的强化提升；完成了原油组织、优化增效等重点工作的督察督办工作；进一步修订完善了制度，规范了管理流程，严格做好外事和保密管理工作；组织做好年鉴编辑工作，记录公司发展历史和发展成果。获得“三强化三提升”主题活动优秀组织单位、保密先进单位、信访稳定先进单位、新闻宣传先进单位等荣誉称号。截至 2014 年 12 月，办公室（党委办公室）在册员工 33 人，其中党员 20 人；档案室在册员工 9 人，其中党员 5 人。

2015 年 9 月，辽河石化分公司决定：马楠任办公室（党委办公室）主任，免去陈绍元的办公室（党委办公室）主任职务。

2015 年 9 月，撤销北京办事处。

2015 年，办公室（党委办公室）有效发挥机关转运枢纽作用，协调组织，圆满完成了各类会议的承办协办，保障了公司政务工作顺利开展。完成职代会、专题会议等领导讲话撰写，起草各类会议纪要。做好日常公文审核、流转工作。完成公司重点事项督办工作。办公室（党委办公室）获保密工作先进单位、信访稳定先进单位等荣誉称号。

2016 年，办公室（党委办公室）有效发挥机关转运枢纽作用，协调组织，圆满完成了各类会议的承办协办，保障了公司政务工作顺利开展。完成职代会、专题会议等领导讲话撰写，起草各类会议纪要。做好日常公文审核、流转工作。完成公司重点事项督办工作。办公室（党委办公室）获得保密先进单位、信访稳定先进单位等荣誉称号。

2017 年 9 月，公司决定：李斗任办公室副主任，甄毅任办公室主管，免去其盘锦中油辽河沥青有限公司生产部部长职务。

2017 年，办公室（党委办公室）有效发挥机关转运枢纽作用，协调组织，圆满完成了各类会议的承办协办，保障了公司政务工作顺利开展。完成职代会、专题会议等领导讲话撰写，起草各类会议纪要。做好日常公文审核、流转工作。完成公司重点事项督办工作。办公室（党委办公室）获得了保密先进单位、信访稳定先进单位等荣誉称号。

截至 2018 年 12 月 31 日，办公室（党委办公室）在册员工 12 人，其中党员 7 人。主任 1 人、副主任 1 人、高级主管 1 人、主管 1 人，内设秘书、文书、保密、接待、综合、外事、行政事务等岗位。办公室（党委办公室）下设档案室。档案室内设档案管理、史志编辑等岗位。共有领导 2 人，宋普良任档案室主任，负责档案室全面工作；马德君任史志办主任，负责史志、年鉴工作。办公室（党委办公室）先后获保密先进单位、治安综合治理先进单位等荣誉称号。

一、办公室（党委办公室）（副处级，2014.1—7）

（一）办公室（党委办公室）领导名录（2014.1—7）

主　　任　陈绍元（2014.1—7）

（二）办公室（党委办公室）其他管理人员名录（2014.1—7）

主　　管　杨　丹（女，副科级，2014.1—7）

（三）机关第一联合党支部领导名录（2014.1—7）

书　　记　陈绍元（2014.1—7）

副 书 记　宋普良（2014.1—7）

纪检委员　李　斗（2014.1—7）

组织委员　马德君（2014.1—7）

宣传委员　杨　丹（2014.1—7）

（四）附属档案室领导名录（2014.1—7）

主　　任　宋普良（2014.1—7）

副 主 任　马德君（2014.1—7）

二、办公室（党委办公室）（正处级，2014.7—2018.12）

（一）办公室（党委办公室）领导名录（2014.7—2018.12）

主　　任　陈绍元（2014.7—2015.9）

　　　　　马　楠（2015.9—2018.12）

副 主 任　杨　丹（正科级，2014.7—8）

　　　　　李　斗（2017.9—2018.12）

（二）办公室（党委办公室）其他管理人员名录（2014.7—2018.12）

高级主管　甄　毅（2018.12）

主　　管　甄　毅（2017.9—2018.11）

　　　　　杨　爽（2018.12）

（三）办公室（党委办公室）党支部领导名录（2014.7—2018.12）

书　　记　陈绍元（2014.7—2015.11）

马　楠（2015.11—2018.12）

组织委员　宋普良（2014.7—2017.9）

李　斗（2017.9—2018.12）

宣传委员　杨　丹（2014.7—8）

宋普良（2017.9—2018.12）

纪检委员　李　斗（2014.7—2018.12）

（四）附属档案室领导名录（2014.7—2018.12）

主　　任　宋普良（2014.7—2018.12）

副 主 任　马德君（2014.7—2018.12）

第二节　人事处（党委组织部）
（2014.1—2018.12）

2001年6月，人事科与党委组织部合署办公，名称为人事部（党委组织部）。2004年11月更名为人事处（党委组织部）；2005年8月，机构规格由正科级调整为副处级。截至2014年1月1日，人事处（党委组织部）内设干部管理、技术干部管理、党组织建设、劳动组织与员工管理、薪酬管理、年金保险管理、综合统计与档案管理等岗位，下设培训中心（再就业中心），在册员工21人，其中党员11人。

人事处（党委组织部）主要负责干部考察任免、党员领导干部民主生活、党组织换届、党员管理、人事档案管理、员工考核管理、岗位竞聘管理、后备干部队伍建设、基层党组织建设与管理、员工招收录用管理、机构和组织管理、定岗定员定编管理、劳动关系管理、员工奖惩管理、劳务用工管理、员工调配管理、人事信息系统管理、薪酬福利管理、住房公积金管理、考勤管理、社会保险管理、职称管理、专家管理、培训管理、职业技能鉴定、业绩考核管理、劳务承包商管理等工作。

2014年7月，人事处（党委组织部）机构规格调整为正处级，下设附属机构1个：培训中心（再就业中心）和临时机构1个：岗位责任制检查办公室。

2014 年 8 月，人事处党支部委员会换届选举，马宝山任党支部书记，林彬任党支部副书记，张延红任组织委员，陈闯任宣传委员，张思友任纪检委员，王献民任群工委员，张爽任综治委员。

2014 年，人事处（党委组织部）获公司先进集体、“三强化三提升”主题活动标杆单位、保密工作先进单位、维稳信访先进单位等荣誉称号。

2015 年 12 月，张德海因年龄原因，免去其岗位责任制检查办公室副主任职务，改任正科级调研员。

2015 年，人事处（党委组织部）获公司先进单位、保密工作先进单位、信访稳定工作先进单位、信息化工作先进单位等荣誉称号。

2016 年，人事处（党委组织部）获公司保密工作先进单位、维稳信访先进单位等荣誉称号。

2017 年 3 月，公司决定，马宝山任辽河石化分公司总经理助理，仍担任人事处（党委组织部）处长（部长）。

2017 年 4 月，公司决定：明确林彬的职级为副处级。

2017 年，人事处（党委组织部）获公司人事统计工作先进单位、企业年金工作先进单位、维稳信访工作先进单位、主题劳动竞赛最佳组织单位。

2018 年，人事处（党委组织部）获集团公司远程培训网络课件开发征集活动优秀组织奖、公司维稳信访工作先进单位、信息化工作先进单位。

截至 2018 年 12 月 31 日，人事处（党委组织部）在册员工 9 人，均为党员；附属机构培训中心（再就业中心）在册 18 人，其中党员 12 人；岗位责任制检查办公室在册员工 9 人，其中党员 5 人。

一、人事处（党委组织部）（副处级，2014.1—7）

（一）人事处（党委组织部）领导名录（2014.1—7）

处　长（部　长）　马宝山（2014.1—7）

副处长（副部长）　林　彬（2014.1—7）

（二）人事处（党委组织部）党支部领导名录（2014.1—7）

书　　　　　记　马宝山（2014.1—7）

（三）附属培训中心（再就业中心）领导名录（2014.1—7）

主　　　　　任　王献民（2014.1—7）

副　　主　　任　杨崇亮（2014.1—7）

二、人事处（党委组织部）（正处级，2014.7—2018.12）

（一）人事处（党委组织部）领导名录（2014.7—2018.12）

处长（部长）　马宝山（2014.7—2017.3；兼任，2017.3—2018.12）

副处长（副部长）　林　彬（正科级，2014.7—2017.4；2017.4—2018.12）

（二）人事处（党委组织部）其他管理人员名录（2014.7—2018.12）

主　　管　张延红（女，2018.12）

王宏伟（女，2018.12）

（三）人事处（党委组织部）党支部领导名录（2014.7—2018.12）

书　　记　马宝山（2014.7—2018.12）

副 书 记　林　彬（2014.8—2018.12）

组织委员　张延红（2014.8—2018.12）

宣传委员　陈　闯（2014.8—2018.12）

纪检委员　张思友（2014.8—2018.12）

群工委员　王献民（2014.8—2018.12）

综治委员　张　爽（女，2014.8—2018.12）

（四）附属培训中心（再就业中心）领导名录（2014.7—2018.12）

主　　任　王献民（2014.7—2018.12）

副 主 任　杨崇亮（2014.7—2018.12）

（五）临时岗位责任制检查办公室名录（2014.7—2018.12）

主　　任　张思友（2014.7—2018.12）

副 主 任　张德海（2014.7—2015.12）

主　　管　高继绥（2018.12）

调 研 员　张德海（2015.12—2016.12）

第三节　规划计划处（2014.1—2018.12）

规划计划处的前身为1985年4月成立的计划科，行政级别为正科级。在2000年5月至2005年8月，依次更名为计划经营科、计划部、计划处、规划计划处，规划计划处机构规格由正科级调整为副处级，并下设立"十一五"办公室，机构规格为副科级。规划计划处负责发展规划、投资计划管理、投资控制、项目后评价、总图管理、土地管理、综合计划、价格管理、生产经营统计、资源配置、KPI考核、对标管理等12项业务。截至2014年1月1日，规划计划处机构规格为副处级，在册员工9人（均为党员），规划计划处党支部隶属机关第三联合党支部，由姚成宏处长任党支部书记。

规划计划处主要负责计划管理、原（料）油采购管理、价格管理、统计管理、规划及投资项目前期管理、投资计划管理、总图管理、固定资产投资统计管理、土地管理、工程项目前期设计管理、工程项目投资管理、项目后评价管理等工作。

2014年7月，规划计划处机构规格调整为正处级。姚成宏任处长，负责全面工作；单吉文任副处长，负责生产计划工作，协助处长或独立组织开展综合计划、综合统计、总图管理、项目后评价、土地管理、投资计划等工作；郭宇光任副处长，负责公司发展规划相关方面的工作；杨立祥任副处长，负责原油计划、资源配置优化等工作。将工程预决算部更名为工程造价中心，变更为规划计划处下设的附属机构，机构规格为正科级。

2014年8月，按照公司党组织调整方案，规划计划处成立规划计划处党支部，姚成宏任党支部书记，党员15人。下设两个党小组，分别是规划计划处党小组，党员11人；工程造价中心党小组，党员4人。

2015年12月，杨立祥因年龄原因，免去其规划计划处副处长职务，改任副处级调研员。

2015年，在生产经营上，从资源采购配置、产品结构调整、经营策略上实现优化管理；石油产品综合商品收率和计划执行率都超计划完成KPI

考核目标值；原油加工量完成482.76万吨，16项技术经济指标，9项位居股份公司前列，6项指标得到提升，综合管理水平继续保持股份公司先进水平，统计工作连续第九年获得集团公司年度统计工作先进单位；开展开源节流，降本增效活动，实施“8+82”个优化项目，共创效2.1亿元，为“打造现代化特色精品企业”打下了基础。截至2015年年底，规划计划处内设发展规划、投资计划管理、投资控制管理、项目后评价、总图管理、土地管理、生产计划、综合统计、资源配置、KPI考核、对标管理等10项业务，机构规格为正处级，在册员工9人，均为党员。附属的工程造价中心内设工程造价岗位，在册员工6人，其中党员4人。规划计划处被集团公司评为“十二五”规划工作先进单位。

2016年，规划计划处以“两学一做”学习教育活动为指导，以“三个优化”（资源结构优化、产品结构优化、经营战略优化）为手段，实现了特色经营目标。全年完成加工量470万吨，生产计划执行率达到99.59%，石油产品综合商品收率达到95.05%，超计划完成KPI考核目标值；开展开源节流、降本增效活动，共创效2.5亿元。40万吨/年润滑油高压加氢项目得到板块的初步审核，正在准备集团公司的立项审核；启动80万吨/年催化裂化装置的改造工作。截至2016年12月，规划计划处统计工作连续九年获得集团公司年度统计工作先进单位。在册员工9人，均为党员。附属的工程造价中心内设工程造价岗位，在册员工6人，其中党员4人。

2017年9月，公司决定：董德君任规划计划处副处长。

2017年，在总部KPI考核利润亏损巨大压力下，以“开源节流，降本增效”活动为载体，全面实施“6+34”挖潜增效措施，创效7亿元。规划发展上取得了重大突破，《40万吨/年润滑油高压加氢装置》项目完成了基础设计批复，项目全面进入开工建设准备阶段。16项经济技术指标，8项指标在炼化板块平均水平以上，其中原油加工损失率、炼油综合损失率、单位能量因数耗能、计划执行率4项指标位居板块前三位，有9项指标同比得到提升。截至2017年12月，规划计划处统计工作连续十年获得集团公司年度统计工作先进单位。刘驰、罗大勇、李虹光获得集团公司统计工作先进个人。在册员工10人，均为党员。附属的工程造价中心内设工程造价岗位，在册员工4人，其中党员2人。

2018年，规划计划处从本部门职责入手，充分发挥部门的职能，继续落实“合规强管理，优化增效益，特色促发展”工作思路，谋划公司转型提升和规划发展。全年加工原料（油）479.88万吨，其中原油457.69万吨；生产计划完成率达到99.46%，石油产品综合商品收率达到94.54%，原油加工损失率、炼油综合损失率、单位能量因数耗能、技术经济指标位居板块前列，超计划完成KPI考核目标值。综合管理水平继续保持股份公司先进水平，统计工作连续十一年获得集团公司年度统计工作先进单位；实施了以提质增效五大方面措施和33个生产、节能“双优化”项目为主要内容的“5+33”提质增效方案，累计创效近2亿元。在册员工10人，均为党员。附属的工程造价中心内设工程造价岗位，在册员工4人，其中党员2人。

一、规划计划处（副处级，2014.1—7）

（一）规划计划处领导名录（2014.1—7）

处　　长　姚成宏（2014.1—7）

副 处 长　单吉文（副处级，2014.1—7）

杨立祥（2014.1—7）

郭宇光（2014.1—7）

（二）机关第三联合党支部领导名录（2014.1—7）

书　　记　姚成宏（2014.1—7）

副 书 记　黄　鹤（2014.1—7）

纪检委员　杨　刚（2014.1—7）

组织委员　杨立祥（2014.1—7）

宣传委员　刘　驰（女，2014.1—7）

二、规划计划处（正处级，2014.7—2018.12）

（一）规划计划处领导名录（2014.7—2018.12）

处　　长　姚成宏（2014.7—2018.12）

副 处 长　单吉文（2014.7—2018.12）

杨立祥（2014.7—2015.12）

郭宇光（2014.7—2018.12）

董德君（2017.9—2018.12）

（二）规划计划处其他管理人员名录（2018.12）

主　　　管　刘绍宏（2018.12）

刘　驰（2018.12）

李　航（2018.12）

调　研　员　杨立祥（2015.12—2018.3）

（三）规划计划处党支部领导名录（2014.7—2018.12）

书　　　记　姚成宏（2014.7—2018.12）

纪检委员　董德君（2014.8—2018.12）

组织委员　刘　驰（2014.8—2018.12）

宣传委员　刘　驰（2014.8—2018.12）

（四）附属工程造价中心领导名录（2014.7—2018.12）

主　　　任　董德君（2014.7—2017.9）

董德君（兼任，2017.9—2018.12）

副　主　任　王永明（2014.7—2017.12）

第四节　财务处（2014.1—2018.12）

财务处前身是1970年10月成立的计划财务组；1972年3月，变更为财务科；1979年8月，财务科更名为计划财务科；1980年12月，撤销计划财务科，增设财务科；1993年5月，国有资产管理科与财务科合并，成立财务资产科；1994年4月，成立财务资产部；1995年3月，撤销财务资产部，成立财务资产科；2001年至2004年，财务资产科依次更名为财务资产部、财务处。2005年8月，财务处机构规格调整为副处级，资金结算中心成为其附属单位。2011年4月，财务处下设的资金结算中心、资本运营中心合并为资金结算中心。截至2014年1月1日，财务处内设薪酬核算、材料管理、往来清欠、销售结算、资金管理等岗位，机构规格为副处级，在册员工17人，其中党员10人。财务处党支部下设2个党小组，由王成宏处长任党支部书记。

财务处主要负责成本费用核算管理、存货核算管理、全面预算管理、财务报表编制、工程项目核算、固定资产核算、无形资产核算、销售核算、资金（含票据）管理、税收管理、会计档案管理、工程项目转资管理等工作。

2014 年 7 月，公司机构整改，财务处机构规格调整为正处级；资金结算中心更名为结算中心，机构规格为正科级。公司对财务处领导班子进行任命：处长兼党支部书记王成宏，负责财务处全面工作；副处长李宏才，负责资本运营工作及股权管理工作；副处长杨淑凤，负责资金及往来管理工作；资金结算中心主任钟生章，负责预算及成本管理工作。财务处在册员工 17 人，其中党员 10 人，下设 2 个党小组。

2016 年 12 月，免去杨淑凤的财务处副处长职务，改任副处级调研员。

2017 年 9 月，公司决定：钟生章任财务处副处长。

2018 年 12 月，公司研究决定：侯艳玲为财务处主管；吕宏娥为财务处主管。

截至 2018 年 12 月 31 日，财务处内设成本核算、税保管理、薪酬核算、材料管理、往来清欠、销售结算、资金管理、综合会计等岗位，下设结算中心。在册员工 15 人，其中党员 12 人。

一、财务处（副处级，2014.1—7）

（一）财务处领导名录（2014.1—7）

处　　长　王成宏（2014.1—7）

副 处 长　李宏才（2014.1—7）

杨淑凤（女，2014.1—7）

（二）财务处党支部领导名录（2014.1—7）

书　　记　王成宏（2014.1—7）

组织委员　方黎明（女，2014.1—7）

宣传委员　朱天旭（女，2014.1—7）

（三）附属资金结算中心领导名录（副科级，2014.1—7）

主　　任　钟生章（2014.1—7）

二、财务处（正处级，2014.7—2018.12）

（一）财务处领导名录（2014.7—2018.12）

处　　长　王成宏（2014.7—2018.12）

副 处 长 李宏才（2014.7—2018.12）
杨淑凤（2014.7—2016.11）
钟生章（2017.9—2018.12）

（二）财务处其他管理人员名录（2018.12）

主　　管 侯艳玲（2018.12）
吕宏娥（2018.12）

调 研 员 杨淑凤（2016.12—2018.12）

（三）财务处党支部领导名录（2014.7—2018.12）

书　　记 王成宏（2014.7—2018.12）
组织委员 方黎明（2014.7—2018.12）
宣传委员 朱天旭（2014.7—2018.12）

（四）附属资金结算中心领导名录（2014.7—2018.12）

主　　任 钟生章（正科级，2014.7—2017.9）
张　丽（副科级，2018.12）

第五节　生产运行处（2014.1—2018.12）

生产运行处的前身为1970年10月盘锦三厂建设指挥部机关设立的生产准备组，负责技术干部、工人的管理、培训，编制定员、劳动工资、劳动保护、劳动力调配和生产前的准备工作。1972年12月，撤销生产组，成立生产科；1976年3月，撤销生产科，成立生产计划科；1980年12月，生产计划科分设为生产技术科和计划科；1982年10月，撤销生产技术科，成立生产调度室；1984年10月，生产调度室与技术科合并，成立生产技术科。1985年12月至2004年11月，生产技术科依次更名为调度室、生产调度室、生产运行部、生产运行处，机构规格均为正科级。2005年8月，生产运行处机构规格调整为副处级。2012年3月，成立生产运行处党支部。截至2014年1月1日，生产运行处在册员工19人，其中处长1人、副处长2人，员工16人，党员15人。

生产运行处主要负责计划优化管理、工艺技术管理、节能管理、三剂管理、生产过程质量管理、装置原料管理、非计划停工管理、装置开停工管理、生产调度管理、公用工程运行管理、防冻防凝管理、盲板和能量隔离等工作。

2014 年 7 月，公司机构重组，撤销原油部，公司原油和原料进厂的组织、原油采购订单的输入、原料入库、运输费用的结算等职能划归生产运行处，生产运行处机构规格调整为正处级。同时成立新装置开工办公室，为生产运行处下设机构，机构规格为副处级，主要负责新建装置开工材料的初审、参与新建项目的前期工作及新建装置中间交接的具体衔接等工作，对新建装置的整体开工进度进行监督和协调并协调处理各系统、单元开工过程中出现的问题。下设调度中心，机构规格为正科级。公司对领导班子重新任命和分工：史承文任处长兼党支部书记负责生产运行处行政党务全面工作，杨刚任副处长负责原油资源组织及生产运行管理；刘洪江任副处长负责公用系统及油品调合、外运协调工作；常忠伟任新装置开工办主任负责装置开工的前期准备及投料试车工作。

2014 年 8 月，生产运行处党支部进行了改选，史承文继续担任党支部书记。选举产生党支部成员 4 人，分设 3 个小组，共有党员 20 人。

2014 年，生产运行处在生产经营上，从原油入厂、产品结构调整、生产优化管理入手，完成原油加工量 530.77 万吨，比上年增加 4.79 万吨，加工规模再创历史新高。利用闲置设施对减一线、焦化柴油进行水洗，解决柴油加氢因氯离子超标导致设备腐蚀泄露的问题；完成柴油、石油苯的质量升级；新建并投用了低温热利用系统及东区消防泵站。

2015 年，生产运行处面对油气市场总体供过于求、炼油生产与油品销售能力不匹配等问题，严格按计划生产，完成原油加工量 482.76 万吨，欠计划 17.24 万吨（股份公司限产），轻油收率和综合商品率均较去年同期上升，原油加工损失率较去年同期下降。为保证硫磺装置尾气排放满足环保要求，对进口油进行分批次、分段加工；大庆原油退出后，辽河稀油资源补充不足，为保证催化装置原料供给，制定了部分东蒸馏常四线压入渣油的生产方案；减产黑色蜡油产品 13 万吨，限产低效产品，生产高效产品比例为 54.17%；完成国Ⅲ、国Ⅳ两次整体柴油和汽油国Ⅴ升级，生产新产品 92# 车用乙醇汽油调合组分油（Ⅴ）及岩沥青原料；组织了西区2个万立原油罐验收、新建冷凝水回收处理系统、新建焦化地面火炬回收系统、三泥干化和超稠油污水预处理等项目。生产运行处被评为公司年度双文明先进单位。截至2015年12月，生产运行处内设生产运行管理、动力平衡管理、生产统计管理、油品储运管理、国内原油管理、国外原油管理、综合管理等岗位，在册员工12人，其中党员11人。调度中心内设值班长、值班调度、司机等岗位，在册员工11人，其中党员8人。新装置开工办公室在册员工1人，为党员。

2016年，生产运行处组织原油进厂470.22万吨，其中辽河原油412.8万吨、冀东原油4.87万吨、进口原油52.53万吨。生产运行处获公司先进单位、统计工作先进单位、信息化工作先进单位、宣传工作先进单位等荣誉称号。在生产运行管理工作中，本部门深化“三严”管理，加强变更管理和风险辨识，严控生产波动，共产生异常波动4次，非计划停工5次，主动停工小修5次，与去年全年相比，异常波动减少7次，非计划停工增加4次，主动停工小修减少1次；在开停工组织方面，本部门在大量调研的基础上，编制了《2016年公司大检修总体方案》《环保专项方案》，制定出一系列管控及生产运行方案，各二级机构严格按照开停工方案组织落实，完成了润滑油系统4套装置的大检修及开停工组织任务，实现了“安全、环保、节能、高标准”的总体目标。在公用系统平衡管理方面，科学组织、强化调度，生产期间公司电力系统保证了改造项目的实施；装置大检修、新装置及设施投用期间，保证了氮气、蒸汽的足量平衡供应；在华润蒸汽多次突然停供期间，保证了公司蒸汽系统的供应。在“日优化，周评价”工作方面，与相关部门围绕“开源节流，降本增效”的总体要求，加强沟通协调，确定并落实“9+46”项双优化项目，提升了经济技术指标，降低了生产加工成本，实现全年优化增效约2.1亿元。截至2016年12月，生产运行处退休1人，在册员工11人，其中党员10人。调度中心内设值班长、值班调度、司机等岗位，在册员工11人，其中党员8人。新装置开工办公室在册员工1人，为党员。

2017年，生产运行处获装置大检修劳动竞赛二等功，刘呈军、季东获先进文明个人荣誉称号，关顺达获模范共产党员荣誉称号。截至2017年12月，生产运行处在册员工11人，其中党员10人，设处长、副处长、生产运行管理、动力平衡管理、电力运行管理、生产统计管理、油品储运管理、国内原油管理、国外原油管理等岗位，调度中心内设主任、统计管理、值班长、值班调度等岗位，在册员工 12 人，其中党员 9 人。新装置开工办公室在册员工 1 人，为党员。

2018 年 12 月，公司研究决定：刘呈军为生产运行处主管；李明为生产运行处主管；陈黎蓉为生产运行处主管。

2018 年，生产运行处关顺达被公司评为劳动模范和模范共产党员。

截至 2018 年 12 月 31 日，生产运行处在册员工 11 人，均为党员，设处长、副处长、生产运行管理、动力平衡管理、电力运行管理、生产统计管理、油品储运管理、国内原油管理、国外原油管理等岗位，调度中心内设主任、统计管理、值班长、值班调度等岗位，在册员工 12 人，其中党员 9 人。新装置开工办公室在册员工 1 人，为党员。

一、生产运行处（副处级，2014.1—7）

（一）生产运行处领导名录（2014.1—7）

处　　长　史承文（2014.1—7）
副 处 长　张继林（2014.1—7）
　　　　　刘洪江（2014.1—7）

（二）生产运行处党支部领导名录（2014.1—7）

书　　记　史承文（2014.1—7）
纪检委员　张继林（2014.1—7）
组织委员　史承文（2014.1—7）
宣传委员　代雨东（2014.1—7）

（三）附属生产调度中心领导名录（2014.1—7）

主　　任　刘洪江（2014.1—7）

二、生产运行处（正处级，2014.7—2018.12）

（一）生产运行处领导名录（2014.7—2018.12）

处　　长　史承文（2014.7—2018.12）
副 处 长　杨　刚（2014.7—2018.12）
　　　　　刘洪江（2014.7—2018.12）

（二）生产运行处其他管理人员名录（2018.12）

主　　　管　李　明（2018.12）

刘呈军（2018.12）

陈黎蓉（女，2018.12）

（三）生产运行处党支部领导名录（2014.7—2018.12）

书　　　记　史承文（2014.7—2018.12）

纪检委员　刘洪江（2014.7—2018.12）

组织委员　杨　刚（2014.7—2018.12）

宣传委员　代雨东（2014.7—2018.12）

综治委员　刘　静（女，2014.7—2018.12）

（四）附属调度中心领导名录（2014.7—2018.12）

主　　　任　刘洪江（2014.7—2017.9）

孙会洪（正科级，2017.9—2018.12）①

值　班　长　王慧文（2017.9—2018.12）

代雨东（2017.9—2018.12）

郑江勇（2017.9—2018.12）

于占春（2017.9—2018.12）

（五）临时新装置开工办公室名录（2014.7—2018.12）

主　　　任　常忠伟（副处级，2014.7—2018.12）

第六节　机动设备处（2014.1—2018.12）

机动设备处前身是1972年12月成立的机动科。机动科是机关直属部门，行政级别正科级。2001年6月，机动科更名为机械动力部；2004年11月，机械动力部更名为机动设备处；2005年6月，机动设备处机构规格调整为副处级。截至2014年1月1日，在册员工7人，其中党员4人。

机动设备处负责制定公司设备管理制度、目标规划、设备检维修计划，

① 2014年7月至2017年9月期间，调度中心主任空缺。

验收检查设备标准化管理，实施装置检修组织、技术改造、小型技措项目，整改公司双优化项目及安全隐患项目，培训设备管理人员、检维修队伍，负责转动设备、工艺设备、电气、仪表管理等工作。

2014 年 7 月，机动设备处机构规格调整为正处级，为公司机关职能部门。于凤宝任处长兼任党支部书记，负责党务、行政全面工作；付耀铭任副处长负责转机和电气仪表管理，机动设备处党支部隶属辽河石化分公司党委。

2014 年，机动设备处被评为“三强化、三提升”主题活动标杆单位、信息化工作先进单位、新闻宣传先进单位。机动设备处党支部被评为先进党支部，机动设备处党支部与气分—聚丙烯党支部被评为结对共建先进单位；于凤宝被评为先进党务工作者，刘延斌被评为模范共产党员。截至 2014 年年底，机动设备处在册员工 7 人，其中党员 4 人。

2015 年，机动设备处组织 23 套生产装置、系统单元大检修；机动设备处荣立 2015 年装置及系统检修集体一等功。机动设备处被公司评为年度“三强化、三提升”主题活动标杆单位、信息化工作先进单位、新闻宣传先进单位；机动设备处党支部被评为先进党支部，机动设备处领导被评为先进四好班子；于凤宝被评为先进党务工作者，刘民德被评为辽河石化分公司劳动模范，吕大成被评为“三强化、三提升”主题活动标兵个人，刘延斌被评为模范共产党员。截至 2015 年年底，机动设备处在册员工 7 人，其中党员 4 人。

2016 年，机动设备处组织润滑油系统 5 套生产装置及两个系统单元大检修，并荣立 2016 年装置及系统检修集体一等功。机动设备处被评为公司双文明先进单位、新闻宣传先进单位；机动设备处党支部被评为先进党支部；机动设备处领导被评为先进四好班子。刘民德被公司评为劳动模范，于凤宝被评为先进党务工作者，吴亮被评为双文明先进个人，吕大成被评为模范共产党员。“120 万吨 / 年柴油改质装置掺炼蜡油适应性改造”获公司科技进步奖一等奖，“重整氢增压机二级排气阀改造”获科技进步奖二等奖，“西蒸馏 – 减粘装置自控率攻关项目”及“东区高温凝结水集中回收利用”获科技进步奖三等奖。截至 2016 年年底，在册员工 7 人，其中党员 4 人。

2017 年 4 月，公司决定：明确于凤宝的职级为正处级。

2017 年 9 月，公司决定：孙宏伟任机动设备处副处长，免去其仪电运行部主任职务。

2017 年，机动设备处组织西蒸馏、60 万吨 / 年加氢柴改装置检修改造，并荣立 2017 年装置及系统检修集体一等功。2017 年，机动设备处被评为公司信息管理先进单位、新闻宣传先进单位；机动设备处党支部被评为先进党支部；机动设备处领导被评为先进四好班子。刘民德被公司评为劳动模范，于凤宝被评为先进党务工作者，吴亮被评为双文明先进个人，吕大成被评为模范共产党员，孙鹏杨、姚晓艳被评为劳动竞赛优胜个人。“1.5 万吨 / 年硫磺回收装置新技术应用及低排放值运行”获公司科技进步奖二等奖。截至 2017 年年底，在册员工 13 人，其中党员 10 人。

2018 年 12 月，公司决定：刘延斌为机动设备处主管（副科级）；刘民德为机动设备处主管（副科级）；吴亮为机动设备处主管（副科级）。

2018 年，机动设备处组织燃料油系统、焦化系统 21 套装置及系统单元检修改造，机动设备处获 2018 年装置大检修劳动竞赛最佳组织单位。机动设备处被评为公司双文明先进单位、新闻宣传先进单位，机动设备处党支部被评为先进党支部。吕大成被公司评为劳动模范，于凤宝被评为先进党务工作者，解喆被评为双文明先进个人，吴亮被评为模范共产党员，刘民德被评为劳动竞赛标兵，吴亮、吕大成、孙鹏杨、姚晓艳、孙宏光、解喆被评为劳动竞赛优胜个人。

截至 2018 年年底，机动设备处在册员工 13 人，其中党员 10 人。

一、机动设备处（副处级，2014.1—7）

（一）机动设备处领导名录（2014.1—7）

处　　长　于凤宝（2014.1—7）

副 处 长　付耀铭（2014.1—7）

（二）机动设备处党支部领导名录（2014.1—7）

书　　记　于凤宝（2014.1—7）

纪检委员　付耀铭（2014.1—7）

组织委员　姚晓艳（女，2014.1—7）

宣传委员　姚晓艳（2014.1—7）

二、机动设备处（正处级，2014.7—2018.12）

（一）机动设备处领导名录（2014.7—2018.12）

处　　长　于凤宝（副处级，2014.7—2017.4；2017.4—2018.12）

副 处 长　付耀铭（2014.7—2018.12）

　　　　　孙宏伟（2017.9—2018.12）

（二）机动设备处其他管理人员名录（2018.12）

主　　管　刘民德（2018.12）

　　　　　刘延斌（2018.12）

　　　　　吴　亮（2018.12）

（三）机动设备处党支部领导名录（2014.7—2018.12）

书　　记　于凤宝（2014.7—2018.12）

纪检委员　付耀铭（2014.7—2018.12）

组织委员　姚晓艳（2014.7—2017.11）

　　　　　孙宏伟（2017.11—2018.12）

宣传委员　姚晓艳（2014.7—2018.12）

群工委员　刘延斌（2017.11—2018.12）

第七节　安全环保处（2014.1—2018.12）

安全环保处前身是成立于1978年11月的盘锦炼油厂安全科，为公司机关职能部门，行政级别为正科级。1985年4月，安全科更名为安全监察科；1989年3月，公司增设环保监测站；1991年6月，环保监测站更名为环保科，机构规格为正科级。1994年4月，实行分厂制，安全监察科划归生产部管理，环保科划归技术监督部管理；1995年3月，分厂制结束，重新设立安全监察科和环保科。2000年5月，将安全监察科与环保科合并为安全环保科，环保监测站划归质量检查科。2001年6月，安全环保科更名为安全环保部；2004年11月，安全环保部更名为安全环保处，机构规格为副处级。2006年，公司将人事处岗检队整体划归安全环保处，并组建现场监察中心，机构规格为正科级；7 月，安全环保处更名为质量安全环保处，增设质量管理职能；2007 年 5 月，质量安全环保处更名为安全环保处，质量职能划归计量部。截至 2014 年 1 月 1 日，安全环保处在册员工 22 人（包括现场监察中心），其中党员 16 人。

安全环保处负责公司的安全技术管理、安全培训、消防和劳动保护、职业卫生管理、交通安全管理、特种设备监察、安全与环保事故的应急管理、工业卫生管理和绿化管理。部门内设安全技术（安全教育）、应急管理、防火与劳动保护、职业卫生和危化品管理、综合安全管理、环保技术、工业卫生与环保统计、绿化管理和交通管理等岗位。现场监察中心负责现场安全环保监察和劳动纪律监察，设现场安全监察、现场环保监察和劳动纪律监察岗位等工作。

2014 年 7 月，公司机构改革，安全环保处机构规格调整为正处级，为公司职能部门，安全环保处党支部隶属辽河石化分公司党委。公司对安全环保处领导班子进行调整：汤规成兼任安全环保处处长，负责安全环保处的全面工作；刘崇华任副处长负责环保管理工作；胡崇海任副处长兼安全监督中心主任协助处长，负责安全监督管理工作；甄占胜任高级主管负责绿化和工业卫生管理。现场监察中心更名为安全监督中心，机构规格为正科级，主要负责生产现场的安全监督，劳动纪律监察职能划归岗位责任制检查办公室。

2014 年 8 月，安全环保处党支部改选，选举产生党支部委员 5 人，下设 2 个党小组。

2014 年安全环保处被集团公司评为年度安全生产先进监管部门，被公司评为新闻宣传工作先进单位、信息管理先进单位和“三强化、三提升”主题活动标杆单位。李亚林获集团公司安全管理先进个人，胡崇海获集团公司安全监督先进个人，周皓获集团公司环境保护先进个人。截至 2014 年年底，安全环保处（含安全监督中心）在册员工 16 人，其中党员 13 人。

2015 年，安全环保处被集团公司评为安全生产先进监管部门，被辽河油区评为综合治理先进单位，被公司评为新闻宣传优秀单位；在装置及系统大检修劳动竞赛中立集体三等功。杨印桐获集团公司安全生产先进个人，李连昆获集团公司安全监督先进个人，周皓获集团公司环境保护先进个人，何润华获集团公司 HSE 体系推进先进个人。汤规成论文《“三严”是公司新常态下提升管理水平的重要抓手》获 2015 年领导人员优秀政工论文一等奖。截至 2015 年年底，安全环保处（含安全监督中心）在册员工 16 人，其中党员 13 人。

2016 年 6 月，安全环保处绿化卫生职能划归行政事务部，2 名人员随业务一并调出。

2016 年 11 月，副处长刘崇华调出。

2016 年，公司被集团公司评为环境保护先进企业；李亚林被集团公司评为年度安全管理先进个人，胡崇海被评为年度安全监督先进个人，周皓被评为年度环境保护先进个人。安全环保处被公司评为年度双文明先进单位，并在装置大检修劳动竞赛中荣立集体三等功。截至 2016 年年底，安全环保处（含安全监督中心）在册员工 12 人，其中党员 10 人。

2017 年 4 月，公司决定：胡崇海的职级为副处级。

2017 年 9 月，黄亮任安全环保处副处长，负责环保管理业务。

2017 年 10 月，安全环保处党支部选举产生了新一届支部委员会，下设 2 个党小组。

2017 年，安全环保处认真落实集团公司工作会议和公司党代会、职代会总体部署，强化红线意识底线思维，坚持“三严”管理，深化装置 HSE 标准化建设，有效运行 HSE 管理体系，持续夯实 HSE 管理基础，实现安全环保管理水平持续提升。失能伤害损失工作日累计 0 天（年初目标不超过 180 天），员工伤亡事故千人死亡率为零，一次事故直接经济损失、累计火灾事故直接经济为零，完成了年初制定的目标；职业病发病人数为零；“三废”处理装置平稳运行，污染源受控率 100%，污染物排放合格率 100%；废水外排 COD 均小于 50mg/L，厂区环境空气质量基本达到国家二级标准；污染物总量控制和减排指标满足集团公司要求；截至 2017 年年底公司共有 9 套污染物在线监测系统，均已与炼化板块在线监控平台联网，监测数据实时上传。新改扩建项目安全环保健康“三同时”执行率 100%；全面开展污染物排放提标升级改造工作和 VOCs 治理设施建成工作。2017 年，辽河石化分公司被中国石油和化工工业联合会、中国化工环保协会共同授予石油和化工行业绿色工厂称号。辽河石化分公司被评为集团公司环境保护先进企业。李连昆被集团公司授予 2017 年度安全监督先进个人。周皓被集团公司授予

2017 年度环境保护先进个人。安全环保处被公司评为治安综合治理工作先进单位。截至 2017 年 12 月，安全环保处（含安全监督中心）在册员工 17 人，其中党员 15 人。

2018 年，安全环保处认真落实集团公司工作会议和公司职代会总体部署，坚持“三严”管理，严守“四条红线”，以构建“双重预防机制”为主线，持续深化装置 HSE 标准化建设，持续推进 HSE 管理体系有效运行，严格落实安全环保责任制，强化各类风险管控，强化短板治理，进一步夯实安全环保管理基础，实现安全环保持续受控。

2018 年 12 月，公司研究决定：李亚林为安全环保处主管（副科级）；周皓为安全环保处主管；李连昆为安全监督中心主管（副科级）。

2018 年，公司 A 级环境污染事故为零，一般 A 级安全事故为零；失能伤害损失工作日累计 0 天，员工伤亡事故千人死亡率为零，一次事故直接经济损失、累计火灾事故直接经济为零；职业病发病人数为零，员工职业健康体检率 100%，职业危害因素监测合格率 100%；“三废”处理装置平稳运行，污染源受控率 100%，污染物排放合格率 100%；废水外排 COD 均小于 50 mg/l，厂区环境空气质量经过检测显示，基本达到国家二级标准；完成排污许可证申领并依法合规排污。

2018 年，安全环保处被辽宁省安全生产协会评为 2018 年最佳安全管理团队，被公司评为双文明先进单位、治安综合治理先进单位，胡崇海被集团公司授予 2018 年度安全监督先进个人，何润华被聘为公司专业管理专家。

截至 2018 年 12 月 31 日，安全环保处（含安全监督中心）在册员工 17 人，其中党员 15 人。

一、安全环保处（副处级，2014.1—7）

（一）安全环保处领导名录（2014.1—7）

处　　长　汤规成（兼任，2014.1—7）

副 处 长　刘崇华（满族，2014.1—7）

　　　　　　胡崇海（2014.1—7）

副 科 长　甄占胜（2014.1—7）

（二）安全环保处党支部领导名录（2014.1—7）

书　　记　汤规成（2014.1—7）
组织委员　甄占胜（2014.1—7）
宣传委员　李亚林（2014.1—7）

（三）附属现场监察中心名录（2014.1—7）

主　　任　胡崇海（2014.1—7）

二、安全环保处（正处级，2014.7—2018.12）

（一）安全环保处领导名录（2014.7—2016.12）

处　　长　汤规成（兼任，2014.7—2018.12）
副 处 长　刘崇华（2014.7—2016.11）
　　　　　胡崇海（正科级，2014.7—2017.4；2017.4—2018.12）
　　　　　黄　亮（2017.9—2018.12）

（二）安全环保处其他管理人员名录（2014.7—2018.12）

高级主管　甄占胜（2014.7—2018.12）
主　　管　李亚林（2018.12）
　　　　　周　皓（2018.12）
　　　　　李连昆（2018.12）

（三）安全环保处党支部领导名录（2014.7—2018.12）

书　　记　汤规成（2014.7—2018.12）
组织委员　甄占胜（2014.8—2017.10）
　　　　　黄　亮（2017.10—2018.12）
宣传委员　李亚林（2014.8—2017.10）
　　　　　胡崇海（2017.10—2018.12）
纪检委员　胡崇海（2014.8—2018.12）
综治委员　刘崇华（2014.8—2017.10）

（四）附属安全监督中心名录（2014.7—2018.12）

主　　任　胡崇海（兼任，2014.7—2018.12）

第八节　科技管理处—科技处
（2014.1—2018.12）

科技处前身为1980年12月成立的生产技术科。1982年9月，增设技术科；1984年10月，生产调度室和技术科合并，成立生产技术科；1985年12月，增设技术科。1995年3月，撤销规划发展部，成立技术规划科，下设信息中心；2000年至2005年，技术规划科依次更名为技术发展科、技术发展部、科技信息处，科技信息处机构规格由正科级调整为副处级。2010年4月，科技信息处更名为科技处，其所属信息中心更名为信息管理部，成为公司直属机构。2012年12月，科技处更名为科技管理处，机构规格为副处级，是公司科技工艺管理的职能部门。

截至2014年1月1日，科技管理处主要负责技改技措、工艺管理、三剂化学品管理、知识产权和科技进步鉴定等。制定技术组织措施费和科研经费的使用计划，科技管理工作，科技推广及新产品开发工作，组织技术交流和开展技术达标工作；负责组织装置工艺卡片、操作规程、装置开停工方案的制定工作，检查和考核工艺纪律执行情况及巡检情况，组织制定装置的生产技术标定方案，并组织实施、编写标定报告。科技管理处党支部隶属机关第三联合党支部，由姚成宏处长任党支部书记，在册员工5人，均为党员。

2014年7月，公司机构重组，科技管理处更名为科技处，机构规格调整为正处级，下设新产品开发办公室，在册员工5人（均为党员）。公司对科技处领导进行任命：刘维功任处长，负责公司工艺管理和科研管理工作；张继林任副处长，协助处长进行公司工艺管理工作；黄鹤任新产品开发办公室主任，协助处长进行公司科研管理和新产品开发工作。

2014年8月，成立科技处党支部，刘维功任党支部书记。

2014年，科技处通过加强工艺管理工作，使公司主要装置操作平稳率达到99.48%，产品馏出口合格率达到99.61%，并实现加热炉各项指标的稳步提高，平均热效率较2013年提高了0.29%。在环保油开发方面，实现了 AP19 高芳烃环保橡胶油工业化的批量生产，完成了向佳通轮胎公司提供 127 吨试验用油的任务，销售 NAP10-2 中芳烃环保橡胶油 746 吨、SBR1712 充油胶专用油 945 吨、NAP10-1 中芳烃环保橡胶油 1206 吨、环保齿轮油销售 20 吨。“一种提高环保橡胶填充油芳烃含量的原料优化方法”等 7 项专利获得国家授权；“一种催化裂化装置的主风系统”1 项专利被受理。“劣质重油生产高端沥青和特种润滑油技术开发与工业应用”成果被评为集团公司科技进步奖一等奖。

2015 年，科技处共承担科技项目 16 项，其中承担股份公司级项目 5 项，地区公司级项目 11 项；完成辽河低凝稠油岩沥青改性生产 90#A 级沥青工业化生产试验，实现工业化常态生产，生产 90#A 级沥青 3.83 万吨，销售 3.26 万吨，实现公司 A 级沥青销售零的突破；在环保油研发方面，积极推进 SBR1712 充油胶专用油的生产和销售，为公司创造经济效益约 400 万元；利用大连石化高芳烃油生产 TDAE 型高芳烃环保橡胶油生产设施的技术改造，成功组织 AP19-3 高芳烃环保橡胶油的工业化生产产品 692 吨。年度大检修期间，圆满完成 120 万吨 / 年柴油加氢改质装置掺炼蜡油适应性改造、60 万吨 / 年连续重整装置适应性改造和 15000 标准立方米 / 小时制氢装置适应性改造等重点大型技术改造项目，具备了蜡油深加工增产低凝柴油和航空煤油的能力，并且成功解决了重整装置苯抽提单元的负荷瓶颈问题，提高了优级苯的产量。年度平稳率指标有了较大提高，MES 平稳率板块排名由第十名上升到第三名。“满足国Ⅳ清洁汽油标准的 GARDES 加氢技术的开发与应用”项目被评为集团公司科技进步奖一等奖；“连续重整装置余热锅炉的余热再利用”等 2 项科技成果获得辽宁省自然科学三等奖；“一种用于 SBS 改性沥青的稳定剂及其制备方法”等 6 项专利获得国家授权（其中发明专利 4 项）；“一种劣质焦化蜡油的溶剂精制设备与方法”等 4 项专利被国家受理（均为发明专利）。截至 2015 年 12 月，科技处在册员工 5 人，其中党员 5 人。

2016 年，科技处完成了 44 套生产及辅助装置工艺卡片的评审，完成技术改造项目 34 项。组织开展重整装置脱氯剂的技术交流工作，试用进口脱氯剂，减少系统氨盐结晶、氯离子腐蚀。配合完成硫酸、抗磨剂、碱液、降凝剂、十六烷值改进剂等三剂公开招标工作，上半年共计采购 200 吨，节约成本 120 万元。2016 年，辽河石化分公司承担股份公司重大科技专项“劣质重油加工新技术研究开发与工业应用”的课题一“劣质重油加工工业化成套技术开发”和课题五“辽河稠油优化加工成套技术开发与工业应用”的研究开发工作，并顺利通过科技管理部年度评估。“雾封层专用沥青及环保沥青的技术开发与应用”项目按照计划任务书的要求完成了雾封层沥青和环保沥青的实验室研究工作和工业化实验，并实现了应用；“新型催化裂化过程强化及关键装备技术研究开发”“炼化能量系统优化技术完善与推广应用”项目按照计划任务书要求开展相关工作。辽河石化分公司研究院分析室取得国家实验室认可资格，列入《国家认可实验室名录》，沥青产品分析数据得到国际间同类实验室的认可。“高液收的延迟焦化（HLDC）新技术开发与工业应用”成果通过集团公司严格审查，被评为集团公司科技进步奖一等奖；“连续重整 Chlorsorb 氯吸附区域的腐蚀与防护”等 3 项科技成果获得辽宁省自然科学成果奖。在知识产权与成果方面，“一种生产橡胶填充油或润滑油的溶剂精制方法”等 7 项专利获得国家专利局授权，其中发明专利 4 项。科技处共承担科技项目 17 项，其中承担股份公司级项目 7 项，地区公司级项目 10 项。截至 2016 年 12 月，科技处在册员工 5 人，其中党员 5 人。

2017 年，科技处共承担科技项目 18 项，其中承担股份公司级项目 6 项，地区公司级项目 12 项。“炼化能量系统优化技术完善与推广应用”项目通过股份公司科技管理部中评估。“雾封层专用沥青及环保沥青的技术开发与应用”项目开发出了适用于雾封层乳化沥青的专用特硬沥青生产技术，沥青性能达到美国同行业先进水平，实现了产品的国产化；开发出了环保沥青生产技术，产品不含致癌物质或含量达到德国 GS 认证要求，产品实现国内首次开发，具有国际先进水平并适于多领域的工程应用，该项目于 2017 年 5 月通过了股份公司科技管理部验收。在重点实验室及科研平台搭建中，装置数量由 2016 年的 15 套增加到目前 20 套。2017 年，共下达技术改造设计委托 112 项，小型技措费用累计下达资金计划 234 万元。检修期间完成技术改造 7 大项，1# 柴油加氢改质装置增设余热回收系统，反应进料加热炉、分馏进料加热炉排烟温度分别由 447℃和 360℃降低至 130℃，平均加热炉热效率由 78.5% 提高至 91.8%。1# 柴油加氢改质装置经过适应性改造，加工能力由 40 万吨 / 年提高至 60 万吨 / 年，进一步提高了公司的加氢处理能力。公司 MES 统计共计 10 套装置 66 个参数纳入指标监控范围，平稳率 99.7%，较集团公司平均水平 99.58% 高 0.12%。新型出口沥青产品成功出口泰国，实现了公司开展来料加工沥青出口的零突破。沥青公司开展了利用丁脱沥青调合生产重交沥青、90#A 级沥青的工业化生产，生产和销售 90#A 级沥青 1.28 万吨，出口沥青 4139 吨；累计销售 90#A 级沥青 4300 余吨、汽车阻尼板专用环保沥青 3584 吨，累计销售各类改性沥青 7.4 万吨，其中 B-90 改性水工沥青 983 吨、应力吸收层沥青 52 吨，为公司创造了较好的经济效益。完成了橡胶增塑剂企业标准的发布实施与技术监督局备案等工作，累计销售环烷基、芳香基橡胶增塑剂 15.6 万吨，为公司间接创效近 2.3 亿元。生产各类环保橡胶增塑剂累计 1.71 万吨，销售各类环保橡胶增塑剂共计 1.8 万吨，其中 NAP10-1 环保橡胶增塑剂 8793 吨、NAP10-2 环保橡胶增塑剂 8265 吨、SBR1778E 环保充油胶专用油 907 吨、AP19-3 环保芳烃橡胶增塑剂 23 吨，销售 SBR1712 充油胶专用油 808 吨，为公司新增经济效益 2000 万元以上。公司高标号汽、柴油新产品的开发和工业应用取得新进展，全年共完成 4 种新产品的开发和工业应用，改写了公司不能生产高标号清洁汽、柴油的历史。销售国Ⅴ 92# 车用汽油 5.45 万吨、国Ⅴ 95# 车用乙醇汽油调合组分油 8.0 万吨、国Ⅴ 98# 车用乙醇汽油调合组分油 771 吨、国Ⅴ 35# 车用柴油 9939 吨，创造了较好的经济效益。

2017 年，科技处组织上报的“劣质重油加工配套技术开发与工业应用”成果获得集团公司科技进步奖特等奖。组织申报的“连续重整铂锡双金属催化剂氢铂比低的原因分析及对策”等 2 项科技成果均获得辽宁省自然科学成果奖。组织申报的“120 万吨年柴油加氢改质装置试产 3# 喷气燃料的研究及应用”等 13 项科技成果均获得盘锦市自然科学成果奖。组织国家专利申报，共授权“一种自控式高效节能伴热系统”等 2 项国家专利（其中发明专利 1 项）。截至 2017 年 12 月，科技处在册员工 7 人，其中党员 7 人。

2018 年 12 月，公司研究决定：张英为科技处主管；张勇为科技处主管（副科级）。

2018 年，科技处共下达技术改造设计委托 104 项，其中小型技措项目 15 项，组织图纸审查 53 项，累计上报技术改造项目投资计划 119 项，小型技措费用累计下达计划 972 万元。2018 年，装置大检修改造项目 71 项，所有检修改造项目全部设计完成并实施。2018 年，公司 MES 平稳率 99.76%，同比下降 0.13%，较集团公司平均水平 99.7% 高 0.06%。顺利组织 29 套操作规程评审、再版、印刷以及 44 套工艺卡片评审工作。通过加大巡检检查和考核力度，共发现隐患 30 余项，并全部整改完毕。组织完成东蒸馏、焦化、重整、加氢等装置标定工作。加强加热炉操作管理，公司在运加热炉共有 28 台，2018 年，加热炉平均热效率 91.72%，较 2017 年同期提高 1.0%。完成了炼化业务转型升级发展规划项目“辽河稠油渣油丙烷脱沥青及利用轻脱油高压加氢生产光亮油”第一步试验的研究工作。科技处新产品开发办公室组织研究院开展了利用公司资源研制开发低硫船用残渣燃料油的试验研究。2018 年 6 月，公司召开了沥青特色系列化研讨会，科技处完成了研讨会主旨材料的编写、工作要点和推进方案。科技处新产品开发办公室组织研究院开展了利用单独加工进口卡斯蒂娜原油生产的沥青，和单独加工辽河低凝稠油生产的沥青，调合生产 90#A 级沥青的研制，生产 90#A 级沥青 3.18 万吨，产品各项指标满足 2 类地区 90#A 级沥青的技术要求。公司全年销售行标沥青 16.57 万吨，其中 90#A 级沥青 8.94 万吨、70#A 级沥青 7.63 万吨，累计销售汽车阻尼板专用环保沥青 3033 吨。销售各类环保橡胶增塑剂共计 1.1 万吨，其中 NAP10-1 环保橡胶增塑剂 6201 吨、NAP10-2 环保橡胶增塑剂 3746 吨、SBR1778E 环保充油胶专用油（橡胶增塑剂 A0709）1064 吨。

截至 2018 年 12 月 31 日，科技处设工艺管理、科研管理等岗位，在册员工 7 人，其中党员 7 人。

一、科技管理处（副处级 2014.1—7）

（一）科技管理处领导名录（2014.1—7）

处　　长　刘维功（主持工作，正科级，2014.1—7）

副 处 长　（空缺）

（二）机关第三联合党支部领导名录（2014.1—7）

书　　记　姚成宏（2014.1—7）

副 书 记　黄　鹤（2014.1—7）

纪检委员　杨　刚（2014.1—7）

组织委员　杨立祥（2014.1—7）

宣传委员　刘　驰（女，2014.1—7）

二、科技处（正处级，2014.7—2018.12）

（一）科技处领导名录（2014.7—2018.12）

处　　长　刘维功（副处级，2014.7—2017.4；2017.4—2018.12）
副 处 长　张继林（2014.7—2018.3）

（二）其他管理人员名录（2014.7—2018.12）

主　　管　张　英（2018.12）
　　　　　张　勇（2018.12）

（三）科技处党支部领导名录（2014.8—2018.12）

书　　记　刘维功（2014.8—2018.12）
纪检委员　张　英（2014.8—2018.12）
组织委员　张继林（2014.8—2018.3）
宣传委员　张　英（2014.8—2018.12）

（四）下设新产品开发办公室领导名录（2014.7—2018.12）

主　　任　黄　鹤（副处级，2014.7—2018.12）

第九节　企管法规处—企管法规处（内控与风险管理处）（2014.1—2018.12）

企管法规处（内控与风险管理处）前身为1984年10月成立的企业管理科，行政级别正科级。1988年9月至2004年12月间，企业管理科先后更名为能源企管科、经营管理科、企管法规部、企管法规处；2005年8月，企管法规处机构规格调整为副处级。截至2014年1月1日，企管法规处在册员工6人，其中党员4人，党支部隶属机关第二联合党支部，李荣峰任党支部副书记。企管法规处设有标准化管理、内控管理、法律事务管理、QHSE体系管理、制度管理等岗位。

企管法规处（内控与风险管理处）主要职责：负责公司供应商管理、承包商管理、工商事务管理、证照管理、合同管理、纠纷诉讼管理、授权管理、工作流程及程序管理、招投标管理、三基管理、管理创新管理、规章制管理、体系管理、内控管理、风险管理等工作。

2014 年 7 月，公司机构调整，企管法规处更名为企管法规处（内控与风险管理处），机构规格调整为正处级。公司对企管法规处（内控与风险管理处）的领导进行任命：李荣峰任处长，负责企管法规处（内控与风险管理处）的全面工作；王京宇任副处长，负责合同管理工作。

2014 年 8 月，企管法规处党支部成立，李荣峰任党支部书记。

2014 年，企管法规处（内控与风险管理处）被集团公司评为管理提升先进单位，获辽宁省“守合同、重信用”单位，获公司 2014 年度保密工作先进单位。

2016 年企管法规处（内控与风险管理处）获国家级“守合同、重信用”单位。

2017 年 9 月，公司决定：谢宏任企管法规处副处长，免去其工程管理部副部长职务。

截至 2018 年 12 月 31 日，企管法规处（内控与风险管理处）内设标准化管理、合同管理、内控管理、法律事务管理、QHSE 体系管理、制度管理、合规管理等岗位，在册员工 7 人，其中党员 4 人。

一、企管法规处（副处级，2014.1—7）

（一）企管法规处领导名录（2014.1—7）

处　　长　李荣峰（2014.1—7）

副 处 长　王京宇（2014.1—7）

（二）机关第二联合党支部领导名录（2014.1—7）

书　　记　王大东（2014.1—7）

副 书 记　李荣峰（2014.1—7）

纪检委员　付　炜（2014.1—7）

组织委员　董德君（2014.1—7）

宣传委员　王京宇（2014.1—7）

二、企管法规处（内控与风险管理处）（正处级，2014.7—2018.12）

（一）企管法规处（内控与风险管理处）领导名录（2014.7—2018.12）

处　　长　李荣峰（2014.7—2018.12）

副 处 长　王京宇（正科级，2014.7—2017.10）

谢　宏（2017.9—2018.12）

调　研　员　王京宇（副处级，2017.10—2018.12）

（二）企管法规处（内控与风险管理处）党支部领导名录（2014.8—2018.12）

书　　　记　李荣峰（2014.8—2018.12）

组织委员　（空缺）

宣传委员　（空缺）

第十节　审计监察处（纪委）—纪委监察审计处（2014 .1—2018.12）

纪委监察审计处前身为1984年11月成立的纪律检查委员会办公室和1985年5月成立的审计科。1993年3月至2010年4月期间，纪律检查委员会办公室先后更名为纪检办公室、纪检办公室（监察科）、纪检监察科、纪检监察办公室；2001年6月至2004年11月，审计科先后更名为审计部、审计监察处。2010年4月，纪检监察职能划归审计监察处，审计监察处更名为审计监察处（纪委）。截至2014年1月1日，审计监察处（纪委）设有财务与内部控制审计、工程预结算审计、合同审计、物资比价采购审计、纪检监察等5个岗位，机构规格为副处级，在册员工7人，其中党员5人，党支部隶属机关第二联合党支部，由王大东任党支部书记。

审计监察处（纪委）主要负责纪检监察信访举报受理、纪检监察案件监督管理、纪检监察执纪审查、纪检监察执纪审理、党风廉政建设、合规管理监察等工作。

2014年7月，公司进行机构优化整合，审计监察处（纪委）更名为纪委监察审计处，机构规格调整为正处级。纪委监察审计处单独成立党支部，由王大东处长任党支部书记。公司对纪委监察审计处领导进行任命：王大东任处长，负责审计监察全面工作；付炜任副处长，负责纪委方面的工作；熊亚杰任副处长，负责审计方面的工作。

2014 年，纪委监察审计处获公司年度保密工作先进单位、优秀政研成果二等奖。

2015 年，纪委监察审计处获公司 2015 年度保密工作先进单位；1 人获公司优秀政工论文一等奖；2 人获公司优秀政工论文二等奖。截至 2015 年 12 月，纪委监察审计处设有财务与内部控制审计、工程预结算审计、合同审计、物资比价采购审计、纪检监察等 5 个岗位，在册员工 7 人，其中党员 5 人。

2016 年，纪委监察审计处获公司 2016 年度保密工作先进单位；4 人获辽河石化分公司优秀政研论文一等奖；1 人获集团公司优秀政研论文三等奖。截至 2016 年 12 月，在册员工 6 人，其中党员 4 人。

2017 年，纪委监察审计处获公司 2017 年度保密工作先进单位；1 人获辽宁省内部审计先进工作者称号；1 人获集团公司先进工作者称号。截至 2017 年 12 月，纪委监察审计处设有工程审计监察、合规管理、纪检监察、经营管理 4 个岗位，在册员工 6 人，其中党员 4 人。

2018 年 4 月，由于工作需要，公司党委从基层抽调 2 名党支部书记及 7 名党员骨干组建政治巡察办公室。政治巡查办公室归属纪委监察审计处管理，对公司各党支部开展政治巡查工作。

2018 年，纪委监察审计处获公司 2018 年度保密工作先进单位。

截至 2018 年 12 月 31 日，纪委监察审计处设有工程审计监察、合规管理、纪检监察、经营管理 4 个岗位，在册员工 7 人，其中党员 5 人。

一、审计监察处（纪委）（副处级，2014.1—2014.7）

（一）审计监察处（纪委）领导名录（2014.1—2014.7）

处长（纪委副书记） 王大东（2014.1—2014.7）

副　处　长 付　炜（2014.1—2014.7）

熊亚杰（女，2014.1—2014.7）

（二）机关第二联合党支部领导名录（2014.1—2014.7）

书　　记 王大东（2014.1—2014.7）

副　书　记 李荣峰（2014.1—2014.7）

纪 检 委 员 付　炜（2014.1—2014.7）

组 织 委 员 董德君（2014.1—2014.7）

宣　传　委　员　王京宇（女，2014.1—2014.7）

二、纪委监察审计处（正处级，2014.7—2018.12）

（一）纪委监察审计处领导名录（2014.7—2018.12）

处长（纪委副书记）　王大东（2014.7—2018.12）

副　处　长　付　炜（2014.7—2018.12）

熊亚杰（2014.7—2018.12）

（二）纪委监察审计处党支部领导名录（2014.7—2018.12）

书　记　王大东（2014.7—2018.12）

组　织　委　员（空缺）

宣　传　委　员（空缺）

（三）政治巡查办公室领导名录（2018.4—12）

主　任　王大东（2018.4—12）

副　主　任　王学文（2018.4—12）

付小波（2018.4—12）

第十一节　企业文化处（党委宣传部）（2014.1—2015.9）

2010 年 4 月，辽河石化分公司机关增设企业文化处（党委宣传部），机构规格为副处级。截至 2014 年 1 月 1 日，企业文化处（党委宣传部）拥有报纸、电视、广播、网站等内宣媒体。负责公司企业文化建设的规划与实施；公司干部、员工的思想教育、职业道德教育、形势任务教育、思想动态调研；公司精神文明建设；公司党建思想政治（企业文化）研究；公司新闻宣传、形象宣传等工作。下设新闻中心，机构规格为正科级。新闻中心充分利用报纸、电视、广播、网站，发挥宣传媒体的作用，提高新闻宣传的效率和质量，成为公司党委的喉舌、思想政治工作的重要阵地、企业形象宣传的窗口和沟通基层的平台。企业文化处（党委宣传部）党支部隶属公司党委，党支部在册党员 15 人。企业文化处在册员工 6 人，其中党员 6 人，新闻中心在册员工 12 人，其中党员 9 人。

2014 年 7 月，公司将新闻中心划归行政事务部；企业文化处（党委宣传部）机构规格调整为正处级。新闻中心划归行政事务部后，企业文化处党支部在册党员 6 人。

截至 2015 年 9 月，企业文化处（党委宣传部）内设宣传干事、企业文化干事、综合服务岗位，在册员工 6 人，其中党员 6 人。企业文化处（党委宣传部）与群团工作处（工会、团委、计划生育办）合并为企业文化处（党群工作处），机构规格为正处级。

在集团公司第七届党建思想政治工作优秀研究成果的评选中，企业文化处报送的政研成果"强化员工素养，化思想政治工作无形为有形的探索与实践"获得二等奖，"以'六抓六促'促进企业党委发挥政治核心作用的实践与研究"获得三等奖。辽河石化记者站获中国石油报"三星级记者站"称号。2014 年至 2015 年，企业文化处获公司"'三强化、三提升'主题活动标杆单位""保密先进单位""治安综合治理先进单位""信息化先进单位"荣誉称号。

一、企业文化处（党委宣传部）（副处级，2014.1—7）

（一）企业文化处（党委宣传部）领导名录（2014.1—7）

处　　长　王　罡（满族，2014.1—7）

副 处 长　李　明（女，2014.1—7）

（二）企业文化处（党委宣传部）党支部领导名录（2014.1—7）

书　　记　王　罡（2014.1—7）

组织委员　孙国振（2014.1—7）

宣传委员　吴　君（2014.1—7）

纪检委员　李　明（2014.7—7）

（三）附属新闻中心领导名录（2014.1—7）

主　　任　孙国振（2014.1—7）

副 主 任　吴　君（女，2014.1—7）

二、企业文化处（党委宣传部）（正处级，2014.7—2015.9）

（一）企业文化处（党委宣传部）（2014.7—2015.9）

处　　长　王　罡（2014.7—2015.9）

副 处 长　李　明（2014.7—2015.9）

（二）企业文化处（党委宣传部）党支部领导名录（2014.7—2015.9）

书　　记　王　罡（2014.7—2015.9）

组织委员　李　明（2014.7—2015.9）

宣传委员　李昌茂（2014.7—2015.9）

纪检委员　刘亚玲（女，2014.7—2015.9）

第十二节　群团工作处（2014.1—2015.9）

群团工作处业务主要由工会、共青团（青年）工作、计划生育管理和基层建设等组成，负责大型文化体育活动的策划、组织和实施，管理文化体育协会和专业团体；负责民主管理、民主议事、民主监督，维护员工合法权益；负责保障工作、员工健康管理工程、扶贫帮困的组织实施；负责基层建设、“五型”班组创建、劳动竞赛组织工作；负责共青团青年工作和女工计划生育管理等工作。下设文体活动中心，负责组织各类文体活动及场馆、场地管理。群团工作处党支部隶属公司党委，党支部在册党员 6 人。截至 2014 年 1 月 1 日，群团工作处在册员工 5 人，其中党员 5 人，文体活动中心在册员工 10 人，其中党员 1 人。

2014 年 7 月，公司将文体活动中心划归行政事务部；群团工作处机构规格调整为正处级。文体活动中心划归行政事务部后，群团工作处党支部在册党员 5 人。

2015 年 9 月，将群团工作处（工会、团委、计划生育办）与企业文化处（党委宣传部）合并为企业文化处（党群工作处），机构规格为正处级。

截至 2015 年 9 月，群团工作处在册员工 5 人，其中党员 5 人。在集团公司第七届党建思想政治工作优秀研究成果的评选中，群团工作处报送的政研成果“新形势下企业共青团参与青年人力资源开发的实践与研究”获得三等奖。2015 年，群团工作处获公司“信访稳定先进单位”称号。公司团委获得集团公司“红旗团委”称号。

一、群团工作处（副处级，2014.1—7）

（一）群团工作处领导名录（2014.1—7）

处　　长　马　楠（2014.1—7）

副 处 长　宁宝财（2014.1—7）

团委书记　王俐丽（女，正科级，2014.1—7）

计生办主任　王绍霞（女，副处级，2014.1—7）

（二）群团工作处党支部领导名录（2014.1—7）

书　　记　马　楠（2014.1—7）

组织委员　宁宝财（2014.1—7）

宣传委员　王绍霞（2014.1—7）

纪检委员　王俐丽（2014.1—7）

二、群团工作处（正处级，2014.7—2015.9）

（一）群团工作处领导名录（2014.7—2015.9）

处　　长　马　楠（2014.7—2015.9）

副 处 长　宁宝财（2014.7—2015.9）

团委书记　王俐丽（2014.7—2015.9）

计生办主任　王绍霞（2014.7—2015.9）

（二）群团工作处党支部领导名录（2014.7—2015.9）

书　　记　马　楠（2014.7—2015.9）

组织委员　宁宝财（2014.7—2015.9）

宣传委员　王绍霞（2014.7—2015.9）

纪检委员　王俐丽（2014.7—2015.9）

第十三节　企业文化处（党群工作处）—企业文化处（党委宣传部、工会、团委）（2015.9—2018.12）

2015年9月，公司将企业文化处（党委宣传部）与群团工作处（工会、团委、计划生育办）合并为企业文化处（党群工作处），机构规格为正处级。在负责公司企业文化建设的规划与实施，公司干部员工的思想教育、职业道德教育、形势任务教育、思想动态调研工作和公司精神文明建设、公司党建思想政治（企业文化）研究，公司新闻宣传、形象宣传等工作职能基础上，增添了工会、共青团（青年）工作、计划生育管理和基层建设等业务。部门整合后，以“合规、合作、和谐、合力”为工作理念，做好党群各项工作。深入贯彻落实公司“两会”、集团公司会议精神，紧紧围绕公司生产经营与发展中心，以思想政治工作、企业文化建设、新闻宣传、政研工作、健康管理工程、扶贫帮困、文体活动为推手，为公司生产经营与发展提供了有力的思想保证和动力支持。企业文化处（党群工作处）在册员工 10 人，企业文化处（党群工作处）党支部隶属公司党委，在册党员 10 人。

2015 年，企业文化处（党群工作处）获中国石油报“三星级记者站”称号，在中国石油报同规模炼化企业记者站中位列第一，获中国石油报先进报道组称号。企业文化处（党群工作处）获公司三强化、三提升主题活动标杆单位、保密先进单位、治安综合治理先进单位、信息化先进单位荣誉称号。

2016 年，企业文化处（党群工作处）在集团公司第八届（2014 年至 2015 年度）党建思想政治工作优秀研究成果评比中，企业文化处上报的课题“企业自办媒体的作用发挥研究”获得二等奖。加强“记者站”建设，新闻宣传成绩斐然。辽河石化记者站第三次荣登《中国石油报》“三星级记者站”光荣榜，在《中国石油报》同规模炼化企业记者站中位列第一。其中，企业文化处报道组、稠油加工宣传报道组、对标优化工作宣传报道组获《中国石油报》“先进报道”组称号。辽河石化记者站囊括《辽河石油报》年度集体、个人及好新闻的评选中所有最高奖项。企业文化处（党群工作处）获保密先进单位、信息化先进单位荣誉称号。截至 2016 年 12 月，在册员工 10 人，其中党员 10 人。

2017 年 9 月，王俐丽任企业文化处副处长，免去宁宝财的企业文化处副处长职务。

2017 年，企业文化处宣传工作业绩优异，辽河石化记者站获中国石油报“三星级记者站”称号，在中国石油报同规模炼化企业记者站中位列第一。企业文化处报道组获中国石油报先进报道组称号。企业文化处（党群工作处）获公司维稳信访工作先进单位、计划生育协会工作先进单位、信息化先进单位荣誉称号。截至 2017 年 12 月，企业文化处（党群工作处）在册员工 9 人，其中党员 9 人。

2018 年 12 月，企业文化处（党群工作处）更名为企业文化处（党委宣传部、工会、团委），行政事务部下设的新闻中心、文体中心业务职能划归党委宣传部管理，人事关系保持不变。企业文化处（党委宣传部、工会、团委）党支部隶属公司党委，党支部在册党员 9 人。

2018 年，企业文化处（党委宣传部、工会、团委）充分发挥宣传思想文化阵地与喉舌的作用，工作业绩突出，获得集团公司宣传思想文化先进集体称号；部门选送的"微文学"作品获得集团公司新媒体大赛一等奖；形势任务教育工作获得集团公司表彰；三篇新闻作品获得集团公司新闻奖。辽河石化记者站囊括《辽河石油报》年度集体、个人及好新闻的评选中所有最高奖项。辽河石化记者站获得辽河石油报最佳记者站称号；辽河石化优化对标工作办公室获辽河石油报最佳报道组称号；辽河石化稠油加工办公室、辽河石化市场营销工作办公室获辽河石油报优秀报道组称号。新闻作品获得《辽河石油报》好新闻一、二、三等奖。企业文化处（党委宣传部、工会、团委）获得公司新闻宣传先进单位、维稳信访工作先进单位、信息化工作先进单位称号。截至 2018 年 12 月底，企业文化处（党委宣传部、工会、团委）在册员工 9 人，其中党员 9 人。

一、企业文化处（党群工作处）（2015.9—2018.11）

（一）企业文化处（党群工作处）领导名录（2015.9—2018.11）

处　　长　王　罡（满族，2015.9—2018.11）

副 处 长　宁宝财（2015.9—2017.9）

李　明（女，2015.9—2016.12）

王俐丽（女，2017.9—2018.11）

工会副主席　王　罡（2017.9—2018.11）

宁宝财（2015.9—2017.9）

团委书记　王俐丽（2015.9—2017.9）

（二）企业文化处（党群工作处）其他管理人员名录（2015.9—2017.12）

高级主管　王绍霞（2015.9—2017.12）

调　研　员　李　明（2016.12—2018.11）
　　　　　　王绍霞（2017.12—2018.11）

（三）企业文化处（党群工作处）党支部领导名录（2015.9—2018.11）

书　　　记　王　罡（2015.9—2018.11）
组 织 委 员　宁宝财（2015.9—2017.8）
　　　　　　刘亚玲（2017.9—2018.11）
宣 传 委 员　李　明（2015.9—2016.12）
　　　　　　王俐丽（2016.12—2018.11）
纪 检 委 员　王俐丽（2015.9—2018.11）

二、企业文化处（党委宣传部、工会、团委）（2018.12）

（一）企业文化处（党委宣传部、工会、团委）领导名录（2018.12）

处　　　长　王　罡（2018.12）
工会副主席　王　罡（2018.12）
副　处　长　王俐丽（2018.12）
团委副书记　关雨豪（副科级，2018.12）

（二）企业文化（党委宣传部、工会、团委）其他管理人员名录（2018.12）

主　　　管　李昌茂（副科级，2018.12）

调　研　员　李　明（2018.12）
　　　　　　王绍霞（2018.12）

（三）企业文化处（党委宣传部、工会、团委）党支部领导名录（2018.12）

书　　　记　王　罡（2018.12）
组 织 委 员　刘亚玲（2018.12）
宣 传 委 员　王俐丽（2018.12）
纪 检 委 员　王俐丽（2018.12）

第三章　直属机构

2014 年 1 月，辽河石化分公司设直属机构 4 个：工程管理部、营销调运部、电子商务部、计量部。

2014 年 7 月，辽河石化分公司对组织机构进行调整，撤销销售车间，将原销售车间职能与气分—聚丙烯车间产品出厂计量职能划归营销调运部；计量部与分析化验中心合并，成立计量质检部，为公司直属机构，分析化验中心全部业务划归计量质检部；电子商务部更名为物资采购部。

截至 2018 年 12 月 31 日，辽河石化分公司设 5 个直属机构：工程管理部、营销调运部、物资采购部、计量质检部、信息管理部。

第一节　工程管理部（2014.1—2018.12）

工程管理部的前身是 1972 年 3 月盘锦炼油厂设立的工程组；1972 年 12 月，撤销工程组，成立基建科，行政级别为正科级，负责全厂装置的检维修及改造项目的施工管理。1974 年，基建科成立党支部，隶属厂党委。1985 年 4 月，基建科负责厂区及民用工程施工管理、征地管理及土地维护管理等，由工程建设指挥部（一、二期）负责改扩建工程管理。1993 年 3 月，公司撤销工程建设指挥部，成立工程科，机构规格正科级，工程科与基建科共同组建党支部。1994 年 4 月，工程科和基建科合并，成立工程公司。1995 年 3 月，工程公司撤销，成立基本建设办公室（正科级）。2001 年 6 月，基本建设办公室更名为基建工程部。2004 年 11 月，工程质量监督站从基建工程部整体划出。2005 年 6 月，基建工程部更名为工程管理部。2010 年 4 月，工程管理部机构规格调整为副处级。2011 年 4 月，土地管理业务划归规划计划处。

工程管理部主要负责施工图设计管理、项目施工阶段前期管理、工程进度管理与控制、工程 HSE 管理与控制、工程质量管理、工程中间交接、工程项目竣工验收、工程项目结算管理等工作。

截至2014年1月1日，工程管理部内设合同管理、计划统计、施工管理、安全管理、质量技术管理、资料管理等岗位，在册员工33人，其中党员20人。共有领导3人，刘耐文任部长，负责部门党政全面工作；王振友任副部长，负责施工管理、承包商评价和准入管理及员工培训管理等；谢宏任副部长，负责质量管理、招投标管理、材料计划管理、内控管理及党务管理等。

2014年7月，公司进行机构调整，工程管理部机构规格调整为正处级。公司对工程管理部领导进行任命：刘耐文任部长兼党支部书记，负责部门党政全面工作；王振友任副部长，负责施工管理、承包商评价和准入管理及员工培训管理等；谢宏任副部长，负责质量管理、招投标管理、材料计划管理、内控管理及党务管理等。

2014年7月，工程管理部党支部改选，谢宏任组织委员，王振友任群工委员，宋建军任宣传委员，海波任纪委委员；设立3个党小组，共有党员16人。

2014年，工程管理部组织完成公司西区三级防控2×20000立方米事故水罐项目、鲅鱼圈储运部三级防控设施隐患整改项目、40万吨/年汽油加氢装置脱砷单元工程及其他10余个项目的年内投资任务，总完成投资近1.1亿元。部门获得公司宣传先进单位称号，廖卫被评为公司劳动模范。

2015年，工程管理部完成了鲅鱼圈长输管线重大安全隐患治理、鲅鱼圈三级防控收尾、2×10000立方米原油罐区、老硫磺与酸性水装置拆迁、厂区三级防控2×20000立方米事故水罐消防路管架抬高、研究院办公楼改造、员工公寓楼改造、原油入厂优化改造、东区火炬联网等十几项工程任务。

2016年，工程管理部完成了1.5万吨/年硫磺回收装置、32吨/小时酸性水汽提装置、硫磺回收与酸性水汽提装置系统配套工程、西区火炬联网工程、研究院办公楼改造收尾工程、公司厂正门安全隐患治理工程、西区三级防控2×20000立方米事故水罐外围管架抬高及消防道路收尾工程、原催化裂化装置内老汽油醚化和产品精制设施拆迁工程、鲅鱼圈长输管线较大隐患治理收尾工程、15万吨/年汽油醚化装置的土建工程、物采部老库区部分库房拆除工程等十几项工程任务，完成总投资近2.05亿元。工程管理部获得公司治安综合治理先进单位和计划生育先进集体 2 项荣誉。

2017 年 9 月，公司对工程管理部领导进行调整，刘耐文继续担任工程管理部部长兼党支部书记，负责部门党政全面工作；王振友任副部长，负责工程管理部项目施工管理、HSE 管理、设计管理、供货及 ERP 管理、监理和施工合同管理、计划统计管理、承包商管理、工程结算管理、竣工验收管理、三同时管理等工作；王永刚任副部长，负责工程管理部安全监督管理、质量管理、项目及业绩考核管理、技术管理、内控与风险管理、综合管理、土地管理、人事、工会、党群、资料、信息化管理、培训管理等工作。谢宏调往企管法规处工作。

2017 年 9 月，工程管理部党支部改选，刘耐文任党支部书记，王永刚任组织委员，王振友任群工委员，宋建军任宣传委员，海波任纪委委员；设立 3 个党小组，共有党员 16 人。

2017 年，工程管理部组织完成了 15 万吨 / 年汽油醚化项目、污水处理厂 VOCs 治理项目、醚化装置系统配套设施项目、催化裂化烟气脱硝及配套的供氨单元项目、物资采购部危险化学品和固体废物储存库房、汽油装车栈台 VOCs 气体回收工程、原污泥存放场地修复及地下水防控项目、鲅鱼圈长输管线部分安全隐患治理等大小十余项工程，投资规模总计接近 1.4 余亿元。各项工程经过全体参战人员坚持不懈的努力，不断强化管理，有序组织协调推进，现场攻克众多难关，取得了安全、质量、进度、投资等控制上的良好成效，实现了公司建设目标。获得公司治安综合治理先进单位，廖卫被评为公司劳动模范。

2018 年，工程管理部坚持从严治党，落实“一岗双责”要求，加强理论武装，坚定理想信念，强化廉洁自律教育，加强意识形态管理，不断塑造忠诚担当的员工队伍。全年组织完成了 40 万吨 / 年润滑油高压加氢项目 86% 工程量、40 万吨 / 年润滑油高压加氢系统储运工程 – 原料油罐区项目 60% 工程量、富氢气体回收项目 50% 工程量、油品储运部 1# 罐区隐患整改项目 30% 工程量，完成了 40 万吨 / 年润滑油高压加氢装置制氮单元和油品储运配套设施改造项目的土建工程，完成了公司抚顺 – 锦州成品油长输管道工程、新建废弃化工助剂包装物暂存库工程、火车装车栈台 3、4 道汽油装车 VOCs 气体回收工程、华润电厂中低压蒸汽接引联网工程、卸油台隐患整改临时设施1#、2#卸油槽更换工程、苯装车栈台和苯、二甲苯储罐增加油气回收设施工程、安保监控屏幕及监控室改造工程、鲅鱼圈长输管线安全隐患治理的地下管线探测及测量、盖州市西海街道虾池管线裸露隐患治理工程、鲅鱼圈储运部末站内储罐消防喷淋增设改造、鲅鱼圈外输管线清理占压及扩容改造10/0.4千伏变电所电气部分和外网电源工程等大小19个项目，完成投资规模总计接近5.89亿元。在项目管理中，工程管理部不断落实安全第一、预防为主、环保优先、以人为本的工作方针；落实质量检查、检验的标准化程序，质量合格率达100%；严格执行投资项目管理办法，控制一切可以控制的环节，节约了投资；强化合规管理，严格履行项目管理程序，时刻对照标准、规范、制度，审视不足，整改问题，保证项目建设的规范化运行。获得公司新闻宣传先进单位，刘克斌被评为公司劳动模范，海波被评为公司模范党员。

截至2018年年底，工程管理部在册员工28人，其中党员14人。共有领导3人，刘耐文任部长，负责部门党政全面工作；王振友任副部长，负责施工管理、承包商评价和准入管理及员工培训管理等工作；王永刚任副部长，负责安全管理等工作。

一、工程管理部（副处级，2014.1—7）

（一）工程管理部领导名录（2014.1—7）

部　　长　刘耐文（副处级，2014.1—7）

副 部 长　王振友（副科级，2014.1—7）

　　　　　　谢　宏（2014.1—7）

（二）工程管理部党支部领导名录（2014.1—7）

副 书 记　谢　宏（女，副科级，2014.1—7）

组织委员　谢　宏（2014.1—7）

宣传委员　刘耐文（2014.1—7）

纪委委员　海　波（2014.1—7）

二、工程管理部（正处级，2014.7—2018.12）

（一）工程管理部领导名录（2014.7—2018.12）

部　　长　刘耐文（2014.7—2018.12）

副　部　长　王振友（正科级，2014.7—2017.9）
（副处级，2017.9—2018.12）
谢　宏（正科级，2014.7—2017.9）
王永刚（副处级，2017.9—2018.12）

（二）工程管理部党支部领导名录（2014.7—2018.12）

书　　　记　刘耐文（2014.7—2018.12）
组 织 委 员　谢　宏（2014.7—2017.9）
王永刚（2017.9—2018.12）
群 工 委 员　王振友（2014.7—2018.12）
宣 传 委 员　宋建军（2014.7—2018.12）
纪 委 委 员　海　波（2014.7—2018.12）

第二节　营销调运部（2014.1—2018.12）

营销调运部（以下简称部门）为公司直属部门，前身为1976年3月成立的运销科，行政级别正科级；1988年11月，运销科拆分为运输科和销售科；2001年6月至2010年4月，销售科依次更名为运销公司、营销调运部、运销公司、营销调运部，其中在2006年，运销公司的机构规格调整为副处级。截至2014年1月1日，营销调运部内设销售计划、统计、公路计划、铁路计划、调度长、油品调度、机车调度等岗位，在册员工22人，党员12人；主要负责辽河石化分公司相关产品的调运、销售、结算及产品的市场开发、售后服务等工作。

2014年7月，公司机构整改，撤销销售车间，将其职能与气分—聚丙烯车间产品出厂计量职能划归营销调运部管理，营销调运部机构规格由副处级调整为正处级；部门内设营销、调运和计量3个中心（正科级），业务增加产品装、洗车监督和计量检斤出入厂等工作；机构重组后，公司对营销调运部领导进行任命：孙德胜任部长全面负责党务和行政方面工作；王立国任副部长：主要负责销售计划、结算、统计、合同管理、体系运行管理等工作；房玉柱任副部长：主要负责安全环保、产品调运等管理工作；高级主管王俊伟、周志勇、付耀坤分别负责计量中心、营销中心、调运中心的日常工作管理；主管崔丰起、刘建华分别协助高级主管的各项日常管理工作。

7月，成立营销调运部党支部，设7名支部委员，党组织关系隶属辽河石化分公司党委，下设3个党小组，党员人数由12人增至35人。

截至2014年12月，营销调运部完成产品销售量505.83万吨，完成综合计划104.89%；被公司授予先进集体、计划生育先进集体、信息化工作先进单位、保密工作先进单位和“三强化三提升”主题活动标杆单位等多项荣誉。部门在册员工113人，其中，男员工61人，女员工52人；部门处级领导1人，副处级领导2人，正科级领导5人，管理岗24人，操服岗77人；党员35人。

2015年5月，公司将聚丙烯、石油苯的销售业务及1名员工划转东北化工销售分公司。

截至2015年年底，营销调运部全年完成产品销售量465万吨，完成综合计划97.8%；部门获得辽河油区“五无区队”先进集体，辽河石化分公司先进集体、计划生育先进集体、信息化工作先进单位、保密工作先进单位和“三强化、三提升”主题活动标杆单位等多项荣誉。部门在册员工109人，其中男员工58人，女员工51人，党员32人。

2016年6月，部门按照公司要求对产品价格管理平稳过渡，配合财务处申请、审批产品销售价格，对公司产品价格进行维护、销售计划的制定和日常自销产品的销售、结算等工作。10月，新增柴油地付装车设施进入正式投用状态。该设施的启用，实现了国V柴油和普通柴油的专线专用，还增添了备用鹤位，保障公司生产后路畅通；同时解决盘锦油地用油，逐步拓宽辽河石化分公司成品油市场占有率，为公司提高经济效益。

2016年，部门全年实际完成销售量448万吨，产品销售收入133亿元；全年累计调运汽油54万吨，柴油126.5万吨，润滑油12.5万吨，沥青180万吨，化工产品16.6万吨，环保油1.7万吨，其他小产品56.7万吨。部门在6个直属部中全年综合管理业绩考核排名第一，被公司评为新闻先进单位、保密工作先进单位等称号。截至2016年年底，部门在册员工102人，其中，男员工50人，女员工52人，党员30人。

2017年9月，公司决定：王俊伟任营销调运部安全总监。

2017 年 12 月，公司决定：周魁任营销调运部主管（副科级）。

2017 年，营销调运部完善管理机制，加强产销衔接，主动协调坚持“无缝对接，步步跟进”；加强对标推价到位，关注市场动态和用户反应，通过价格杠杆，平衡供求，控制库存；发挥资源优势，立足市场创新发展，调整产品结构，打通来料加工新模式；全年围绕“效益最大化”和“低库存”的工作目标，对外加强协调，对内加强管理，在公司处、部室综合管理业绩考核中排名第三，并获公司双文明先进单位、新闻先进单位、先进党支部、计划生育委员会先进单位、统计先进单位等称号。

2017 年，产品全年实际完成销售量 453.46 万吨，产品销售收入 173.97 亿元，同比综合计划 165.23 亿元多收入 8.74 亿元，计划完成率为 105.29%；调运工作，全年累计调运产品 453.46 万吨，汽油 64.13 万吨，柴油 137.39 万吨，润滑油 19.46 万吨，沥青 148.72 万吨，液化气 10.35 万吨，燃料油 11.13 万吨，石油焦 24.89 万吨，环保油 1.8 万吨，蜡料 12 万吨，化工产品 10.84 万吨，其他小产品 12.75 万吨。

2018 年 5 月，实现汽油地付工作，给用户带来便捷，缩短拉运时间，降低运输成本，也为公司增效上量，外树良好形象奠定基础。6 月，经总部批复，将二甲苯纳入东北化工销售公司统销管理，10 月，将丙烯也纳入东北化工销售公司统销管理，双方以会议纪要形式进行交接工作，实现公司所有化工产品销售全部统销的管理模式。

2018 年 12 月，公司决定：孙宝胜为营销调运部主管（副科级）。

2018 年，销售成品油 183.5 万吨、沥青 161.3 万吨、润滑油及增塑剂 26.2 万吨、燃料油及蜡料 22.5 万吨、石油焦 20.6 万吨、化工及液化气 19.9 万吨，富气、催化油浆等其他产品 6.7 万吨。部门从装卸车过程的安全与环保、调运组织过程的优化与统筹、产品销售过程的市场与价格抓起，对外加强协调，对内加强管理，在公司处、部室综合管理业绩考核中排名第三，并获公司双文明先进单位、先进党支部、新闻先进单位、计划生育委员会先进单位、综合治理先进单位等称号。截至 2018 年 12 月 31 日，部门在册员工 85 人。其中，男员工 51 人，女员工 34 人；处级领导 1 人，副处级领导 2 人，科级领导 5 人，管理岗 29 人，操服岗 56 人；党员 27 人。

一、营销调运部（副处级，2014.1—7）

（一）营销调运部领导名录（2014.1—7）

部　　长　孙德胜（2014.1—7）
副 部 长　周志勇（副科级，2014.1—7）
　　　　　付耀坤（副科级，2014.1—7）

（二）营销调运部党支部领导名录（2014.1—7）

书　　记　孙德胜（2014.1—7）
组织委员　周志勇（2014.1—7）
宣传委员　付耀坤（2014.1—7）

二、营销调运部（正处级，2014.7—2018.12）

（一）营销调运部领导名录（2014.7—2018.12）

部　　长　孙德胜（2014.7—2018.12）
副 部 长　王立国（2014.7—2018.12）
　　　　　房玉柱（2014.7—2018.12）
安全总监　王俊伟（正科级，2017.9—2018.12）

（二）营销调运部党支部领导名录（2014.7—2018.12）

书　　记　孙德胜（2014.7—2018.12）
组织委员　王立国（2014.7—2018.12）
宣传委员　王俊伟（2017.9—2018.12）
纪检委员　付耀坤（2017.9—2018.12）

（三）内设机构领导名录（2014.7—2018.12）

1. 营销中心（正科级，2014.7—2018.12）

高级主管　周志勇（2014.7—2018.12）

2. 调运中心（正科级，2014.7—2018.12）

高级主管　付耀坤（2014.7—2018.12）
主　　管　孙宝胜（2018.12）

3. 计量中心（正科级，2014.7—2018.12）

高级主管　王俊伟（2014.7—2017.8）
主　　管　崔丰起（2014.7—2017.8）

刘建华（2014.7—2017.8）
周　魁（副科级，2017.12—2018.12）

第三节　电子商务部—物资采购部（2014.1—2018.12）

物资采购部的前身是成立于1972年12月的供应站，行政级别为正科级，在册员工36人，其中党员9人。1985年4月，供应站更名为供应科，为厂后勤服务部门，在册员工108人，其中党员27人。1991年至2005年，供应科依次更名为物资供应站、物资管理部、电子商务部，为公司直属部门，负责除了原油以外物资的集中采购和管理工作，组织制定公司物资管理发展规划、管理制度和工作流程，上报公司一级采购物资需求计划，以及物资质检、仓储、配送、平库、调拨、盘点、统计及废旧物资处置等工作。2010年4月，电子商务部机构规格调整为副处级，部门内设管理组、计划组、招标办、质检组、仓储中心。截至2014年1月1日，在册员工53人，其中党员19人。

2014年7月，公司机构重组，电子商务部更名为物资采购部，机构规格调整为正处级，为公司直属机构。公司对物资采购部领导进行任命：于建林任部长，负责部门行政全面工作，同时负责管理组；吴连喜任副部长，管理招标办、质检组，主要负责化工、仪表、玻璃仪器及化学试剂、五金杂品等16个大类物资的采购管理工作；宋宝利任副部长，管理仓储中心，主要负责钢材、水泥、阀门、管件、炼化专用设备配件、防腐保温材料等13个大类物资的采购管理工作；郑亚天任高级主管，管理计划组，协助部长抓培训、信息化管理，主要负责设备、电器、工矿配件、劳保工具等20个大类物资的采购管理工作。物资采购部党支部隶属辽河石化分公司党委，王明山任党支部书记。

2014年9月，王明山改任调研员，党支部换届改选，于建林任支部书记，选举产生5名支部委员，下设4个党小组，共有党员19人。

2014年，公司获集团公司物资统计先进单位，宋迎霞获集团公司物资统计先进个人；物资采购部被公司评为保密工作先进单位。

2015 年，物资采购部完成公司最大规模大检修的物资保障任务，部门荣立集体二等功，温景军荣立个人一等功，王毅民、孙大鹏荣立个人二等功，梁方立、霍启明、赵肖潇荣立个人三等功；公司获集团公司物资采购管理先进单位、物资统计先进单位，王毅民、翟大军获集团公司物资采购与招标管理先进个人，宋迎霞获集团公司物资统计先进个人；部门获公司保密工作先进单位、治安综合治理先进单位。截至 2015 年年底，在册员工 49 人，其中党员 21 人。

2016 年，物资采购部完成公司生产经营、润滑油系统 4 套装置检修及工程项目建设、隐患治理、紧急突发事件等所需物资供应保障任务，获公司 2016 年装置及系统检修劳动竞赛集体三等功；物资采购部被公司评为年度岗位责任制执行先进单位、保密工作先进单位、物资管理先进单位。公司获集团公司物资统计先进单位，宋迎霞获集团公司物资统计先进个人；截至 2016 年 12 月，在册员工 47 人，其中党员 21 人。

2017 年 2 月，公司成立招标组，将招标业务和人员划归企管法规处管理，人员组织关系仍留存在物资采购部。部门领导分工调整，于建林任部长兼书记，负责部门行政、党务全面工作，同时负责管理组；吴连喜任副部长，主要负责化工、仪表等 6 个大类物资采购管理，分管采购物资质量管理、物资招标协调等工作。宋宝利任副部长主要负责钢材、阀门、炼化配件、材料等 17 个大类物资采购管理，分管部门安全环保、物资仓储管理等工作。高级主管郑亚天，协助部长于建林抓物资采购计划、培训、信息化与考核管理等工作，具体负责设备、电气、工矿配件、劳保工具等 29 个大类物资采购管理。

2017 年 4 月，公司决定：吴连喜的职级为副处级；宋宝利的职级为副处级；郑亚天的职级为正科级。

2017 年 9 月，党支部换届改选，选举产生 5 名支部委员，于建林任支部书记，下设 4 个党小组。

2017 年，物资采购部圆满完成公司生产经营、检修技改、项目建设等所需物资的供应保障和服务工作，按照集团公司推行“零库存”管理和压缩“两金”要求，制定《公司物资“零库存”管理实施细则》和《公司仓储管理补充实施细则》，盘活库存资源，积极开展库存分析、库存物资普查鉴定和处置工作，严格平库利库，控制增量、减少存量。在公司2017年“五赛五比”创一流装置大检修劳动竞赛中，物资采购部荣立集体三等功；在公司创先争优活动中，第三党小组获公司先进党小组，崔艳红、赵肖潇获优秀共产党员，孙大鹏获优秀“共产党员示范岗”。公司获集团公司物资统计先进单位，宋迎霞获集团公司物资统计先进个人；物资采购部获公司物资管理先进单位。

2018年12月，公司决定：赵肖潇为物资采购部主管（副科级）；温景军为物资采购部主管（副科级）。

2018年，物资采购部严格按照公司的总体部署和要求，积极践行“依法合规、共享服务、全生命周期综合成本最低”理念，重点围绕合规与保供，增强服务意识，以标准化采购为核心，推行“零库存”管理，深化对标管理和精细化管理，着力做精做优做细物资采购管理工作，完成公司装置大检修、日常生产经营、环保提标改造、润滑油高压加氢项目及系统配套建设等重点工作的物资供应保障和服务工作；持续提高党建基础工作质量，建立岗位廉洁风险数据库，针对风险点制定防控措施和监管责任清单，认真落实，严格考核，确保风险受控。物资采购部获公司物资管理先进单位和2018年大检修劳动竞赛最佳保障单位。截至2018年12月底，在册员工38人，其中党员18人。

一、电子商务部（副处级，2014.1—7）

（一）电子商务部领导名录（2014.1—7）

部　　长　于建林（兼任，2014.1—7）

副 部 长　吴连喜（2014.1—7）

　　　　　　宋宝利（2014.1—7）

（二）电子商务部其他管理人员名录（2014.1—7）

高级主管　郑亚天（副科级，2014.1—7）

（三）电子商务部党支部领导名录（2014.1—7）

书　　记　王明山（2014.1—7）

组织委员　郑亚天（2014.1—7）

宣传委员　吴连喜（2014.1—7）

纪检委员　宋宝利（2014.1—7）
群工委员　崔艳红（女，2014.1—7）
综治委员　崔艳红（2014.1—7）

二、物资采购部（正处级，2014.7—2018.12）

（一）物资采购部领导名录（2014.7—2018.12）

部　　长　于建林（兼任，2014.7—2018.12）
副 部 长　吴连喜（正科级，2014.7—2017.4；2017.4—2018.12）
　　　　　宋宝利（正科级，2014.7—2017.4；2017.4—2018.12）

（二）物资采购部其他管理人员名录（2014.7—2018.12）

高级主管　郑亚天（副科级，2014.7—2017.4；2017.4—2018.12）
主　　管　赵肖潇（女，2018.12）
　　　　　温景军（2018.12）
调 研 员　王明山（2014.9—2016.12）

（三）物资采购部党支部领导名录（2014.7—2018.12）

书　　记　王明山（2014.7—9）
　　　　　于建林（2014.9—2018.12）
组织委员　郑亚天（2014.7—2018.12）
宣传委员　吴连喜（2014.7—2018.12）
纪检委员　宋宝利（2014.7—2018.12）
群工委员　崔艳红（2014.7—2017.9）
　　　　　赵肖潇（2017.9—2018.12）
综治委员　崔艳红（2014.7—2017.9）
　　　　　赵肖潇（2017.9—2018.12）

第四节　计量部—计量质检部（2014.1—2018.12）

计量质检部的前身为2004年11月成立的计量部，为公司直属部门，机构规格正科级。2007年1月，公司将原油进厂管理职能整体划归计量部，原油车间计量员划拨计量部；2007年5月，质量管理职能划入计量部；

2010 年 8 月，质检中心下设的质检组划归计量部。2011 年 4 月，计量部机构规格调整为副处级。截至 2014 年 1 月 1 日，计量部内设计量管理、质量管理、能源管理、综合管理、司机等岗位，下设 3 个班组，分别是质量检查组、管输计量班、汽运计量班，在册员工 54 人，其中党员 15 人。

计量质检部主要负责公司计量管理、能源管理、质量管理等工作。计量管理工作包括原油进厂的计量化验、正向交接、生产储运过程，成品油出厂的计量监督、考核、计量纠纷的仲裁，计量仪表的管理、计量器具的检定等工作；能源管理工作包括能耗指标的制订、能源费用的控制、量化考核、能源现场管理与监察、装置节能改造和优化的牵头等工作；质量管理工作包括产品的质量监督、化工原材料的质量监督、质量管理考核、质量纠纷的处理及协调等工作。

2014 年 7 月，公司机构重组，计量部与分析化验中心整合成为计量质检部，为公司直属部门，机构规格调整为正处级。公司对计量质检部领导进行任命：南连水任部长，负责能源管理工作及部门全面工作；刘艳清任副书记，负责党支部工作及质量管理工作；隋福生任副部长，负责计量管理工作；王月江任高级主管，负责质量管理工作；叶明、王静任主管，负责分析化验工作。

2014 年 8 月，计量质检部党支部改选，产生新的支部委员 5 人，下设 6 个党小组，共有党员 38 人。机构整合后计量质检部业务范围拓宽，负责公司的计量管理、能源管理、质量管理、产成品的化验分析工作，同时担负着公司各生产装置原料、过程产品、半成品、成品及进厂原材料分析、水质分析、环境监测分析、成品油调合等工作。

2014 年，产品出厂合格率 100%，半成品合格率 100%，各装置平均馏出口合格率 99.61%，质量事故为零，上级质量部门抽检合格率 100%，完成外部抽检 19 批次。综合能耗 59.35 千克标准油 / 吨原油，板块排名第五；单位能耗 8.16 千克标准油 / 吨，板块排名第四；实现节能量 2.59 万吨标煤，节水量 9.12 万吨。

2015 年 12 月，公司决定：柴成忠为计量质检部副部长，免去其盘锦中油辽河沥青有限公司总经理职务。

2015 年，产品出厂合格率 100%，半成品合格率 100%，各装置平均馏出口合格率 99.66%，质量事故为零，上级质量部门抽检合格率 100%，完成外部抽检 14 批次。综合能耗 61.33 千克标准油 / 吨原油，单位能耗 7.92 千克标准油 / 吨，实现节能量 1.22 万吨标煤，节水量 16.05 万吨，超额完成炼化板块下达的节能节水目标。

2016 年，产品出厂合格率 100%，半成品合格率 100%，各装置平均馏出口合格率 99.87%，与上年相比提高了 0.21%，质量事故为零，上级质量部门抽检合格率 100%，完成外部抽检 14 批次。综合能耗 66.31 千克标准油 / 吨原油，与上年相比上升 4.98 千克标准油 / 吨原油；单位能量因数耗能 7.59 千克标准油 / 吨 . 因数，与上年相比下降 0.33 千克标准油 / 吨 . 因数；实现节能量 2.16 万吨标煤，节水量 6.44 万吨。获集团公司节能节水先进单位，公司环保先进单位，公司信息管理先进单位，公司物资管理先进单位，公司统计先进单位。

2017 年，产品出厂合格率 100%，半成品合格率 100%，各装置平均馏出口合格率 99.77%，与上年相比提高了 0.1%，质量事故为零，上级质量部门抽检合格率 100%，完成辽宁省质监局产品质量监督抽查两次，抽检汽柴油、液化气等共 5 批次产品，合格率 100%，完成盘锦市质监局合格率调查一次，抽检车用柴油 1 批次，合格率 100%。综合能耗 68.77 千克标准油 / 吨原油，同比增加 3.06 千克标准油 / 吨原油。单因耗能为 7.41 千克标准油 / 吨 . 因数，同比下降 0.26 千克标准油 / 吨 . 因数。实现节能量 12233 吨标准煤。新鲜水单耗为 0.4 吨 / 吨原油，与年度考核指标持平。获集团公司节能节水先进单位，公司环保先进单位，劳动竞赛优胜单位。第三党小组被评为先进党小组，康海芸、孔锦、周魁、应东、张春荣被评为优秀党员，孙玉嵘、马晓辰为党员示范岗。

2018 年 12 月，公司决定：郭春梅为计量质检部主管（副科级）；李为民为计量质检部主管（副科级）。

2018 年，各装置平均馏出口合格率达到了 99.7%，与去年同期的 99.77% 降低了 0.07%，半成品合格率为 100%，产品外部抽检合格率 100%，上报股份公司质量事故为零。完成国家级产品质量监督抽查一次，完成辽宁省质监局产品质量监督抽查二次，合格率 100%；完成盘锦市质监局质量监督抽查一次，合格率 100%。进厂 59 种 719 批次化工原材料，产品检验质量指标全部合格，合格率为100%。综合能耗为65.09千克标准油/吨原油，同比下降3.42千克标准油/吨原油。单因耗能为7.33千克标准油/吨.因数，同比下降0.02千克标准油/吨.因数。新鲜水单耗为0.35吨/吨原油，同比下降0.06吨/吨。计量质检部获公司环保先进单位。刘冬、孙泰石、平璐、石善涛、徐杨被评为优秀党员，康海芸、马晓辰被评为优秀党员示范岗。

截至2018年年底，部门在册员工186人，其中男员工47人，女员工139人，党员44人。

一、计量部（副处级，2014.1—7）

（一）计量部领导名录（2014.1—7）

部　　长　南连水（2014.1—7）
副 部 长　隋福生（2014.1—7）
　　　　　王月江（2014.1—7）

（二）计量部党支部领导名录（2014.1—7）

书　　记　南连水（2014.1—7）
组织委员　隋福生（2014.1—7）
纪检委员　王月江（2014.1—7）

二、计量质检部（正处级，2014.7—2018.12）

（一）计量质检部领导名录（2014.7—2018.12）

部　　长　南连水（2014.7—2018.12）
副 部 长　刘艳清（女，2014.7—2016.12）
　　　　　柴成忠（2015.12—2018.12）
　　　　　隋福生（2014.7—2018.12）

（二）计量质检部其他管理人员名录（2014.7—2018.12）

高级主管　王月江（2014.7—2018.12）
主　　管　王　静（女，2014.7—2018.12）
　　　　　叶　明（2014.7—2018.12）
　　　　　郭春梅（2018.12）
　　　　　李为民（2018.12）

（三）计量质检部党支部领导名录（2014.7—2018.12）

书　　记　南连水（2014.7—2018.12）
副 书 记　刘艳清（2014.7—2016.12）
综治委员　南连水（2014.8—2016.12）
　　　　　柴成忠（2016.12—2018.12）
文体委员　隋福生（2014.8—2018.12）
组织委员　叶　明（2014.8—2018.12）
纪检委员　王月江（2014.8—2018.12）
女工委员　王　静（2017.3—2018.12）

第五节　信息管理部（2014.7—2018.12）

信息管理部前身是1999年5月成立的信息中心，为机关职能部门，机构规格为正科级。1999年7月，辽河石油勘探局石油化工总厂信息中心更名为辽河油田分公司石油化工总厂信息中心。2001年6月，信息中心调整为公司生产服务单位，机构规格为正科级，隶属技术发展部。2004年11月公司将信息中心划转为科技信息部附属单位。2010年4月，原科技信息处下设的信息中心更名为信息管理部，变更为公司直属部门，机构规格正科级。2011年4月公司撤销通信站，其职能划归信息管理部，信息管理部变为基层单位。2012年3月，成立信息管理部党支部，隶属辽河石化分公司党委。截至2014年1月1日，在册员工43人，党员19人。

2014年7月，公司进行机构调整，将信息管理部机构规格由科级调整为正处级，为辽河石化分公司直属部门，党组织关系隶属辽河石化分公司党委。邓柏贵任部长兼书记负责信息管理部全面工作，副部长秦运江分管通信业务。信息管理部负责公司信息化和通信业务的管理工作。信息化管理包括应用系统建设与运维、无线对讲机业务、网络管理、信息化设备维护维修管理、内控管理等工作。 通信业务包括通信技术管理、通信线路和终端维修维护、通信机房及配线管理、通信费用收缴等工作。

2014年8月，党支部委员换届选举，选举副书记、组织委员、宣传委员、纪检委员。党员 20 人，下设信息和通信 2 个党小组。

2014 年，信息管理部党支部撰写的“建立安全工作、党政同责”一岗双责“体制机制的实践与研究”获得公司三等奖；公司被集团公司评为信息化先进单位。

2015 年，信息管理部被集团公司评为信息化工作创新团队。截至 2015 年 12 月，信息管理部在册员工 43 人，其中党员 20 人。

2016 年，公司信息化建设按集团公司“十三五”信息化规划如期推进。信息管理部牵头组织的 ERP 应用集成试点项目、APS2.0 项目、流程模拟与仿真培训系统项目均已按计划上线运行，MES2.0 项目建设工作进展顺利。2016 年，信息管理部党支部被评为公司先进党支部，部门获公司保密、信访稳定、新闻宣传等工作先进单位、青年文明号等荣誉称号。优秀党日活动获公司党日活动一等奖一项，三等奖一项。

2017 年 4 月，公司决定：邓柏贵的职级为正处级；秦运江的职级为副处级。

2017 年 9 月，公司决定：刘建华任信息管理部主管，免去其营销调运部主管职务。

2017 年 10 月，党支部委员换届选举，选举了副书记、组织委员、宣传委员、纪检委员、群工委员。党员 20 人，下设信息和通信 2 个党小组。

2017 年，信息管理部获得公司保密工作先进单位、新闻宣传先进单位、经济核算先进单位、岗位责任制执行先进单位、信访先进单位、统计工作先进单位、计划生育协会工作先进单位，公司门户获得集团公司 A 类门户的称号。

2018 年 12 月，公司决定：刘志亮为信息管理部主管（副科级）。

2018 年，信息管理部从加强组织，资源保障，队伍建设，项目推进，应用创新 5 个方面入手，认真落实集团公司信息化工作会议精神和炼化板块 2018 年重点工作文件，结合本地区公司实际进行部署，积极推进统建项目实施，深化各类信息系统应用，有效支撑公司生产经营管理业务的开展。信息管理部高度重视信息安全，完成了“护网 2018”网络攻防演习行动的防护任务，2 人受到集团公司信息管理部表彰。信息管理部获得公司保密工作先进单位、安全达标先进单位，公司门户再次获得集团公司 A 类门户的称号。截至 2018 年 12 月 31 日，信息管理部在册员工 35 人，其中党员 19 人。

一、信息管理部领导名录（2014.7—2018.12）

部　　长　邓柏贵（副处级，2014.7—2017.4；正处级，2017.4—2018.12）

副 部 长　秦运江（正科级，2014.7—2017.4；副处级，2017.4—2018.12）

二、信息管理部其他管理人员名录（2014.7—2018.12）

高级主管　王福军（2014.7—2018.12）

　　　　　朱卫国（2014.7—2018.12）

主　　管　刘建华（2017.9—2018.12）

　　　　　刘志亮（2018.12）

三、信息管理部党支部领导名录（2014.7—2018.12）

书　　记　邓柏贵（2014.8—2018.12）

副 书 记　秦运江（2014.8—2018.12）

组织委员　马　军（2014.8—2017.10）

　　　　　刘志亮（2017.10—2018.12）

宣传委员　刘树新（2014.8—2017.10）

　　　　　王　杨（2017.10—2018.12）

群工委员　周　瑞（2017.10—2018.12）

纪检委员　朱卫国（2014.8—2018.12）

综治委员　刘建华（2017.10—2018.12）

第四章　基层单位

截至 2014 年 1 月 1 日，辽河石化分公司设基层单位 35 个：东蒸馏车间、南蒸馏车间、西蒸馏车间、催化车间、焦化车间、加氢一车间、加氢二车间、制氢车间、糠醛白土车间、气分—聚丙烯车间、净化车间、重整车间、空分车间、供排水车间、水处理车间、油品车间、原油车间、销售车间、鲅鱼圈储运公司、运输车间、钳工车间、电工车间、仪表车间、分析化验中心、原油部、保卫部、研究院、工程预决算部、信息管理部、设计所、工程质量监督站、档案室、机关车队、后勤服务中心、石化宾馆。合资公司 1 个：盘锦中油辽河沥青有限公司。

2014 年 7 月，辽河石化分公司对组织机构进行调整，鲅鱼圈储运公司更名为鲅鱼圈储运部；整合东蒸馏车间、南蒸馏车间、西蒸馏车间、焦化车间，组建第一联合运行部；整合催化车间、气分—聚丙烯车间，组建第二联合运行部；整合加氢一车间、加氢二车间、糠醛白土车间，组建第三联合运行部；整合重整车间、制氢车间，组建第四联合运行部；整合净化车间、水处理车间，组建第五联合运行部；整合油品车间、原油车间、运输车间，组建油品储运部；整合空分车间、供水车间，组建动力运行部；整合仪表车间、电工车间，组建仪电运行部；整合钳工车间、工程质量监督站，组建检维修部；整合后勤服务中心、石化宾馆、机关车队、新闻中心、文体活动中心，组建行政事务部。

截至 2018 年 12 月 31 日，辽河石化分公司设 15 个基层单位：第一联合运行部、第二联合运行部、第三联合运行部、第四联合运行部、第五联合运行部、油品储运部、动力运行部、仪电运行部、检维修部、行政事务部、保卫部（信访稳定办公室）、研究院、设计所、鲅鱼圈储运部、盘锦中油辽河沥青有限公司。

第一节　东蒸馏车间（2014.1—7）

东蒸馏车间前身为1971年9月建成投产的蒸馏车间，行政级别为正科级，1985年12月更名为北蒸馏车间；1997年5月，北蒸馏装置与待建东蒸馏装置合并，成立东蒸馏车间，由原北蒸馏车间人员负责全面管理工作，1998年8月建成投产，加工能力由50万吨/年提升到150万吨/年，最大处理量250万吨/年。东蒸馏车间为公司所属基层单位，党组织关系隶属公司党委，车间下设工艺技术组、设备技术组、安全组、综合管理组和4个操作班组。截至2014年1月1日，车间在册员工37人，其中党员16人。

2014年7月，公司机构调整，将东蒸馏车间、南蒸馏车间、西蒸馏车间、焦化车间整合，组建第一联合运行部。

截至2014年7月底，东蒸馏车间在册员工37人，其中党员16人。

一、东蒸馏车间领导名录（2014.1—7）

主　　任　毛　卫（2014.1—7）

副 主 任　郑　犟（2014.1—7）

　　　　　王　强（2014.1—7）

二、东蒸馏车间党支部领导名录（2014.1—7）

书　　记　毛　卫（2014.1—7）

第二节　南蒸馏车间（2014.1—7）

南蒸馏车间成立于1982年12月，行政级别为正科级；1994年4月，南蒸馏车间划归炼油分厂管理；1995年3月，南蒸馏车间由辽河石化总厂直接管理；1997年5月，南蒸馏车间与西蒸馏车间合并为新的西蒸馏车间；1999年5月，南蒸馏装置从西蒸馏车间分离出来，恢复南蒸馏车间。南蒸馏车间为公司所属基层单位，机构规格为正科级，党组织关系隶属公司党委，车间下设工艺技术组、设备技术组、安全组、综合管理组和 4 个操作班组。截至 2014 年 1 月 1 日，车间在册员工 44 人，其中党员 19 人。

2014 年 7 月，公司进行机构调整，将东蒸馏车间、南蒸馏车间、西蒸馏车间、焦化车间整合，组建第一联合运行部。

截至 2014 年 7 月底，南蒸馏车间在册员工 44 人，其中党员 19 人。

一、南蒸馏车间领导名录（2014.1—7）

主　　任　李茂东（2014.1—7）

副 主 任　邱　柏（2014.1—7）

裴力君（2014.1—7）

二、南蒸馏车间党支部领导名录（2014.1—7）

书　　记　李茂东（2014.1—7）

第三节　西蒸馏车间（2014.1—7）

西蒸馏车间成立于 1993 年 3 月，机构规格为正科级；1997 年 5 月，西蒸馏车间与南蒸馏车间合并为新的西蒸馏车间；1999 年 5 月，南蒸馏装置从西蒸馏车间分离，独立建制；2010 年 8 月，水处理车间水道班划归西蒸馏车间。

西蒸馏车间为公司所属基层单位，机构规格为正科级，党组织关系隶属公司党委。车间以加工稠油为主，拥有常减压蒸馏和减粘裂化 2 套装置，主要加工辽河大混合原油及进口油。截至 2014 年 1 月 1 日，车间下设工艺技术组、设备技术组、安全组、综合管理组和 4 个操作班组，在册员工 60 人，其中党员 18 人。

2014 年 7 月，公司机构调整，将东蒸馏车间、南蒸馏车间、西蒸馏车间、焦化车间整合，组建第一联合运行部。

截至 2014 年 7 月，车间在册员工 60 人，其中党员 18 人。

一、西蒸馏车间领导名录（2014.1—7）

主　　任　王　磊（2014.1—7）

副　主　任　陈庆华（2014.1—7）
　　　　　　赵　斌（2014.1—7）
　　　　　　王　雷（2014.1—7）

二、西蒸馏车间党支部领导名录（2014.1—7）

书　　　记　王　磊（2014.1—7）

第四节　催化车间（2014.1—7）

催化车间前身是1990年2月成立的催化裂化车间，机构规格为正科级。催化裂化装置于1991年6月投产一次开汽成功，装置初期包括反应-再生、分馏、吸收稳定、能量回收机组（包括气压机）、余热锅炉、产品精制共6个部分，原油加工能力60万吨/年，主要产品有汽油、柴油、液化气等。1995年4月，催化裂化装置新建四机组试运一次成功。1997年至1999年，催化裂化装置扩建改造，加工能力由60万吨/年增加至80万吨/年。2003年5月，国内首家重油催化裂化装置的两段提升管改造成功。2004年3月，车间25万吨/年汽油醚化装置一次开汽成功。2010年10月，车间新建75吨/时余热锅炉改造成功。2013年，烟气脱硫装置建成投用。

截至2014年1月1日，车间为公司所属基层单位，机构规格为正科级，党组织关系隶属公司党委。车间装置包括反应-再生、分馏、吸收稳定、能量回收机组（包括气压机）、余热锅炉、产品精制、汽油醚化、烟气脱硫共8个部分，加工能力80万吨/年，主要产品有汽油、柴油、液化气等。车间下设设备组、技术组、安全组、综合组和4个操作班组，在册员工76人，其中党员21人。

2014年7月，公司机构重组，将催化车间、气分—聚丙烯车间整合成为第二联合运行部。

2014年1月至7月，装置实际加工原料43万吨，轻油收率达到74.33%，馏出口质量合格率99.65%，操作平稳率达到99.95%；根据原料优化配置的需要，装置于 4 月份开始掺炼焦化蜡油，截至 7 月底，掺炼蜡油共 1.44 万吨，共创效 1560.71 万元。截至 2014 年 7 月底，车间在册员工 76 人，其中党员 21 人。

一、催化车间领导名录（2014.1—7）

主　　任　刘志远（2014.1—7）
副 主 任　张思友（2014.1—7）
　　　　　杨元彬（满族，2014.1—7）
　　　　　赵　岚（2014.1—7）

二、催化车间党支部领导名录（2014.1—7）

书　　记　张思友（2014.1—7）
组织委员　杨永生（2014.1—7）
宣传委员　王　勇（2014.1—7）
纪检委员　刘志远（2014.1—7）
青年委员　杨元彬（2014.1—7）

第五节　加氢一车间（2014.1—7）

加氢一车间前身是 1985 年 9 月成立的加氢车间，行政级别为正科级，为公司所属基层单位，党组织关系隶属辽河石化分公司党委；2013 年 3 月，加氢车间更名为加氢一车间。车间装置包括 15 万吨 / 年焦化汽油加氢装置、60 万吨 / 年柴油加氢改质装置和 30 万吨 / 年润滑油加氢脱酸装置，主要产品有液化气、加氢精制石脑油（重整装置原料）、加氢精制柴油、加氢脱酸润滑油。截至 2014 年 1 月 1 日，加氢一车间下设工艺技术组、设备技术组、综合组、安全组和 12 个操作班组，在册员工 66 人，其中党员 17 人。

2014 年 7 月，公司组织机构变更，整合加氢一车间、加氢二车间、糠醛白土车间，组建第三联合运行部。

2014 年 1 月至 7 月，焦化汽油加氢装置实际加工焦化汽油 6.95 万吨；润滑油加氢脱酸装置加工 19.22 万吨；柴油改质装置加工柴油 11.16 万吨。

截至 2014 年 7 月，车间下设工艺技术组、设备技术组、综合组、安全组和 8 个操作班组，在册员工 73 人，其中党员 17 人，下设 2 个党小组。

一、加氢一车间领导名录（2014.1—7）

主　　任　王学文（2014.1—7）

副 主 任　李　宝（2014.1—7）

尤　峰（2014.1—7）

王　亮（2014.1—7）

二、加氢一车间党支部领导名录（2014.1—7）

书　　记　李　宝（2014.1—7）

组织委员　王学文（2014.1—7）

宣传委员　王丽群（2014.1—7）

第六节　制氢车间（2014.1—7）

制氢车间成立于 1994 年 1 月，1995 年 11 月，1.0 万标准立方米 / 时制氢装置建成并一次试车成功。车间为公司所属基层单位，机构规格为正科级，党组织关系隶属公司党委。2013 年 9 月，1.5 万标准立方米 / 时制氢装置中交，10 月装置开汽成功。截至 2014 年 1 月 1 日，车间下设工艺技术组、设备技术组、安全组、综合管理组和 4 个操作班组，在册员工 74 人，其中党员 20 人。

制氢车间的 1.0 万标准立方米 / 时制氢装置以焦化干气为原料，生产纯度大于 93% 以上的产品氢；1.5 万标准立方米 / 时制氢装置以天然气和戊烷油为原料，生产纯度大于 98% 以上的产品氢，这些氢气并入公司氢气管网，供的加氢装置、气分—聚丙烯装置以及硫磺回收装置使用。

2014 年 7 月，公司机构重组，将制氢车间与重整车间整合，组建第四联合运行部。

截至 2014 年 7 月，车间下设工艺技术组、设备技术组、安全组、综合管理组和 4 个操作班组，在册员工 74 人，其中党员 20 人。

一、制氢车间领导名录（2014.1—7）

主　　任　齐国良（2014.1—7）

副 主 任　刘　军（2014.1—7）

　　　　　刘长虹（2014.1—7）

二、制氢车间党支部领导名录（2014.1—7）

书　　记　齐国良（2014.1—7）

组织委员　刘　军（2014.1—7）

纪检委员　刘长虹（2014.1—7）

宣传委员　刘长虹（2014.1—7）

第七节　糠醛白土车间（2014.1—7）

糠醛白土车间成立于1994年11月，机构规格为正科级，为公司所属基层单位，党组织关系隶属公司党委。车间拥有25万吨/年糠醛装置、15万吨/年白土装置和润滑油液相脱氮精制3套装置，主要产品为10#变压器油，6#、10#、18#橡胶基础油。截至2014年1月1日，糠醛白土车间下设工艺技术组、设备技术组、综合组、安全组和4个操作班组，在册员工52人，其中党员16人。

2014年7月，公司机构重组，整合加氢一车间、加氢二车间、糠醛白土车间，组建第三联合运行部。

2014年1月至7月，车间加工原料14.57万吨。截至2014年7月，车间下设工艺技术组、设备技术组、综合组、安全组和4个操作班组，在册员工51人，其中党员16人。

一、糠醛白土车间领导名录（2014.1—7）

主　　任　寇卫民（2014.1—7）

副 主 任　宋国柱（2014.1—7）

　　　　　张立军（2014.1—7）

　　　　　赵真义（2014.1—7）

二、糠醛白土车间党支部领导名录（2014.1—7）

书　　记　寇卫民（2014.1—7）

组织委员　宋国柱（2014.1—7）

宣传委员　赵真义（2014.1—7）

第八节　气分—聚丙烯车间（2014.1—7）

气分—聚丙烯车间于1997年5月组建，机构规格为正科级。车间拥有2套装置，10万吨/年气体分馏装置生产原料为液化石油气，生产聚合级精丙烯产品和甲基叔丁基醚原料；2万吨/年聚丙烯装置以精丙烯为原料，生产聚丙烯粉料产品。1998年9月，10万吨/年气体分馏装置实现一次开汽成功；2000年11月，聚丙烯装置一次开汽成功。2003年9月，车间的“聚丙烯SPG工业应用项目”通过专项组织的验收。2009年5月，气体分馏装置经扩能改造，加工能力提高到16万吨/年。

截至2014年1月1日，车间为公司所属基层单位，机构规格为正科级，党组织关系隶属公司党委。车间拥有16万吨/年气体分馏、2万吨/年聚丙烯和1.2万吨/年甲基叔丁基醚（简称MTBE装置）3套生产装置。气体分馏装置生产原料为液化石油气，产品为工业丙烯和MTBE装置原料；聚丙烯装置以丙烯为原料，生产各种牌号的聚丙烯粉料产品；MTBE装置以气体分馏装置生产的混合碳四为原料，产品为甲基叔丁基醚。车间下设工艺技术组、设备技术组、安全组、综合管理组、4个操作班组、4个包装班组及产品外运计量班，在册员工84人，其中党员22人。

2014年7月25日，公司机构重组，将气分—聚丙烯车间、催化车间整合成为第二联合运行部。

2014年1月至7月，气体分馏装置完成液化气加工量6.21万吨，生产丙烯1.59万吨，馏出口合格率99.95%；聚丙烯装置加工丙烯1.56万吨，生产聚丙烯粉料1.42万吨，丙烯单耗1.12吨/吨，聚丙烯粉料熔体流动速率合格率为100%；MTBE收率23.59%。5月，脱硫系统开工后，MTBE硫含量降到50毫克/千克以下，合格率达到100%。截至2014年7月底，车间在册员工 84 人，其中党员 22 人。

一、气分—聚丙烯车间领导名录（2014.1—7）

主　　任　陆顺良（2014.1—7）
副 主 任　张丛杰（2014.1—7）
　　　　　胡春佳（2014.1—7）
　　　　　许立新（满族，2014.1—7）

二、气分—聚丙烯车间党支部领导名录（2014.1—7）

书　　记　张丛杰（2014.1—7）
组织委员　胡春佳（2014.1—7）
宣传委员　许立新（2014.1—7）
纪检委员　陆顺良（2014.1—7）
青年委员　兰毅轩（2014.1—7）

第九节　焦化车间（2014.1—7）

焦化车间成立于 2003 年 3 月，为公司所属基层单位，机构规格为正科级，党组织关系隶属公司党委。4 月，公司将西蒸馏车间、气分车间、空分车间、催化车间、油品车间等 13 个基层单位 83 名员工划入焦化车间。5 月，焦化车间所属延迟焦化装置正式动工建设；2004 年 6 月，焦化装置建成中交，并于 9 月一次开汽成功。该装置为国内石油化工行业第一套超稠原油直接进焦化加工装置，以辽河超稠油为主要原料，设计加工规模为 100 万吨 / 年，主要产品为汽油、柴油、石油焦、液态烃、蜡油等。车间下设工艺技术组、设备技术组、安全组、综合管理组、除焦班、外运班和 4 个操作班。截至 2014 年 1 月 1 日，焦化车间在册员工 81 人，其中党员 24 人。

2014 年 7 月，公司机构重组，将东蒸馏车间、南蒸馏车间、西蒸馏车间、焦化车间整合，组建第一联合运行部。截至 2014 年 7 月，焦化车间在册员工 81 人，其中党员 24 人。

一、焦化车间领导名录（2014.1—7）

主　　任　张　峰（2014.1—7）

副 主 任　庄　野（正科级，2014.1—7）

　　　　　　许　斌（2014.1—7）

二、焦化车间党支部领导名录（2014.1—7）

书　　记　张　峰（2014.1—7）

第十节　重整车间（2014.1—7）

重整车间成立于2010年4月，为公司所属基层单位，机构规格为正科级，党组织关系隶属公司党委。2011年2月，重整装置开始动工建设；4月，公司将120万吨/年柴油加氢改质项目划归重整车间管理，车间更名为重整－加氢联合车间。2012年12月，重整装置建成，一次开汽成功，正式投入生产。2013年3月，公司将重整装置从重整－加氢联合车间分立出来，重新成立重整车间。5月，东区低压瓦斯回收装置划归重整车间。截至2014年1月1日，重整车间下设工艺组、设备组、安全组、综合管理组和4个操作班组，在册员工69人，其中党员27人。

重整车间拥有60万吨/年连续重整装置和东区火炬回收系统。重整装置以公司3套常减压装置、焦化汽油加氢装置、1#柴油加氢改质装置及2#柴油加氢装置提供的石脑油为原料，生产高辛烷值汽油组分、混合二甲苯、苯等芳烃产品，同时还副产氢气、液化气、干气、轻石脑油等产品。东区火炬回收系统包括4台高架火炬，承担公司东区加氢装置、制氢装置、重整装置、焦化装置的低压放空气、高压放空气的排放；火炬回收系统的燃料气回收设施是将瓦斯管网来的放空低压瓦斯气进行增压脱硫后，并入公司燃料气管网。

2014年7月，公司机构重组，将重整车间与制氢车间整合，组建第四联合运行部。

截至2014年7月，重整车间下设工艺组、设备组、安全组、综合管理组和 4 个操作班组，在册员工 71 人，其中党员 28 人。

一、重整车间领导名录（2014.1—7）

主　　任　董敬伟（2014.1—7）
副 主 任　单育民（2014.1—7）
　　　　　陈国栋（2014.1—7）
　　　　　徐庆俭（2014.1—7）

二、重整车间党支部领导名录（2014.1—7）

书　　记　单育民（2014.1—7）
组织委员　董敬伟（2014.1—7）
纪检委员　董敬伟（2014.1—7）
宣传委员　刘　洋（2014.1—7）

第十一节　加氢二车间（2014.1—7）

加氢二车间成立于 2013 年 3 月，机构规格为正科级，为公司所属基层单位，党组织关系隶属公司党委。车间拥有 120 万吨 / 年柴油加氢改质和 40 万吨 / 年催化汽油加氢 2 套装置，主要产品有液化气、轻石脑油、重石脑油、柴油和汽油。截至 2014 年 1 月 1 日，加氢二车间下设工艺技术组、设备技术组、综合组、安全组和 8 个操作班组，在册员工 76 人，其中党员 20 人。

2014 年 3 月，车间进行人员调整，将 8 个班组调整为 4 个。7 月，公司组织机构变更，整合加氢一车间、加氢二车间、糠醛白土车间，组建第三联合运行部。

2014 年 1 月至 7 月，120 万吨 / 年柴油加氢改质装置加工总量 59.06 万吨，40 万吨 / 年催化汽油加氢装置加工总量 19.33 万吨。截至 2014 年 7 月，车间下设工艺技术组、设备技术组、综合组、安全组和 4 个操作班组，在册员工 62 人，其中党员 20 人。

一、加氢二车间领导名录（2014.1—7）

主　　任　姚　斌（2014.1—7）

副 主 任　刘　宇（2014.1—7）

张　勇（2014.1—7）

二、加氢二车间党支部领导名录（2014.1—7）

书　　记　姚　斌（2014.1—7）

组织委员　时丕斌（2014.1—7）

宣传委员　关雨豪（2014.1—7）

第十二节　净化车间（2014.1—7）

净化车间前身为1988年4月成立的硫磺车间，机构规格正科级。车间拥有一套硫磺回收装置，年生产硫磺能力800吨。1992年10月，干气脱硫装置建成并投产，处理量为4万吨/年。1993年3月，净化车间更名为水气车间。1998年8月，液化石油气脱硫及脱硫醇装置、火炬回收装置建成并投产。2001年6月，水气车间更名为净化车间。2004年10月，1500吨/年硫磺回收装置建成投产，硫磺产品纯度99.99%，为特级产品。2005年5月，80吨/小时常压汽提装置建成投产。2006年7月，1万吨/年硫磺回收装置建成投产。2007年5月，公司撤销净化车间维修班。2013年年底，100吨/小时溶剂再生装置建成投产。

净化车间为公司所属基层单位，机构规格正科级，党组织关系隶属公司党委。截至2014年1月1日，车间下设工艺技术组、设备技术组、安全组、综合管理组和火炬工段、酸水工段、干气工段以及硫磺成型班、火炬巡线班，在册员工87名，其中党员20人。

2014年7月，公司机构重组，将水处理车间与净化车间整合，组建第五联合运行部。

2014年1月至7月，净化车间优化操作硫磺装置，确保尾气排放持续达标，生产固体硫磺4347吨，常压汽提装置处理酸性水34.75万吨。截至2014年7月，车间下设工艺技术组、设备技术组、安全组、综合管理组和火炬工段、酸水工段、干气工段以及硫磺成型班、火炬巡线班组，在册员工91人，其中党员22人。

一、净化车间领导名录（2014.1—7）

主　　任　王金洪（2014.1—7）
副 主 任　刚　强（2014.1—7）
　　　　　刘龙军（2014.1—7）
　　　　　方立刚（2014.1—7）

二、净化车间党支部领导名录（2014.1—7）

书　　记　刚　强（2014.1—7）
组织委员　方立刚（2014.1—7）
宣传委员　刘龙军（2014.1—7）
纪检委员　王金洪（2014.1—7）

第十三节　空分车间（2014.1—7）

空分车间为前身为1987年4月组建的气体车间，下设空压站和氮气站，为公司辅助生产单位，行政级别为正科级，党组织关系隶属公司党委。车间分为1993年空压站扩建，建设东空压站。1995年氮气站扩建，提高了供氮生产能力。2001年6月，气体车间更名为空分车间。截至2014年1月1日，车间下设工艺技术组、设备技术组、安全组、综合管理组及7个操作班组，在册员工45人，其中党员15人。空分车间主要管理供风、供氮装置，为公司其他生产装置供应净化风、非净化风和氮气，同时负责供风供氮管网的保养和维护。供氮装置设计总产氮能力4600标准立方米/时，氮气储备能力为900立方米，总供风能力为1446.1标准立方米/分钟。

2014年7月，公司机构重组，将空分车间与供水车间整合为动力运行部。截至2014年7月底，车间在册员工45人，其中党员15人。

一、空分车间领导名录（2014.1—7）

主　　任　王　飞（2014.1—7）

副　主　任　张永高（2014.1—7）
　　　　　　崔振东（2014.1—7）

二、空分车间党支部领导名录（2014.1—7）

书　　　记　王　飞（2014.1—7）

第十四节　供水车间（2014.1—7）

供水车间前身为1972年3月成立的动力车间，为公司辅助生产单位，行政级别为正科级，党组织关系隶属公司党委。1982年，动力车间更名为供排水车间。1990年1月，公司将锅炉工段与三水工段合并，成立供热车间；2007年5月，供热车间并入供水车间，软化水业务划归辽河油田公司石油化工总厂，保留供暖、热力管网业务，撤销原供热车间、供水车间维修班，组建管网班。供水车间主要负责供水装置、雨水、污水的排放工作，冬季供暖工作、纯净水的生产、中低压蒸汽的输送及管网系统的日常维护维修等工作。截至2014年1月1日，车间下设工艺技术组、设备技术组、安全组、综合管理组及东循环水场、西循环水场、三循环水场、联合泵站、管网班、制水班在册人数111人，其中党员31人。

2014年6月，车间党员索怀江被评为公司模范共产党员。

2014年7月，公司机构重组，将空分车间与供水车间整合为动力运行部。截至2014年7月底，车间在册人数111人，其中党员34人。

一、供水车间领导名录（2014.1—7）

主　　　任　孙书文（2014.1—7）

副　主　任　杜学兵（2014.1—7）
　　　　　　代元书（2014.1—7）

二、供水车间党支部领导名录（2014.1—7）

书　　　记　杜学兵（2014.1—7）

第十五节　水处理车间（2014.1—7）

水处理车间为前身为供排水车间的污水处理场，1999 年 5 月，组建水处理车间，机构规格正科级，党组织关系隶属公司党委。水处理车间主要装置是始建于 1979 年的污水处理装置，设计处理能力为 300 立方米 / 时，历经 1989 年、1997 年两次改造，采用 A/O 工艺，主要处理各装置的生产污水和生活污水，处理后的水质达到辽宁省 DB21-60-89 标准，合格排放。车间下设技术组、污水工段、水化验工段、水道班。1999 年 7 月，水化验工段划归公司分析化验中心。2008 年 1 月，新污水处理装置建成投产，设计处理能力为 600 立方米 / 时。处理后水质达到《辽宁省污水与废气排放标准》一级 II 类要求，合格污水进入污水回用装置进一步处理。2008 年，新建油泥干化装置和碱渣处理装置并投产。2010 年 8 月，水道班划归西蒸馏车间。

2013 年，车间共处理污水 391.32 万吨，外排 COD 平均 47.34 毫克 / 升，处理碱渣 846 吨。截至 2014 年 1 月 1 日，水处理车间在册员工 52 人，其中党员 22 人。

2014 年 7 月，公司机构重组，将水处理车间与净化车间整合，组建第五联合运行部。

2014 年 1 月至 7 月，车间共处理污水 244.11 万吨，外排 COD 平均 45.38 毫克 / 升，处理碱渣 1060 吨，处理原油预处理浮渣污泥 2800 吨，新建废气净化装置和超稠油预处理装置。7 月，车间党支部被公司评为优秀党支部、结对共建示范单位。截至 2014 年 7 月底，水处理车间下设管理组、技术组和 4 个操作班组，在册员工 52 人，其中党员 22 人。

一、水处理车间领导名录（2014.1—7）

主　　任　杨同臣（2014.1—7）

副 主 任　曲洪昂（2014.1—7）

张文华（2014.1—7）

徐　铁（2014.1—7）

二、水处理车间党支部领导名录（2014.1—7）

书　　记 曲洪昂（2014.1—7）
组织委员 杨同臣（2014.1—7）
宣传委员 张文华（2014.1—7）
纪检委员 徐　铁（2014.1—7）
群工委员 李巧玲（女，2014.1—7）

第十六节　油品车间（2014.1—7）

油品车间前身为1973年6月成立的储运车间，行政级别为正科级，党组织关系隶属公司党委。在1976年至1993年间，因改革或储运、销售、运输等业务的分合，储运车间先后更名为储运车间、储运科、油品车间。车间主要负责来自东蒸馏、南蒸馏、西蒸馏、催化、焦化、减粘、气分、加氢脱酸、柴油加氢改质、糠醛白土、汽油加氢等装置60余种产品的接收、存储加温、计量、脱水、调合及柴汽油的加剂工作，并负责公司各装置污油的回收计量工作。

截至2014年1月1日，油品车间拥有2套导热油装置及配套设施、17个罐区、15个泵房、有125台储罐；下设工艺技术组、设备技术组、安全组、综合管理组、统计组和轻油工段、沥青工段、液化气工段、东油品工段，在册员工140人，其中党员29人。

2014年7月，公司机构重组，将油品车间、原油车间、运输车间整合，组建油品储运部。

2014年1月至7月，车间共接收各种油品435.5万吨，外运251.5万吨，倒油103.2万吨，给装置上油181.2万吨；共完成4大项生产技术改造。

截至2014年7月，车间在册员工137人，其中党员30人。

一、油品车间领导名录（2014.1—7）

主　　任 黄　亮（2014.1—7）
副 主 任 闫　恒（2014.1—7）

杨　宏（2014.1—7）

宋　歌（2014.1—7）

二、油品车间党支部领导名录（2014.1—7）

书　　记　闫　恒（2014.1—7）

组织委员　赵佳香（女，2014.1—7）

宣传委员　黄　亮（2014.1—7）

纪委委员　宋　歌（2014.1—7）

青年委员　杨　宏（2014.1—7）

第十七节　原油车间（2014.1—7）

原油车间成立于1993年4月，机构规格为正科级，党组织关系隶属公司党委。车间下设工艺技术组、设备技术组、安全组、综合管理组、统计组、原油工段、卸油工段、驻在工段，在册员工92人，其中党员14人。业务范围包括管输、火车、汽运、计量、加温、沉降脱水、调合及生产装置原料油的供给工作以及管输原油、汽运原油含水检测及检验等工作。2004年至2013年间，原油车间的地衡业务和对外计量、交接、化验、检测业务相继划归销售车间和计量部，相应设备和人员同时划出。截至2014年1月1日，车间在册员工79人，其中党员26人。

2014年7月，公司机构重组，将油品车间、原油车间、运输车间整合，组建油品储运部。

2014年1月至7月，原油车间共接收各种原料330.10万吨，供给5套生产装置原料328.14万吨，其中一次加工原料300.68万吨，二次加工原料27.46万吨。车间供生产装置原料均匀稳定，含水全部符合工艺要求。预处理装置处理各种污水22.62万吨，共计回收污油2.64万吨，外排污水合格率为99.88%。

截至2014年7月，车间在册员工78人，其中党员26人，下设工艺技术组、设备技术组、安全组、综合管理组、统计组、原油工段、卸油工段、驻在工段。车间负责公司原油的接收和装置渣油的接收、计量、加温、沉降脱水、调合及生产装置原料油的供给等工作；维护、保养天然气管网及其附属设施；并对公司各装置污水进行预处理，使其达到污水合格排放标准。

一、原油车间领导名录（2014.1—7）

主　　任 罗义仁（2014.1—7）
副 主 任 杜德辉（2014.1—7）
　　　　　程　斌（2014.1—7）

二、原油车间党支部领导名录（2014.1—7）

书　　记 罗义仁（2014.1—7）
组织委员 程　斌（2014.1—7）
宣传委员 李　楠（2014.1—7）
纪检委员 杨建国（2014.1—7）
青年委员 宋　君（女，2014.1—7）

第十八节　销售车间（2014.1—7）

销售车间成立于1995年8月，机构规格为正科级，为公司所属二级单位，1999年，调整为辅助生产单位。截至2014年1月1日，车间下设工艺技术组、设备技术组、综合管理组和计量工段、液化气工段、焦化工段、零售工段，每个工段设4个班组，主要负责铁路运输、公路运输、油品管输的计量工作。

2014年7月，公司机构重组，销售车间业务和人员整体划归营销调运部。

2014年1月至7月，车间各种产品外运量累计达249.76万吨，其中液化气4.24万吨，汽油35.75万吨，柴油47.67万吨，石油沥青100.08万吨，其他各类产品62.01万吨。

截至2014年7月底，车间在册员工82人，其中党员19人。

一、销售车间领导名录（2014.1—7）

主　　任 房玉柱（2014.1—7）

副　主　任　王俊伟（正科级，2014.1—7）

崔丰起（2014.1—7）

刘建华（2014.1—7）

二、销售车间党支部领导名录（2014.1—7）

书　　　记　王俊伟（2014.1—7）

组织委员　刘建华（副科级，2014.1—7）

宣传委员　崔丰起（副科级，2014.1—7）

第十九节　分析化验中心（2014.1—7）

分析化验中心前身为1972年3月成立的化验室，为蒸馏车间所属股级单位；1973年6月，化验室单独设立，行政级别为正科级，负责蒸馏车间的馏出口控制、半成品控制、成品出厂的分析检验等工作。1976年3月，化验室更名为质量检查科，增加了成品出厂的质量管理业务；1982年9月，质量检查科更名为质量管理科，职能不变，同时设立分析监测站、检查组、技术组；1984年10月，质量管理科更名为质量检查科；2001年6月，质量检查科更名为分析化验中心，下设办公室、技术组、检查组、成品班、滑油班、标准班、仪器一班、仪器二班、维修班、油品控制工段、环保监测站、污水分析。分析化验中心负责公司各生产装置原料、过程产品、半成品、成品及进厂原材料的分析、全公司的水质分析、环境监测分析、成品油调合等工作。2011年4月，检查组业务及8名员工划归计量部。截至2014年1月1日，分析化验中心在册员工153人，其中党员23人。

2014年7月，公司机构重组，分析化验中心与计量部进行整合，组建计量质检部，同时成立计量质检部党支部，党组织关系隶属公司党委。

2014年1月至7月，分析化验中心全面完成了“出厂产品分析准确率100%，质量事故为零”的工作目标，平均每天完成馏出口分析数据3000余个、水质分析数据500个、半成品分析数据110个～150个、成品分析数据180个～200个。中心提供成品油出厂分析1395罐次，完成控制罐分析1050罐次，其中汽油376罐次、柴油674罐次；共完成石油焦、工业硫黄分析279批次，聚丙烯分析140批次，动火和进入有限空间作业分析2625次，原材料分析1454车次，燃料油、裂化料、蜡油、原油污油、甩油等其他分析327罐次，污水、循环水等水质分析85321项次，环境空气、烟道气、噪声分析3365项次；完成计划外分析任务1692次。

截至2014年7月底，分析化验中心在册员工153人，其中党员23人。

一、分析化验中心领导名录（2014.1—7）

主　　任　刘艳清（女，2014.1—7）
副 主 任　王　静（女，2014.1—7）
　　　　　　叶　明（2014.1—7）

二、分析化验中心党支部领导名录（2014.1—7）

书　　记　刘艳清（2014.1—7）
组织委员　叶　明（2014.1—7）
纪检委员　王　静（2014.1—7）

第二十节　钳工车间（2014.1—7）

钳工车间前身为1972年3月成立的维修车间，行政级别正科级；1974年，维修车间更名为机修车间；1993年4月，组建钳工车间。车间负责全公司转动设备的日常检维护和计划大检修等工作。截至2014年1月1日，车间下设技术组、安全组、办事组、保管组、4个检修班组和1个综合班组。

2014年，钳工车间针对影响装置长周期运行的设备问题，开展技术攻关和升级改造工作，完成催化热油泵房机泵和气分聚丙烯机泵高危密封改造、蒸馏机泵高危密封改造、油品储运机泵高危密封改造、焦化电脱盐机泵更换改造、二改质循环氢汽轮机蜂窝密封改造等11项设备改造。

2014年7月，公司机构调整，将钳工车间与工程质量监督站合并，成立检维修部。

截至2014年7月，钳工车间下设技术组、安全组、办事组、保管组、4个检修班组和1个综合班组，在册员工102人，其中管理岗位6人，专业技术岗位 4 人，党员 28 人。

一、钳工车间领导名录（2014.1—7）

主　　任　王建明（2014.1—7）

副 主 任　李彦川（2014.1—7）

　　　　　鞠君辉（2014.1—7）

二、钳工车间党支部领导名录（2014.1—7）

书　　记　王　强（2014.1—7）

第二十一节　电工车间（2014.1—7）

电工车间前身为 1975 年 8 月成立的电仪车间，行政级别为正科级。1981 年 7 月，电仪车间拆分为电工车间和仪表车间，行政级别均为正科级，同时成立电工车间党支部，隶属公司党委。电工车间为基层单位，负责供电系统运行维护与检修工作等工作。

截至 2014 年 1 月 1 日，车间下设技术组、安全组、综合管理组和 5 个维护班组，1 个试验班组、1 个卷线班组，在册员工 119 人，其中党员 33 人。电工车间负责维护、检修公司东、南、西三套蒸馏装置、减粘裂化装置、催化裂化装置、柴油加氢改质装置、润滑油脱酸装置、汽油加氢装置、糠醛白土联合装置、气分—聚丙烯装置、制氢装置、重整加氢联合装置等主要生产装置及辅助系统、石化总厂和润滑油厂的供电系统。

2014 年 7 月，公司机构调整，将电工车间与仪表车间整合，组建仪电运行部。

截至 2014 年 7 月底，车间下设技术组、安全组、综合管理组和 5 个维护班组，1 个试验班组、1 个卷线班组，在册员工 117 人，其中党员 35 人。李铁山被公司聘任为企业级技术专家，韩立新被公司聘任为企业级技能专家，杨建平被评为公司模范共产党员。

一、电工车间领导名录（2014.1—7）

主　　任　孙宏伟（2014.1—7）

副　主　任　李铁山（2014.1—7）
易　江（2014.1—7）
秦运江（2014.1—7）

二、电工车间党支部领导名录（2014.1—7）

书　　记　秦运江（2014.1—7）
副　书　记　孙宏伟（2014.1—7）
组织委员　易　江（2014.1—7）
纪检委员　李铁山（2014.1—7）
宣传委员　王　强（2014.1—7）
群工委员　谢维志（2014.1—7）

第二十二节　仪表车间（2014.1—7）

仪表车间前身为1975年8月成立的电仪车间。1981年7月，电仪车间拆分为仪表车间和电工车间，机构规格均为正科级，同时成立仪表车间党支部，隶属公司党委。仪表车间为基层单位，具备企业级DCS、SIS、PLC等控制系统设计、安装、调试及维护能力，负责公司所有装置的仪表设备维护、维修与检修工作。截至2014年1月1日，仪表车间下设技术组、综合管理组、5个维护班组和1个检定班，在册员工119人，其中党员32人。

2014年是公司东区新装置全面投入正常运行的关键节点，车间积极组织开展“标准化控制室”创建工作、提高装置仪表自控率工作和设备隐患整治工作，积极推进西区罐区自动化改造项目。

2014年7月，公司机构调整，将仪表车间与电工车间整合，组建仪电运行部。

截至2014年7月底，车间下设管理组、技术组、5个维护班组和1个检定班组，在册员工119人，其中党员32人。

一、仪表车间领导名录（2014.1—7）

主　　任　张华庚（2014.1—7）

副　主　任　田　刚（2014.1—7）

鲁　鹰（2014.1—7）

二、仪表车间党支部领导名录（2014.1—7）

书　　记　张华庚（2014.1—7）

组织委员　田　刚（2014.1—7）

纪检委员　鲁　鹰（2014.1—7）

宣传委员　刘　坤（女，2014.1—7）

第二十三节　原油部（2014.1—7）

原油部成立于2002年3月，为运销公司（后更名为营销调运部）所属，机构规格为正科级。2006年7月，原油部从营销调运部划出，变更为公司直属部门，机构规格为正科级。2011年4月，原油部划入基层单位，机构规格调整为副处级，党组织关系隶属机关第三联合党支部，姚成宏任书记。内设国外原油计划、国内原油计划、统计核算、统计等岗位，负责公司原油、原料进厂的组织、原油采购订单的输入、原料入库和运输费用的结算、统计报表上报等工作。截至2014年1月1日，原油部在册员工7人，其中党员6人。

2014年7月，公司机构重组，将原油部划入生产运行处。

截至2014年7月，原油部在册员工5人，均为党员。

一、原油部领导名录（2014.1—7）

部　　长　杨　刚（2014.1—7）

副　部　长　王立国（2014.1—7）

二、机关第三联合党支部领导名录（2014.1—7）

书　　记　姚成宏（2014.1—7）

副　书　记　黄　鹤（2014.1—7）

纪检委员　杨　刚（2014.1—7）

组织委员　杨立祥（2014.1—7）

宣传委员　刘　驰（女，2014.1—7）

第二十四节　鲅鱼圈储运公司—鲅鱼圈储运部（2014.1—2018.12）

鲅鱼圈储运公司前身为辽河油田勘探局油气处鲅鱼圈油气转运站，1991年4月，划归沥青厂管理，组建鲅鱼圈油气外输管理站，机构规格正科级，主要负责液化气的装船、卸车和计量工作。1995年3月，鲅鱼圈油气外输管理站更名为鲅鱼圈储运公司，机构规格为正科级，主要负责公司部分汽油及柴油的管输、储存、装船、计量等工作。2006年7月，鲅鱼圈储运公司划归运销公司管理；2010年4月，从运销公司划出，变更为公司所属基层单位，机构规格为正科级，担负公司70%以上柴油管输、储存、装船、计量等任务。

鲅鱼圈储运公司下设首站、1#泵站、2#泵站、末站。首站位于公司营销调运部办公楼一楼，设综合管理办公室，负责实施储运部工艺、设备、计量、统计、安全环保、综合办事等各项管理工作；1#泵站位于大石桥市沟沿镇林家铺，2#站位于大石桥市赖家窝棚，各设2个班组，负责提高输油量，缓解储运压力，输油管线123公里，输油能力140万立方米/年；末站位于营口市鲅鱼圈经济技术开发区，设2个班组，负责成品柴油计量、储存和装船作业，站内有成品柴油立式储罐10座，总罐容5.8万立方米，机泵12台，以及配套的消防设施和三级防控设施，装船能力达到530吨/小时。

截至2014年1月1日，鲅鱼圈储运公司在册员工38人，其中党员13人。共有领导3人，王永刚任经理，负责行政的全面工作。杨涛任副经理，负责工艺管理工作。陈玉江任副经理，负责设备管理工作。

2014年7月，公司机构调整，鲅鱼圈储运公司更名为鲅鱼圈储运部，机构规格调整为副处级，党组织关系隶属公司党委。公司对鲅鱼圈储运部领导班子重新进行任命：王永刚任部长兼书记，负责行政、党务的全面工作；杨涛任副部长，负责工艺管理工作；陈玉江任副部长，负责设备管理工作。党支部重新改选，王永刚任支部书记，杨涛任纪委委员兼宣传委员，厉颖任组织委员。截至2014年年底，鲅鱼圈储运部在册员工37人，其中党员12人。

首站全年累计输油 62.39 万吨，成品油外运 59.53 万吨，累计装船 92 条。

2015 年 11 月，末站三级防控设施隐患整改项目已完成消防水罐、事故水罐、事故水提升泵房的建设。截至 2015 年年底，鲅鱼圈储运部首站累计输油 59.75 万吨，成品柴油外运 60.84 万吨，累计装船 117 条，解决长输管线一般隐患 100 项，较大隐患 11 项，全部重大隐患 26 项。在册员工 37 人，其中党员 9 人。

2016 年，完成末站储罐出口加装隔断阀项目，提报码头装船管线软连接改硬链接隐患整改项目，解决长输管线隐患 42 项。首站全年累计输油 43.81 万吨，成品油外运 43.34 万吨，累计装船 71 条。截至 2016 年年底，鲅鱼圈储运部在册员工 37 人，其中党员 10 人。部门被公司评为年度治安综合治理先进单位、统计管理先进单位。

2017 年 9 月，公司研究决定：免去王永刚的鲅鱼圈储运部主任职务，调任工程管理部；宁宝财任鲅鱼圈储运部主任；免去杨涛的工艺副主任职务，调任盘锦中油辽河沥青有限公司；陈玉江任鲅鱼圈储运部工艺副主任；杜学兵任鲅鱼圈储运部设备副主任。

2017 年 12 月，包闯任储运部安全总监；董帅任储运部设备主管。

2017 年，鲅鱼圈储运部输油 458145 吨；末站收油 458600 吨；装船 66 条；大罐支出 439048 吨；结算 438703 吨；转输一次 1042 吨。1# 中间站运行 111 天，2664 小时。末站装船管线软连接改硬链接，卸油线安装安全阀；储罐安装防冻凝型呼吸阀；增设码头、装船泵房流量、压力无线远程监测系统。截至 2017 年年底，在册员工 37 人，其中党员 10 人。部门获公司“治安综合治理先进单位”称号、“环保管理先进单位”称号。

2018 年 9 月，2# 站委托事事灵公司雇佣当地居民组成夫妻站，并将配备在 2# 站的 4 名员工补充到末站罐区，同时抽调骨干成立长输管线巡线班组。

2018 年，首站累计输送油 402614 吨，末站实际接收油品 402913 吨，输油盈 299 吨，执行外运计划 57 份，累计装船 49 条，计划完成率 100%。成品油外运 0# 普通柴油 245752 吨，国（Ⅴ）13340 吨，国（Ⅵ）97973 吨，合计：357065 吨，船燃装船 2 条，18573 吨，合计外运 375638 吨。与抚顺石化调油共转输 20102 吨。鲅鱼圈储运部获辽河石化分公司“2018 年度环保先进单位”的荣誉称号。截至 2018 年年底，在册员工 38 人，储运部共有领导 5 人，管理技术人员 3 人，操作服务人员 26 人，党员 10 人。

一、鲅鱼圈储运公司（2014.1—7）

（一）鲅鱼圈储运公司领导名录（2014.1—7）

经　　理　王永刚（2014.1—7）

副 经 理　杨　涛（2014.1—7）

陈玉江（2014.1—7）

（二）鲅鱼圈储运公司党支部领导名录（2014.1—7）

书　　记　陈玉江（2014.1—7）

纪委委员　杨　涛（2014.1—7）

组织委员　厉　颖（女，2014.1—7）

宣传委员　杨　涛（2014.1—7）

二、鲅鱼圈储运部（副处级，2014.7—2018.12）

（一）鲅鱼圈储运部领导名录（2014.7—2018.12）

部　　长　王永刚（2014.7—2017.9）

宁宝财（2017.9—2018.12）

副 部 长　杨　涛（2014.7—2017.9）

陈玉江（2014.7—2018.12）

杜学兵（2017.9—2018.12）

安全总监　包　闯（2017.9—2018.12）

设备主管　董　帅（2017.9—2018.12）

（二）鲅鱼圈储运部党支部领导名录（2014.7—2018.12）

书　　记　王永刚（2014.7—2017.9）

宁宝财（2017.9—2018.12）

纪委委员　杨　涛（2014.7—2017.9）

陈玉江（2017.9—2018.12）

组织委员　厉　颖（2014.7—2018.12）

宣传委员　杨　涛（2014.7—2017.9）

陈玉江（2017.9—2018.12）

第二十五节　运输车间（2014.1—7）

运输车间前身为建厂初期的运输组，1976 年成立运销科，下设运输工段；1988 年 11 月，运销科被拆分，成立运输科；1990 年 1 月，运输科与油品车间合并为储运科；1991 年 3 月，再次成立运输科；2004 年 11 月，运输科更名为运输车间。截至 2013 年年底，车间在册员工 81 人，其中党员 21 人，机构规格为正科级，党组织关系隶属公司党委。

运输车间负责全公司相关产品的铁路运输任务，拥有铁路罐车 208 辆、GK1F 内燃机车 2 台、专用铁路 13 公里、微机联锁信号设备一套、有人看守道口 2 处、无人看守道口 9 处，并负责设备的维修工作。截至 2014 年 1 月 1 日，车间外运能力达到 120 万吨 / 年；下设技术组、办事组、机车工段、槽车班、信号班、线路班、扳道道口班，车间的铁路运输设备完好率 100%，设备事故为零，设备泄漏率为零，设备建档 163 册，建档率 100 %。在册员工 81 人，其中党员 21 人。

2014 年 7 月，公司机构调整，将油品车间、原油车间、运输车间整合，组建油品储运部。截至 2014 年 7 月，车间在册员工 78 人，其中党员 20 人。

一、运输车间领导名录（2014.1—7）

主　　任　张宝柱（2014.1—7）

副 主 任　张德海（2014.1—7）

祁　伟（2014.1—7）

二、运输车间党支部领导名录（2014.1—7）

书　　记　张德海（2014.1—7）

组织委员　耿　笛（女，2014.1—7）

宣传委员　陈广鑫（2014.1—7）

纪检委员　张宝柱（2014.1—7）

青年委员　祁　伟（2014.1—7）

第二十六节　保卫部（信访稳定办公室）（2014.1—2018.12）

保卫部（信访稳定办公室）前身是1970年10月成立的人保组，历经组合、撤销、合署、变更，先后更名为保卫科、公安科、保卫部、治安保卫大队。2010年4月，信访稳定办公室与保卫部合署办公，更名为保卫部（信访稳定办公室），为辽河石化分公司直属部门，机构规格为副处级。2011年11月，公司将保卫部（信访稳定办公室）调整为基层单位，机构规格副处级。部门负责公司治安综合治理、治安保卫、防恐、信访稳定、民兵武装、禁毒、反邪教等工作，内设治安综合治理、治安保卫、信访稳定和民兵武装等岗位，下设保安队。截至2014年1月1日，保卫部（信访稳定办公室）在册员工87人，其中管理人员12人，保安员75人，党员25人。

2014年7月，公司机构进行调整，保卫部（信访稳定办公室）为公司二级机构，机构规格为副处级。公司对保卫部（信访稳定办公室）领导进行任命：宫树和任部长兼书记，主要负责行政和党务工作；方德红任副部长，负责治安保卫管理工作；姚振芳任副部长，负责信访稳定管理工作。同月，成立党支部，党组织关系隶属公司党委，选举产生5名支部委员，下设3个党小组，共有党员25人。

2014年，保卫部（信访稳定办公室）按照“预防为主、单位负责、突出重点、保障安全”的内保方针，以平安建设为主线，扎实开展教育、防范、管理和打击，建立“打、防、控、管”长效机制，为公司持续有效发展创造良好的治安环境。保卫部获辽宁省公安厅企业内保工作先进集体、辽河油区治安综合治理先进单位、禁毒先进单位、反邪教先进单位，辽河石化分公司被授予辽宁省平安建设示范单位等荣誉称号。截至2014年12月，保卫部（信访稳定办公室）退休1人，在册员工86人，其中管理人员12人，保安员74人，党员25人。

2015年，保卫部（信访稳定办公室）实现原油进厂、产品出厂丢失为零，检修现场、工程建设现场物资丢失为零，重大节日、敏感时期发案为零，大型会议、重大活动、领导视察期间发案为零；全年无重大治安和刑事案件，无习练有害气功和参加邪教人员，未发生暴力恐怖袭击事件，未发生到公司集体访、进京集体访和影响稳定的群体性事件。保卫部被评为年度辽宁省企事业单位安全保卫工作先进集体、辽宁省内保工作先进集体、辽宁省盘锦军分区民兵武装工作先进单位，辽河油区禁毒先进单位、治安秩序整治“百日会战”先进单位、防范和处理邪教工作先进单位、民兵预备役工作先进单位，公司被授予辽宁省平安建设示范单位等荣誉称号。截至 2015 年 12 月，保卫部（信访稳定办公室）退休 2 人，在册员工 84 人，其中管理人员 12 人，保安员 72 人，党员 25 人。

2016 年，保卫部（信访稳定办公室）按照“预防为主、单位负责、突出重点、保障安全”的内保方针和“属地管理，分级负责，谁主管，谁负责，及时就地解决问题和教育疏导相结合”的维稳信访原则，以创建平安单位为中心，突出政治稳定和治安稳定，全年无重大治安和刑事案件、无习练有害气功和参加邪教人员、无非正常进京访和群体性上访事件，为公司生产发展营造了稳定和谐的治安环境。保卫部被公司评为年度先进四好班子、先进党支部、先进集体，辽河油田治安综合治理、禁毒、防范和处理邪教、民兵预备役工作先进单位，公司获集团公司“六五”普法先进集体、辽宁省公安厅企业内保协会保卫工作突出贡献单位、辽宁省平安建设示范单位等荣誉称号。宫树和被集团公司评为优秀党务工作者，姚振芳被集团公司评为维稳信访工作先进工作者。

2017 年 4 月，公司研究决定：姚振芳的职级为正科级。

2017 年 12 月，公司研究决定：朱志新为保卫部专业主管（副科级）。

2017 年，保卫部（信访稳定办公室）以生产经营发展为中心，以平安建设为主线，落实属地责任，加强法制宣传，畅通信息情报网络，加强物防、技防设施和重点部位治安管理，建立督导检查和考核措施，形成职责清晰、信息共享、渠道畅通、防控有效的网络体系，形成“属地为主、专兼结合、上下联动、部门联动、横向到边、纵向到底”的综治、维稳网格化工作格局。全年实现进出厂区人员、车辆、油品物资可控，全年未发生治安和刑事案件，重大节日、敏感时期未发生群体性事件和个人极端事件，未发生暴恐事件，未发生到公司集体访、进京集体访和影响稳定的群体性事件，为公司生产、经营和发展创造了良好的治安环境，确保了一方平安。保卫部被公司评为年度先进四好班子、先进党支部，被辽河油区评为十九大安保先进单位、2016 年至 2017 年辽河油田反邪教工作先进集体、2016 年至 2017 年度辽河油田治安综合治理先进单位。宫树和获 2017 年度中华人民共和国公安部一等功。截至 2017 年 12 月，保卫部（信访稳定办公室）退休 2 人，在册员工 78 人，其中管理人员 9 人，保安员 69 人，党员 24 人。

2018 年，保卫部（信访稳定办）以维护公司平安稳定为中心，以创建平安单位为载体，坚持“预防为主、单位负责、突出重点、保障安全”的内保方针，坚持“属地管理，分级负责，谁主管，谁负责，及时就地解决问题和教育疏导相结合”的维稳信访原则，整顿和治理公司治安秩序，排查和化解不稳定因素，有效的打击和预防犯罪，为公司营造良好的治安秩序，为员工家属营造和谐稳定的美好家园。完成公司大检修保卫任务，推进扫黑除恶专项斗争工作，开展集团公司信访信息平台历史数据集中补录百日会战，落实《规范信访事项受理办理程序引导来访人依法逐级走访实施细则》，实现网上办信，推进基础、规范和信息化建设。保卫部被评为全省企业事业单位安全保卫工作先进集体、辽宁省公安厅企业内保工作先进集体、集团公司宣传思想文化工作先进集体和辽河油田治安综合治理、禁毒、民兵武装工作先进集体称号，被公司评为先进党支部，领导班子被评为公司四好班子。公司被授予辽宁省平安示范单位荣誉称号，在全国“两会”特殊重点时段受到集团公司维稳信访工作领导小组的贺电嘉勉。

2018 年 12 月，按照公司人力资源优化整合的总体安排，保卫部 34 名员工整合至第三联合运行部。

截至 2018 年年底，退休 9 人，内部退养 1 人，在册员工 34 人，其中管理人员 9 人，保安员 34 人，党员 18 人。

一、保卫部（信访稳定办公室）领导名录（2014.1—2018.12）

部　　长　宫树和（2014.1—2018.12）

副 部 长　方德红（2014.1—2018.12）

姚振芳（副科级，2014.1—2017.4；2017.4—2018.12）

专业主管　朱志新（2017.12—2018.12）

二、保卫部（信访稳定办公室）党支部领导名录（2014.1—2018.12）

书　　记　宫树和（2014.1—2018.12）

组织委员　姚振芳（2014.1—2018.12）

纪检委员　方德红（2014.1—2018.12）

宣传委员　朱志新（2014.1—2018.12）

保卫委员　刘胜春（2014.1—2018.12）

第二十七节　研究院（2014.1—2018.12）

研究院的前身是检查科的实验组，1980 年 10 月，在实验组的基础上组建科研室，行政级别为正科级。1987 年 8 月，科研室划归技术科，更名为科研工段；1988 年 9 月，成立研究所。1993 年 3 月，公司在厂区内建成研究所实验楼和配套的实验厂房，研究所从西区平房搬迁到新建成的实验楼。2008 年 4 月，公司撤销研究所和设备研究所，成立研究院，为公司直属部门，机构规格为副处级；2011 年 11 月，公司将研究院划入基层单位。截至 2014 年 1 月 1 日，研究院在册员工 82 人，其中党员 33 人。

研究院负责开展以稠油为主的原油评价，开展沥青、润滑油、燃料油等多方面的分析评价，同时开展润滑油溶剂精制、原油脱盐、渣油氧化生产沥青、原油及渣油减粘、焦化、各种特种沥青生产等多种工艺的研究。其中在研究环境友好型橡胶填充油的开发及针状焦的研究开发上已处于国内领先水平，稠油综合评价水平也达到国内领先水平。

2014 年 7 月，公司机构调整，研究院由基层单位调整为二级机构，机构规格为副处级。公司对研究院领导重新进行任命：于洋任院长，负责全面行政工作；杨长文任书记兼副院长，负责党务工作；田伟任设备副院长，负责设备方面管理工作，分管设备防腐研究室；刘海澄任工艺副院长，负责科研项目管理工作，分管环境、原油、分析、润滑油研究室；汪太龙任主任工程师负责教育、信息工作，分管沥青研究室、综合办公室。

2014 年 10 月，副书记于有彬调任他职，研究院党支部换届，选举产生 4 名支部委员，共有党员 45 人。

2014年，研究院作为公司的重要科研单位，承担6项地区级接转科研项目及6项新立项目；获集团公司科技进步奖一等奖1项，公司科技进步奖二等奖1项；国家知识产权局专利局共受理专利6项，其中发明专利4项，实用新型专利2项；发明专利得到专利局授权6项，实用新型专利得到授权1项。截至2014年年底，研究院在册员工93人，其中党员39人。

2015年，研究院重点开展集团公司重大科技专项“劣质重油加工新技术研究开发与工业应用”“微晶蜡及硬质沥青新产品开发与应用”；承担2项地区级接转科研项目及9项新立项目；国家知识产权局专利局共受理发明专利3项；发明专利得到专利局授权5项，实用新型专利得到授权2项。在结对共建活动中，研究院党支部与营销调运部党支部结对共建，科研与销售工作互相促进，研究院研发的新产品——汽车专有阻尼板环保沥青和雾封层沥青被成功推向市场，使科研成果转化为生产力，为公司创造了效益。“十二五”期间，研究院润滑油产品研究室被评为集团公司科技工作创新团队，孙井侠等6人被评为集团公司先进科技工作者。截至2015年年底，研究院在册员工93人，其中党员40人。

2016年，研究院承担5项地区级接转科研项目及5项新立项目，其中共有6项发明专利得到专利局授权。3月，研究院分析室通过国家实验室认可。4月，润滑油产品研究室被集团公司评为科技工作创新团队，孙井侠等6人被评为集团公司先进科技工作者。研究院在公司帮助下，科研平台初步建成。具备了焦化、加氢、溶脱等工艺的试验能力，试验装置由8套增加到15套，真正具备了与公司工艺相配套的试验能力。1300平方米试验厂房正式投入使用，15套中试装置完成了安装调试，科技攻关项目所需的科技支撑平台达到完好使用条件，各科研项目按计划开展。试验楼隐患整改彻底完成，消除了通风和配电隐患，分析条件得到极大改善，安全环保基础得到提升。研究院的试验和分析能力达到全新水平。研究院科研重点放在特色沥青、高端润滑油、航煤等新产品研发上，这些将进一步促进产品结构提升，改善公司的装置结构，为公司创造效益。同时研究院科研人员在重点推进40万吨/年润滑油高压加氢项目的进展上做了大量具体工作。截至2016年年底，研究院退休1人，在册员工92人，其中党员40人。

2017年，研究院中试装置数量增加到20套，多套试验装置连续稳定开工，溶脱、糠醛抽提、加氢中试装置和实沸点蒸馏累计开工200多天。研究院分析室在4月顺利通过国家认可委的监督评审。研究院提出“提高环烷基润滑油高压加氢变压器油抗析气性能的研究”等10项地区公司科研项目正式立项。研究院共有3项发明专利得到授权，申报发明专利2项、实用新型专利2项。2017年，研究院继续组织12项企业级科技项目和股份公司劣质重油轻质化关键技术研究（二期）的研究工作，配合公司参与制定橡胶增塑剂新标准，确保公司产品顺利入围，为公司创造了较好的经济效益；随着公司润滑油高压加氢的可研顺利批复，配合公司发展规划的工作完成了一个阶段目标；配合公司开展航煤新产品可研报告与工业试验方案编制工作，为装置实施技术改造提供技术支持。截至2017年年底，研究院退休2人，调入2人，调出6人，在册员工86人，其中党员36人。

2018年4月，辽河石化分公司通过集团公司科技管理部审核，成为中国石油稠油加工技术中心。

2018年，研究院完成集团公司重大科技专项“劣质重油加工新技术研究开发与工业应用”研究内容，完成4个成果技术有形化和12项技术秘密的认定工作，达到了攻关目标，通过了辽河石化分公司的自验收。研究院承担地区级接转科研课题9项，完成了攻关的研究内容，取得了研究成果，达到了验收条件。2项地区公司级课题通过科技处组织的验收。2018年研究院提出的“辽河环烷基橡胶油光热安定性考察及改进性研究”等5项地区公司科研项目正式立项。研究院在服务生产上，完成公司炼化业务转型提升发展规划项目“辽河稠油渣油丙烷脱沥青及利用轻脱油高压加氢生产光亮油”第一步试验；完成了加氢处理—异构脱蜡—加氢补充精制三段高压加氢中试试验、产品切割和产品性能指标测试等工作；配合公司航空煤油生产技术改造项目进行可行性研究。截至2018年年底，研究院退休7人，离岗内养1人，调出1人，在册员工77人，其中党员37人。

一、研究院领导名录（2014.1—2018.12）

院　　长　于　洋（2014.1—2018.12）

副 院 长　杨长文（2014.1—2018.12）

刘海澄（2014.1—2018.12）

田　伟（2014.1—2018.12）

主任工程师 汪太龙（2014.1—2018.12）

二、研究院党支部领导名录（2014.1—2018.12）

书　　记 杨长文（2014.1—2018.12）

副 书 记 于有彬（2014.1—9）

于　洋（2014.9—2018.12）

宣传委员 田　伟（2014.1—2018.12）

组织委员 庞　娱（女，2014.1—8）

于　洋（2014.8—2017.9）

刘海澄（2017.9—2018.12）

纪检委员 刘海澄（2014.1—8）

汪太龙（2014.8—2018.12）

统战委员 于　洋（2014.1—8）

青年委员 雷　强（2014.1—8）

综治委员 赵学成（2014.8—9）

刘海澄（2014.9—2018.12）

三、所属机构领导名录（2014.1—2018.12）

（一）综合管理室（2014.1—2018.12）

主　　任 汪太龙（2014.1—2018.12）

（二）原油评价原油室（2014.1—2018.12）

主　　任 王春江（2014.1—2018.12）

（三）沥青产品研究室（2014.1—2018.12）

主　　任 宋岩先（2014.1—2018.12）

副 主 任 曹鹏云（女，副科级，2014.1—2018.12）

（四）润滑油产品研究室（2014.1—2018.12）

主　　任 孙井侠（女，2014.1—2018.12）

（五）油品分析研究室（2014.1—2018.12）

主　　任 马作侠（女，2014.1—2016.12）

调 研 员 马作侠（2016.12—2018.12）

（六）环境工程研究室（2014.1—2018.12）

主　　任　方　力（2014.1—2018.12）

（七）设备防腐研究室（2014.1—2018.12）

主　　任　徐　剑（2014.1—2018.12）

（八）中试车间（2014.1—2018.12）

主　　任　曾　海（2014.1—2018.12）

四、保留待遇人员名录（2014.1—2018.12）

正 科 级　吴志华（2014.1—2018.12）

副 科 级　李劲松（2014.1—2018.12）

第二十八节　设计所（2014.1—2018.12）

设计所的前身是1980年12月成立的设计室，行政级别为正科级，2001年5月，设计室更名为设计所。设计所主要承担公司中小型新建项目的可研报告编制、方案设计、施工图设计，配合工程施工和开工，公司新建及改扩建项目设计的管理，以及公司外委项目的设计协调、管理等工作。截至2014年1月1日，设计所是基层单位，机构规格为正科级，下设工艺、设备、储运、土建、热工、给排水、电气、仪表、概预算、晒图、资料等11个专业组，在册员工44人，其中党员18人，党支部隶属公司党委。

2014年7月，公司机构调整，设计所调整为公司二级机构，机构规格为副处级。公司对领导进行了重新聘任：关金玲任主任，负责行政全面工作；付小波任党支部副书记兼副主任，负责主持党支部工作和分管设计工作；张伟任副主任，负责对外协调和分管设计工作。同月，党支部重新改选，产生支部委员3人，下设2个党小组，共有党员19人。

2014年，设计所完成公司检维修、技措、改造项目76项，安全隐患治理工程27项，节能减排工程19项，环境整治工程19项；共完成施工图设计141项，出图（折1号图）1073张。设计所被公司评为人口和计划生育工作先进单位、保密工作先进单位、先进青工支部。截至2014年12月，设计所在册员工42人，其中党员19人。

2015 年，设计所完成公司检维修、技措、改造项目 84 项，安全隐患治理工程 29 项，节能减排工程 5 项，环境整治工程 11 项，改善员工福利待遇工程 3 项；共完成详细设计 132 项，折合 1 号图 908 张，实现设计产值 630 余万元。设计所被公司评为人口和计划生育工作先进单位、保密工作先进单位、治安综合治理先进单位、岗位责任制执行先进单位、先进青工支部；在装置及系统大检修劳动竞赛中荣立集体三等功。截至 2015 年 12 月，设计所在册员工 40 人，其中党员 20 人。

2016 年，设计所完成公司检维修、技措、改造项目 81 项，安全隐患治理工程 29 项，双优化项目 10 项，环境整治工程 9 项；共完成详细设计 129 项，折合 1 号图 918 张，实现设计产值 550 万元。设计所被公司评为先进单位、先进党支部、保密先进单位、人口与计划生育先进单位、岗位责任制执行先进单位、先进团青工支部；在公司润滑油系统大检修劳动竞赛中荣立集体三等功。截至 2016 年 12 月，设计所在册员工 40 人，其中党员 22 人。

2017 年 9 月，设计所党支部举行换届选举，选举产生党支部委员 3 人，下设 2 个党小组，共有党员 22 人，党支部隶属公司党委。

2017 年 12 月，公司免去关金玲的设计所主任职务，改任副处级调研员；任命张伟主持行政工作；任命王雪飞、孙明威为专业主管（副科级）。

2017 年，设计所完成公司检维修、技措、改造项目 80 项，安全隐患治理工程 32 项，双优化项目 11 项，环境整治工程 15 项；共完成详细设计 138 项，折合 1 号图 747 张，实现设计产值 580 万元。外委设计管理项目 26 项。设计所被公司评为保密先进单位、人口与计划生育协会先进单位、2017 年度青年文明号；在公司喜迎十九大党的知识竞赛获集体三等奖。截至 2017 年 12 月，设计所在册员工 41 人，其中党员 22 人。

2018 年，设计所完成公司检维修、技措、改造项目 81 项，安全隐患治理工程 35 项，双优化项目 8 项，环境整治工程 16 项；共完成详细设计项目 140 项（其中在检修中实施的 70 项），折合 1 号图 835 张，实现设计产值 600 万元。外委设计管理项目 34 项。设计所被公司评为保密工作先进单位、计划生育协会先进单位、大检修劳动竞赛最佳保障单位、岗位责任制执行先进单位、青年文明号。截至 2018 年年底，设计所在册员工 38 人，其中党员 20 人。

一、设计所（正科级，2014.1—7）

（一）设计所领导名录（2014.1—7）

主　　任　关金玲（女，满族，2014.1—7）

副 主 任　付小波（2014.1—7）

　　　　　张　伟（2014.1—7）

（二）设计所党支部领导名录（2014.1—7）

书　　记　付小波（2014.1—7）

组织委员　付小波（2014.1—7）

宣传委员　张　伟（2014.1—7）

纪检委员　曲丽芹（女，2014.1—7）

二、设计所（副处级，2014.7—2018.12）

（一）设计所领导名录（2014.7—2018.12）

主　　任　关金玲（2014.7—2017.12）

副 主 任　张　伟（2014.7—2017.12）

　　　　　张　伟（主持工作，2017.12—2018.12）

　　　　　付小波（2014.7—2018.12）

（二）设计所其他管理人员名录（2014.7—2018.12）

专业主管　王雪飞（2017.12—2018.12）

　　　　　孙明威（2017.12—2018.5）

（三）设计所党支部领导名录（2014.7—2018.12）

副 书 记　付小波（主持工作，2014.7—2018.12）

组织委员　付小波（2014.7—2018.12）

宣传委员　张　伟（2014.7—2017.9）

　　　　　王雪飞（2017.9—2018.12）

纪检委员　曲丽芹（2014.7—2017.9）

　　　　　张　伟（2017.9—2018.12）

第二十九节　工程预决算部（2014.1—7）

工程预决算部前身为概预算科，2001年更名为概预算中心，2004年更名为工程预决算部，2011年4月，辽河石化分公司将工程预决算部由直属机构调整为基层单位，机构规格为正科级。在册员工6人，其中国家注册造价工程师4人，内设土建专业、安装专业及投资控制岗位。党组织关系隶属机关第二联合党支部，党员4人。

2014年7月，公司机构重组，工程预决算部更名为工程造价中心，变更为规划计划处下设的附属机构，机构规格为正科级。

截至2014年7月，工程预决算部主要负责公司各种工程项目的投资核算和造价管理工作，制定各种投资管理制度、核算办法和工作流程；定期制定和发布各种工程项目计价依据和计价标准；审查投资估算、设计概算、工程预算；编制招投标工程标底；办理各种工程预算。

一、工程预决算部领导名录（2014.1—7）

主　　任　董德君（2014.1—7）

副 主 任　王永明（2014.1—7）

二、机关第二联合党支部领导名录（2014.1—7）

书　　记　王大东（2014.1—7）

副 书 记　李荣峰（2014.1—7）

纪检委员　付　炜（2014.1—7）

组织委员　董德君（2014.1—7）

宣传委员　王京宇（2014.1—7）

第三十节　信息管理部（2014.1—7）

信息管理部前身是1999年5月成立的信息中心，为机关职能处室，机构规格为正科级，党支部隶属技术发展科。2001年6月，信息中心调整为公司生产服务单位，机构规格为正科级。2004年11月，公司将信息中心划转为科技信息部附属单位。2010年4月，信息中心更名为信息管理部，变更为公司直属机构，机构规格为正科级。2011年4月，公司撤销通信站，其职能划归信息管理部，同时，信息管理部变为基层单位。2012年3月，成立信息管理部党支部，隶属公司党委。截至2014年1月1日，部门在册员工43人，其中党员19人。

信息管理部负责公司信息化和通信业务的管理工作。信息化管理包括应用系统建设与运维、无线对讲机业务、网络管理、信息化设备维护维修管理、内控管理等工作；通信业务包括通信技术管理、通信线路和终端维修维护、通信机房及配线管理、通信费用收缴等工作。

2014年7月，公司机构调整，信息管理部机构规格调整为正处级，为公司直属部门，党组织关系隶属公司党委。

一、信息管理部领导名录（正科级，2014.1—7）

部　　长　邓柏贵（2014.1—7）
副 部 长　王福军（2014.1—7）
　　　　　　朱卫国（2014.1—7）

二、信息管理部党支部领导名录（2014.1—7）

书　　记　邓柏贵（2014.1—7）
组织委员　刘志亮（2014.1—7）
宣传委员　刘树新（2014.1—7）
纪检委员　朱卫国（2014.1—7）

第三十一节　工程质量监督站（2014.1—7）

工程质量监督站前身为1995年成立的基本建设办公室（后更名为工程管理部）工程质量监督分站；2004年，公司将其从工程管理部划出，调整为公司所属基层单位，机构规格为正科级，党组织关系隶属工程管理部党支部。工程质量监督站的业务范围包括：对公司辖区内的新建、改建、扩建等工程行使政府监督职能；对建设、勘察、设计、监理、施工、检测等工程质量责任主体的质量行为实施监督；对工程中间交接、工程交接以及竣工验收实施监督，向有关部门报送工程质量监督报告。

截至2014年1月1日，工程质量监督站下设土建、安装、综合3个管理组和土建、安装、电器仪表、无损检测、防腐保温5个专业岗位，在册员工9人，其中党员3人。

2014年年初，公司西区三级防控设施2×20000立方米事故水罐、2#罐区2×10000立方米汽油罐区、19#罐区收尾工程、鲅鱼圈三级防控设施隐患整改工程、40万吨/年汽油加氢装置脱砷单元工程、东区低温回收利用工程、研究院试验厂房工程共7项工程质量监督项目陆续开工。

2014年7月，公司机构调整，将工程质量监督站与钳工车间整合，成立检维修部。

截至2014年7月底，工程质量监督站下设土建、安装、综合3个管理组和土建、安装、电器仪表、无损检测、防腐保温5个专业岗位，在册员工9人，其中党员3人。工程质量监督站负责管理的7个单位工程项目，施工质量始终处于受控状态。

一、工程质量监督站领导名录（2014.1—7）

站　　长　马晋学（2014.1—7）

副 站 长　谢　峰（2014.1—7）

二、工程管理部党支部领导名录（2014.1—7）

副 书 记　谢　宏（女，副科级，2014.1—7）

组织委员　谢　宏（2014.1—7）
宣传委员　刘耐文（2014.1—7）
纪委委员　海　波（2014.1—7）

第三十二节　档案室（2014.1—7）

档案室前身最早可追溯至1970年10月成立的盘锦三厂建设指挥部办事组秘书岗位。1985年12月，综合档案室成立，为厂办公室附属单位，行政级别为副科级。2004年11月，档案室从总经理办公室划出，变为基层单位，党组织关系隶属政工党支部。2011年4月，档案室机构规格由副科级调整为正科级；同月，公司史志编纂职能划归档案室。截至2014年1月1日，档案室在册员工9人，其中党员5人。

2014年7月，档案室变更为办公室（党委办公室）下设的附属机构，机构规格为正科级，内设文书档案管理、基建档案管理、合同科研档案管理、会计档案管理、底图设备档案管理、史志编纂等岗位，共有在册员工9人，其中党员5人。

一、档案室领导名录（2014.1—7）

主　　任　宋普良（2014.1—7）
副 主 任　马德君（2014.1—7）

二、机关第一联合党支部领导名录（2014.1—7）

书　　记　陈绍元（2014.1—7）
副 书 记　宋普良（2014.1—7）
纪检委员　李　斗（2014.1—7）
组织委员　马德君（2014.1—7）
宣传委员　杨　丹（女，2014.1—7）

第三十三节　机关车队（2014.1—7）

机关车队前身为1980年组建的厂办公室所属小车班（简称厂办小车班），主要负责办公室领导用车和生产任务用车。1985年4月，厂办小车班更名为机关车队。2010年4月，机关车队从经理办公室划出，为公司所属基层单位，机构规格为正科级，党组织关系隶属公司党委。机关车队下设调度室、安全设备组、综合管理组及3个车班。一班为专车班，为公司领导提供办公用车；二班为接待班，负责公司接待、会议、商务用车；三班为生产班，负责公司各项生产任务用车。车队的业务职能包括消防、治安类安全管理，车辆设备技术管理，车辆调派制度和执行管理，治安防范和信访稳定等。

截至2014年1月1日，机关车队在册员工47人，其中党员13人；服务车辆共计44辆，其中轿车26辆、越野吉普车7辆、商务车6辆、客货车3辆、大型客车2辆。机关车队全年省内长途发生1259次，省外长途发生82次，安全行驶里程130万公里。机关车队被公司评选为年度安全先进单位、“5S”管理先进单位、教育培训先进单位、治安综合治理先进单位和保密工作先进单位。

2014年6月，机关车队开展“第二届驾驶员技能竞赛”活动。7月，公司机构整合，机关车队同后勤服务中心、石化宾馆、新闻中心、文体活动中心等4家单位合并成立行政事务部。

截至2014年7月，机关车队在册员工46人，其中领导2人，管理人员4人，驾驶员36人，党员12人。1月至7月间，车队发车省内长途次数377次，省外长途15次，总行驶里程52万千米。

一、机关车队领导人员名录（2014.1—7）

队　　长　梁忠哲（副科级，2014.1—7）

副 队 长　张红新（2014.1—7）

二、机关车队党支部领导名录（2014.1—7）

书　　记　梁忠哲（2014.1—7）

副 书 记　张红新（2014.1—7）

第三十四节　后勤服务中心（2014.1—7）

后勤服务中心前身为1972年3月设立的后勤组；12月，撤销后勤组，成立行政管理科，行政级别为正科级。后勤服务中心为辽河石化分公司所属基层单位，行政级别正科级。党组织关系隶属辽河石化分公司党委。1973年12月，行政管理科成立党支部。1982年9月，行政管理科所属卫生所划归卫生科管理。1984年6月，行政管理科所属分房及房屋维修等业务划归房产科管理；10月，卫生科撤销，所属卫生所划归行政管理科管理。1989年7月，行政管理科的冷库划归附属企业公司管理。1993年1月，卫生所从行政管理科划出。1998年，行政管理科所属幼儿园划归房产科管理。2001年6月，行政管理科更名为后勤服务中心。2004年12月，办公用品业务划归总经理办公室。2009年10月，员工二食堂建成，由事事灵公司承包经营。2011年，后勤服务中心将废弃的消防楼改造成公寓楼。2012年4月，供水车间的桶（瓶）装饮用水工作划归后勤服务中心，并成立桶（瓶）装饮用水送水管理站；12月，三食堂正式营业，由事事灵公司承包经营。

截至2014年1月1日，后勤服务中心机构规格为正科级，党组织关系隶属公司党委。下设食堂、公寓、超市、送水服务站、浴池，负责全公司的后勤保障、生活服务及福利发放等工作。

2014年7月，公司机构改革，将后勤服务中心同机关车队、石化宾馆、新闻中心、文体活动中心4家单位整合成立行政事务部。

截至2014年7月，后勤服务中心下设员工食堂（包括员工一食堂、员工二食堂、员工三食堂、公寓小餐厅）、公寓、超市、送水服务站及浴池共8个部门，在册员工53人，其中党员13人。

一、后勤服务中心领导名录（2014.1—7）

主　　任　王玉岭（2014.1—7）

副 主 任　李　文（2014.1—7）

于景利（2014.1—7）

二、后勤服务中心党支部领导名录（2014.1—7）

书　　记　王玉岭（2014.1—7）

组织委员　于景利（2014.1—7）

宣传委员　周　岩（2014.1—7）

第三十五节　石化宾馆（2014.1—7）

石化宾馆前身为1987年成立的招待所，隶属厂办公室，2002年装修改造后更名为石化宾馆。石化宾馆设有客房部、餐饮部、经理办公室、财务部、采购部、工程部、保安室，是为全公司员工提供餐饮、住宿、宴会、会议、订票服务的职能部门，并承担对外的服务接待工作。

2013年，石化宾馆被公司评为“5S”管理先进单位，客房部被公司评为年度安全先进班组。截至2014年1月1日，石化宾馆在册员工54人，其中正式员工24人，外雇员工30人，党员5人。

2014年7月，公司机构改革，将石化宾馆同机关车队、后勤服务中心、新闻中心、文体活动中心4家单位整合成立行政事务部。

截至2014年7月，石化宾馆共有员工45人，其中正式员工23人，外雇工22人，党员5人。

一、石化宾馆领导名录（2014.1—7）

经　　理　胡永杰（2014.1—7）

副 经 理　句海萍（女，2014.1—7）

二、石化宾馆党支部领导名录（2014.1—7）

书　　记　胡永杰（2014.1—7）

第三十六节　第一联合运行部
（2014.7—2018.12）

第一联合运行部（简称一联合）为公司所属二级机构，成立于2014年7月，由焦化装置、东蒸馏装置、南蒸馏装置、西蒸馏装置、减粘装置整合而成，主要负责公司全部的原油加工任务，机构规格为副处级。

2014年7月，公司对一联合领导进行聘任：王磊任主任负责行政全面工作；李茂东任党支部书记兼副主任负责党务全面工作；毛卫任副主任负责设备管理全面工作；许斌任副主任负责工艺管理工作；王雷任副主任负责工艺管理工作；裴力君任安全工程师负责安全管理工作；庄野任装置工程师协助设备副主任负责设备管理工作；陈庆华任装置工程师协助设备副主任负责设备管理工作；赵斌任装置工程师协助工艺副主任负责工艺管理工作；邱柏任装置工程师协助工艺副主任负责工艺管理工作；郑犟任装置工程师协助设备副主任负责设备管理工作；王强任装置工程师协助工艺副主任负责工艺管理工作。

2014年8月，一联合党支部选举产生7名委员，组建5个党小组，共有党员83人，党组织关系隶属公司党委。

2014年，一联合被公司评为先进单位、安全管理先进单位、生产管理先进单位、设备管理先进单位、工艺管理先进单位、计量管理先进单位、劳动纪律管理先进单位、信访工作先进单位、“三强化三提升”管理先进单位、核算管理先进单位、统计管理先进单位、计生协会工作先进单位、保密工作先进单位。截至2014年年底，运行部在册员工226人，其中党员81人，装置运行工程师6人，安全工程师1人，操作运行班组16个，除焦班1个，外运班1个。

2015年5月，一联合将东蒸馏和焦化装置的人员整合至焦化办公区工作，班组操作人员工作地点移至公司中控室操作。截至2015年年底，一联合在册员工232人，其中党员83人，装置运行工程师6人，安全工程师1人，操作运行班组16个，除焦班1个，外运班1个。全年共加工原油483

万吨，装置能耗全部达到公司年初计划考核指标。一联合被公司评为工艺管理先进单位、计生工作先进单位、保密工作先进单位、统计管理先进单位、核算管理先进单位、信访稳定先进单位、节能管理先进单位、设备管理先进单位、生产管理先进单位，在装置大检修中荣立集体三等功。

截至2016年年底，一联合在册员工229人，其中党员83人，装置运行工程师6人，安全工程师1人，操作运行班组16个，除焦班1个，外运班1个。全年共加工原油470.4万吨，装置能耗全部达到公司年初计划考核指标。运行部被公司评为工艺管理先进单位、计生工作先进单位、保密工作先进单位、统计管理先进单位、核算管理先进单位、信访稳定先进单位、节能管理先进单位、设备管理先进单位、生产管理先进单位。

2017年5月，西蒸馏装置大检修中完成了加热炉空气预热器、减压塔底泵、常压塔顶循系统的更换、改造工作。五套装置年加工能力520万吨，2017年共加工原油456万吨，加工渣油55.25万吨。装置能耗全部达到公司年初计划考核指标。运行部被公司评为先进党支部、双文明先进单位、工艺管理先进单位、设备管理先进单位、生产管理先进单位、节能管理先进单位、培训管理先进单位、经济核算管理先进单位、信访稳定先进单位、统计管理先进单位、物资管理先进单位。截至2017年年底，一联合在册员工221人，其中管理岗位员工39人，操作服务岗位员工182人，党员80人；操作运行班组16个，除焦班1个，外运班1个。

2017年9月，公司研究决定：裴力君任第一联合运行部安全总监。

2018年，一联合焦化装置、东蒸馏装置开展大检修工作，在一联合的严格管控下，圆满完成了两套装置的检修任务。获“辽宁省基层先进党组织”“先进党支部”“安全生产先进单位”“工艺管理先进单位”“设备管理先进单位”“培训先进单位”“综合治理先进单位”等称号。截至2018年年底，一联合在册员工217人，其中领导班子成员5人，装置运行工程师6人，安全管理3人，综合管理3人，技术员19人，中共党员78人；操作运行班组16个，除焦班1个，外运班1个。

一、第一联合运行部领导名录（2014.7—2018.12）

主　　任　王　磊（2014.7—2018.12）

副 主 任　李茂东（2014.7—2018.12）

王　雷（2014.7—2018.12）
许　斌（2014.7—2018.12）
毛　卫（2014.7—2018.5）
扶贫干部　毛　卫（2018.5—12）
安全工程师　裴力君（2014.7—2017.9）
安全总监　裴力君（2017.9—2018.12）
装置工程师　庄　野（2014.7—2018.12）
赵　斌（2014.7—2018.12）
郑　翚（2014.7—2018.12）
王　强（2014.7—2018.12）
邱　柏（2014.7—2017.9）
陈庆华（2014.7—2017.9）
赵新凯（2017.12—2018.12）
王国伟（2017.12—2018.12）

二、第一联合运行部党支部领导名录（2014.7—2018.12）

书　　记　李茂东（2014.7—2018.12）
副书记　王　磊（2014.7—2018.12）
组织委员　毛　卫（2014.7—2018.12）
宣传委员　孙艳平（女，2014.7—2018.12）
纪检委员　许　斌（2014.7—2018.12）
群工委员　柴志华（女，2014.7—2018.12）
综治委员　裴力君（2014.7—2018.12）

第三十七节　第二联合运行部
（2014.7—2018.12）

第二联合运行部（简称二联合）成立于 2014 年 7 月，由催化车间和气分－聚丙烯车间整合而成，为公司所属二级机构，机构规格为副处级。运行部辖有 80 万吨 / 年催化裂化、16 万吨 / 年气体分馏和 2 万吨 / 年聚丙烯共3套生产装置。催化裂化装置以常压渣油为原料，获得产品催化汽油、催化柴油、液化气，其中脱硫后的液化气经由气体分馏装置、聚丙烯装置后续加工，最终获得聚丙烯粉料产品。二联合下设操作班组12个，在册员工153人。

2014年7月，公司对二联合领导进行任命：刘志远任主任全面负责行政工作，为安全环保第一责任人；陆顺良任党支部书记兼任副主任，全面负责党务工作，协助主任做好分管的行政工作；张丛杰任副主任，分管设备管理工作；张峰任副主任，分管部门工艺、培训管理工作；杨元彬任副主任，分管催化装置生产工艺管理工作；许立新任部门安全工程师，负责二联合安全、环保、应急管理工作；赵岚任部门装置工程师，负责催化裂化装置设备管理工作；胡春佳任部门装置工程师，负责气体分馏、聚丙烯装置生产管理工作。

2014年8月，二联合成立党支部，选举产生7名支部委员，下设4个党小组，共有党员43人，党组织关系隶属公司党委。

2014年，催化裂化装置全年处理量突破75万吨；气体分馏装置完成液化气加工量10.69万吨，生产丙烯2.75万吨，丙烯收率25.74%；聚丙烯装置加工丙烯2.72万吨，生产聚丙烯粉料2.57万吨。运行部在公司全年的业务考核总排名第一，被公司评为先进集体、"三强化三提升"主题活动标杆单位、安全生产先进单位、生产运行管理先进单位、工艺管理先进单位、设备管理先进单位、员工培训工作先进单位、信访稳定工作先进单位、新闻宣传先进单位、人口和计划生育工作先进单位。截至2014年年底，运行部在册员工153人，其中党员43人。

2015年，催化裂化装置加工原料63.28万吨；气体分馏装置完成液化气加工量10.54万吨，生产丙烯2.51万吨；聚丙烯装置加工丙烯2.34万吨，生产聚丙烯粉料2.24万吨。在集团公司职业技能竞赛（催化裂化装置操作工）中，催化裂化装置参赛选手获集体第三名和团队项目银奖，员工程文嘉、刘明分别获得铜牌；党支部书记陆顺良撰写的题为《深入领会"三严三实"本质，立足本职，服务基层，服务群众》党课获集团公司"三严三实"专题教育优秀党课二等奖；运行部在装置及系统大检修劳动竞赛中荣立集体三等功；运行部还被公司评为"三强化三提升"主题活动标杆单位、岗位责任制执行先进单位、先进四好班子、先进党支部、设备管理先进单位、工艺管理先进单位、培训工作先进单位、环境保护工作先进单位、信访稳定工作先进单位、新闻宣传工作先进单位、人口和计划生育工作先进单位、先进团（青工）支部、“五四读书奖”先进集体。截至 2015 年年底，运行部下设操作班组 12 个，在册员工 158 人，其中党员 46 人。

2016 年，催化裂化装置加工原料 67.94 万吨；气体分馏装置完成液化气加工量 13.03 万吨，生产丙烯 2.68 万吨；聚丙烯装置加工丙烯 2.63 万吨，生产聚丙烯粉料 2.35 万吨。二联合被公司评为先进党支部、四好班子、安全生产先进单位、环保先进单位、培训先进单位、新闻宣传先进单位、保密先进单位、综合治理先进单位。截至 2016 年年底，二联合下设操作班组 12 个，在册员工 159 人，其中党员 47 人（含预备党员 1 人）。

2017 年 9 月，15 万吨 / 年轻汽油醚化装置一次开车成功，烟气脱硝锅炉建成投产。

2017 年 12 月，公司任命王勇、杨永生、卢壮志 3 名技术管理人员为部门装置工程师。王勇负责催化裂化装置分馏稳定系统及醚化装置工艺管理工作，杨永生负责催化裂化装置反再系统、热工系统工艺管理工作，卢壮志负责气体分馏装置、聚丙烯装置设备管理工作。

2017 年，催化裂化装置加工原料 69.04 万吨；气体分馏装置完成液化气加工量 13.46 万吨，生产丙烯 2.68 万吨；聚丙烯装置加工丙烯 2.67 万吨，生产聚丙烯粉料 2.40 万吨。二联合被公司评为先进党支部、四好班子、安全生产先进单位、环境保护先进单位、培训先进单位、新闻宣传先进单位、保密先进单位、综合治理先进单位等。截至 2017 年年底，二联合下设操作班组 12 个，在册员工 161 人，其中党员 48 人（含预备党员 1 人）。

2018 年，催化裂化装置加工原料 64.74 万吨；气体分馏装置完成液化气加工量 13.34 万吨，生产丙烯 2.65 万吨；聚丙烯装置加工丙烯 2.35 万吨，生产聚丙烯粉料 2.18 万吨。运行部被公司评为先进党支部、四好班子、安全生产先进单位、环境保护先进单位、培训先进单位、新闻宣传先进单位、保密先进单位、综合治理先进单位等。

截至 2018 年年底，二联合下设操作班组 12 个，在册员工 158 人，其中男员工 116 人，女员工 42 人；部门领导 11 人，管理人员 12 人，操作人员

135 人；集团公司级技能专家 1 人，公司级催化裂化技术专家 1 人；中共党员 48 人。

一、第二联合运行部领导名录（2014.7—2018.12）

主　　任　刘志远（2014.7—2018.12）
副 主 任　陆顺良（2014.7—2018.12）
　　　　　　张丛杰（2014.7—2018.12）
　　　　　　张　峰（2014.7—2018.12）
　　　　　　杨元彬（满族，2014.7—2018.12）
安全总监　许立新（满族，2014.7—2018.12）
装置工程师　赵　岚（2014.7—2018.12）
　　　　　　胡春佳（2014.7—2018.12）
　　　　　　王　勇（2017.12—2018.12）
　　　　　　杨永生（2017.12—2018.12）
　　　　　　卢壮志（2017.12—2018.12）

二、第二联合运行部党支部领导名录（2014.7—2018.12）

书　　记　陆顺良（2014.7—2018.12）
副 书 记　刘志远（2014.8—2018.12）
组织委员　杨永生（2014.8—2018.12）
宣传委员　张丛杰（2014.8—2018.12）
纪委委员　许立新（2014.8—2018.12）
综治委员　张　峰（2014.8—2018.12）
群工委员　杨元彬（2014.8—2018.12）

第三十八节　第三联合运行部
（2014.7—2018.12）

第三联合运行部（简称三联合）成立于 2014 年 7 月，由加氢一车间、加氢二车间、糠醛白土车间整合组建而成，为公司二级机构，机构规格为副处级。运行部负责管理 15 万吨 / 年焦化汽油装置、60 万吨 / 年柴油加氢改质装置、30 万吨 / 年润滑油加氢脱酸装置、40 万吨 / 年汽油加氢装置、120 万吨 / 年柴油加氢改质装置、25 万吨 / 年的糠醛精制装置、15 万吨 / 年白土补充精制装置等 7 套装置。

2014 年 7 月，公司对三联合领导进行任命：姚斌任主任全面负责行政工作；王学文任书记兼副主任，全面负责党务工作；寇卫民任副主任，分管生产工艺管理、设备管理工作；李宝任副主任，分管生产工艺管理工作；张勇任副主任，分管设备管理工作；宋国柱任安全工程师，负责安全、环保、应急管理工作；张立军任装置工程师，负责生产运行管理工作；王亮任装置工程师，负责设备管理工作；尤峰任装置工程师，负责生产工艺管理工作；赵真义任装置工程师，负责工艺管理工作；刘宇任装置工程师，负责生产工艺管理工作。

2014 年 8 月，三联合成立党支部，选举产生副书记和支部委员，下设 4 个党小组，共有党员 54 人，党组织关系隶属公司党委。同月，三联合新分退伍军人 8 人，大学生 3 人。

2014 年，三联合被公司评为环境保护先进单位、设备管理先进单位、治安综合治理先进单位、人口和计划生育工作先进单位、节能节水先进基层单位、先进团（青）支部、“五四”读书奖先进单位、先进党支部、四好班子等荣誉；吴一凡被评为公司劳动模范。

2015 年 4 月，120 万吨 / 年柴油加氢改质装置全面停工，迎来首次大检修，除常规检修项目外，同步开展了掺炼蜡油适应性改造项目。

截至 2015 年年底，三联合下设工艺技术组、设备技术组、综合组、安全组各 1 个，16 个操作运行班组，在册员工 208 人，其中党员 62 人。

2016 年 1 月，催化汽油加氢装置开始连续稳定生产国 V 汽油调合料，升级了汽油质量；在汽油饱和蒸汽压指标调整后，采取各种措施保证汽油饱和蒸汽压合格出厂；优化 2# 改质的生产方案，在产品分布上形成了轻柴油出 -35# 普通柴油，重柴油出 0# 国 V 柴油的格局，油品调合更加灵活，为公司创造效益；针对进口油侧线润滑油料加工的难题，积极攻关，完成环保橡胶填充油的生产任务。5 月，加氢脱酸装置及糠醛白土装置完成装置大检修工作，2# 柴油改质装置和 2# 汽油加氢装置完成消缺检修工作。成功实施了

1# 改质、2# 改质试产航煤的生产方案，生产出部分样品，为后续的航煤生产打下基础。生产出了 3# 喷气燃料，实现国Ⅴ汽油调合料的连续生产，完成全年的各项业绩指标。获得公司“工艺管理先进单位”“设备管理先进单位”“培训工作先进单位”等称号。汲祥被评为公司模范党员。截至 2016 年年底，三联合下设工艺技术组、设备技术组、综合组、安全组各 1 个，16 个操作运行班组，在册员工 206 人，其中党员 63 人。

2017 年 1 月，开始生产 -35# 柴油，根据几套加氢装置特点，提出 2# 改质装置直接产出普通 -35# 柴油，脱酸装置加工东常一、二线出产国Ⅴ -35# 柴油方案，实现公司首次出产国Ⅴ -35# 车用柴油目标。7 月，1# 改质装置改造完毕后开工，实现加工催柴、东常一、二、三线生产国Ⅴ 0# 车用柴油目标，装置处理量达到 1700 吨 / 天。成为公司增产国Ⅴ车用柴油主力装置。

2017 年 9 月，公司研究决定：尤峰任第三联合运行部副主任；刘宇任第三联合运行部副主任。

2017 年 12 月，公司研究决定：孙祥忠为第三联合运行部装置工程师（副科级）；时丕斌为第三联合运行部装置工程师（副科级）。

2017 年，三联合完成 60 万吨 / 年柴油加氢改质装置大检修改造任务，实现装置大处理量直接生产国Ⅴ车用柴油目标，七套装置都完成全年各项业绩指标。获得公司“安全管理先进单位”“工艺管理先进单位”“设备管理先进单位”“培训工作先进单位”等称号。截至 2017 年年底，三联合下设工艺组、设备组、安全组和综合组各 1 个，操作运行班组 16 个，在册员工 197 人，其中男员工 126 人，女员工 71 人，领导成员 7 人，装置运行工程师 5 人，管理岗 33 人，操作服务人员 152 人，高级工程师 4 人，退伍军人 17 人，党员 59 人，共青团员 38 人。

2018 年，三联合组织 60 万吨 / 年柴油改质加工催柴、东常一、二、三线，发挥装置的精制作用；组织 120 万吨 / 年柴油改质加工焦化柴油、南减一、西常二、常三线、减粘减一、减二线，发挥装置改质作用。两套改质柴油调合出厂，既保证装置最大加工负荷又能最大程度使柴油料转化为成品。成立 40 万吨 / 年环烷基润滑油高压加氢工作小组。三联合抓安全生产，完成装置大检修，实施双优化项目，推进润滑油高压加氢建设，七套装置都完成全年各项业绩指标，在二级机构综合业绩考评中排名第二，获得公司

“安全管理先进单位”“工艺管理先进单位”“设备管理先进单位”“培训工作先进单位”等称号。

截至2018年年底，三联合在册员工233人，其中男员工159人，女员工74人，领导班子成员7人，装置运行工程师5人，管理岗33人，操作服务人员188人，高级工程师4人，退伍军人24人，党员63人，共青团员46人。

一、第三联合运行部领导名录（2014.7—2018.12）

主　　任　姚　斌（2014.7—2018.12）
副 主 任　王学文（2014.7—2018.12）
李　宝（2014.7—2017.8）
张　勇（2014.7—2018.12）
寇卫民（2014.7—2018.12）
尤　峰（2017.9—2018.12）
刘　宇（2017.9—2018.12）

二、第三联合运行部其他管理人员名录（2014.7—2018.12）

装置工程师　尤　峰（2014.7—2017.8）
王　亮（2014.7—2018.12）
刘　宇（2014.7—2017.8）
张立军（2014.7—2018.12）
赵真义（2014.7—2018.12）
时丕斌（蒙古族，2017.12—2018.12）
孙祥忠（2017.12—2018.12）
安全工程师　宋国柱（2014.7—2018.12）

三、第三联合运行部党支部领导名录（2014.7—2018.12）

书　　记　王学文（2014.7—2018.12）
副 书 记　姚　斌（2014.8—2018.12）
组织委员　寇卫民（2014.8—2018.12）
宣传委员　李　宝（2014.8—2017.8）
宋国柱（2017.10—2018.12）

纪检委员　杨立滨（2014.8—2017.10）
尤　峰（2017.10—2018.12）
群工委员　王丽群（女，2014.8—2017.10）
刘　宇（2017.10—2018.12）
综治委员　张　勇（2014.8—2018.12）

第三十九节　第四联合运行部（2014.7—2018.12）

第四联合运行部（简称四联合）为公司所属二级机构，成立于2014年7月，由制氢车间和重整车间合并构成，机构规格为副处级，党组织关系隶属公司党委。在册员工145人，其中党员48人。四联合生产装置包括：1#制氢装置、2#制氢装置、重整装置、东区火炬回收装置。主要生产纯度大于93%的氢气、纯度大于98%以上的氢气、高辛烷值汽油组分、混合二甲苯、苯、液化气、干气等产品。

2014年7月，公司对四联合领导进行聘任：董敬伟任主任，主要负责行政工作；齐国良任党支部书记兼副主任，主要负责党政工作；单育民任副主任，负责安全管理工作；陈国栋任副主任，负责工艺管理工作；徐庆俭任副主任，负责设备管理工作；刘长虹任运行部安全工程师，负责安全管理工作；刘军任运行部装置工程师，负责2套制氢装置生产工作。

2014年8月，四联合成立第四联合运行部党支部，经过选举产生7名支部委员，组建4个党小组，共有党员48人。

2014年10月，管理人员办公地点集中挪至中央控制室二楼办公室，撤销原制氢车间和重整车间的办公地点。

截至2014年年底，四联合在册员工145人，其中党员51人。四联合共加工石脑油原料45.50万吨，产出重整汽油35.59万吨，产出苯2.21万吨，产出氢气4.10万吨，产出液化气6871吨，产出干气1.59万吨。被公司评为工艺管理先进单位、环保先进单位、培训先进单位、综合治理先进单位、计划生育先进单位。科技成果“优化生产运行，实现石油苯质量升级”获得公司科技进步奖二等奖；科技成果“连续重整装置优化生产，降低装置综合能耗”“使用重整戊烷油作原料，并实现进料无扰动切换”“连续重整装置对余锅余热的技术改造及综合利用”获得公司科技进步奖四等奖。

2015 年，四联合 4 套装置进行了大检修、大改造工作，检修项目达 153 项，共检测 233 台压力容器和 487 条压力管道。其中 2# 制氢装置完成了转化炉的扩能改造，PSA 系统新增加了 2 个吸附塔；重整装置完成了脱戊烷塔改造、苯抽提适应性改造等 21 项技改。四联合全年共加工石脑油原料 45.95 万吨，产出重整汽油 32.85 万吨，产出苯 2.20 万吨，产出混合二甲苯 5.49 万吨，产出氢气 3.61 万吨，产出液化气 1.06 万吨，产出干气 1.73 万吨。四联合被公司评为工艺管理先进单位、设备管理先进单位、安全生产工作先进单位、保密工作先进单位、新闻宣传工作先进单位、人口和计划生育工作先进单位、培训管理先进单位、环境保护先进单位、生产运行管理工作先进单位和“三强化三提升”主题活动标杆单位。科技成果“60 万吨 / 年连续重整装置适应性改造”获得公司科技进步奖一等奖；“1.5 万标立方米 / 时制氢装置扩能优化改造”获得公司科技进步奖二等奖。截至 2015 年年底，四联合在册员工 145 人，其中党员 53 人。

2016 年，四联合 4 套装置共加工石脑油原料 63.18 万吨，产出重整汽油 42.05 万吨，产出苯 2.80 万吨，产出氢气 4.67 万吨，产出液化气 1.97 万吨，产出干气 1.97 万吨。四联合全年综合管理考评在公司中排名第一，被公司评为设备管理先进单位、培训管理工作先进单位、新闻宣传工作先进单位、物资管理工作先进单位、治安综合治理先进单位、人口和计划生育先进单位。科技成果“流程模拟优化技术在重整装置的应用”获得公司科技进步奖一等奖；与仪电运行部合作的科技成果“重整催化剂再生系统微量氧分析仪的技术改造与应用”获得公司科技进步奖二等奖。截至 2016 年年底，在册员工 144 人，其中党员 57 人。

2017 年 8 月，齐国良调任第五联合运行部主任，免去其第四联合运行部党支部书记、副主任职务。

2017 年 9 月，单育民任第四联合运行部党支部书记（副处级）；邱柏调任第四联合运行部副主任；公司将二级机构中的安全工程师更名为“安全总监”，纳入班子成员管理，刘长虹任第四联合运行部安全总监。

2017 年 10 月，第四联合运行部党支部进行换届选举，选举产生新一届党支部书记和 7 名支部委员。运行部根据公司要求，制定《第四联合运行部管理人员走动式管理制度》，加强五大纪律管理，加强装置现场管控。

2017 年 12 月，王磊、单亚德任第四联合运行部装置工程师（副科级）。

2017 年，四联合累计加工石脑油原料 59.02 万吨，产出重整汽油 39.12 万吨、苯 2.96 万吨、混合二甲苯 9.91 万吨、氢气 2.26 万吨。获得辽河油田治安综合治理委员会授予的“2017 年度基层平安系列创建活动平安区队”。截至 2017 年年底，在册员工 141 人，其中党员 56 人。

2018 年 7 月，“连续重整装置燃料气系统堵塞在线蒸汽吹扫技术优化”“脱戊烷塔腐蚀改造及高效分子筛型脱氯剂的应用”分别获得公司科技进步奖二等奖和三等奖。

2018 年，四联合的重整装置和 2# 制氢装置进行大检修，共完成检修项目 1376 项，完成各类技改工作 21 项，完成 438 条管道检验，压力容器和压力管道检验 100%，圆满完成了“气不上天、油不落地、声不扰民”的绿色环保检修任务。在公司开展的大检修劳动竞赛中，获得“公司大检修劳动竞赛优胜单位”荣誉称号。截至 2018 年年底，在职员工 135 人，其中党员 53 人。累计加工石脑油原料 52.66 万吨，产出重整汽油 35.42 万吨、苯 2.29 万吨、混合二甲苯 8.01 万吨、氢气 3.86 万吨。

一、第四联合运行部领导名录（2014.7—2018.12）

主　　任　董敬伟（2014.7—2018.12）

副 主 任　齐国良（2014.7—2017.8）

单育民（2014.7—2017.9）

陈国栋（2014.7—2018.9）

徐庆俭（2014.7—2018.12）

邱　柏（2017.9—2018.12）

安全工程师　刘长虹（正科级，2014.7—2017.9）

安 全 总 监　刘长虹（2017.9—2018.12）

装置工程师　刘　军（2014.7—2018.12）

王　磊（2017.12—2018.12）

单亚德（2017.12—2018.12）

二、第四联合运行部党支部领导名录（2014.7—2018.12）

书　　记　齐国良（2014.7—2017.8）
　　　　　单育民（2017.9—2018.12）
副 书 记　董敬伟（2014.7—2018.12）
组织委员　单育民（2014.7—2017.9）
　　　　　陈国栋（2017.10—2018.9）
　　　　　邱　柏（2018.10—12）
纪检委员　陈国栋（2014.7—2017.9）
　　　　　邱　柏（2017.10—2018.12）
宣传委员　王　帅（女，2014.7—2017.9）
　　　　　刘　军（2017.10—2018.12）
群工委员　徐庆俭（2014.7—2018.12）
综治委员　刘长虹（2014.8—2018.12）

第四十节　第五联合运行部（2014.7—2018.12）

第五联合运行部（简称五联合）为公司所属二级机构，成立于 2014 年 7 月，由原净化车间和水处理车间合并，机构规格为副处级，党组织关系隶属公司党委。下设工艺组、设备组、安全组、综合组、政工组，干气脱硫工段、酸性水工段、火炬工段、污水处理工段，硫磺成型、巡线 2 个班组。运行部主要负责酸性水脱硫、脱氨氮处理，干气、液态烃脱硫处理和火炬气回收，辽河石化分公司、辽河油田石化总厂、辽河润滑油厂生产污水和生活污水的处理任务，并利用副产物硫化氢生产硫磺。

五联合共有环保处理装置 15 套，其中净化单元包括 80 吨 / 时酸性水常压汽提装置（1#），100 吨 / 时酸性水常压汽提装置（2#），4 万吨 / 年干气脱硫装置，30 吨 / 时、50 吨 / 时和 100 吨 / 时溶剂再生装置，16 万吨 / 年液态烃双脱装置，火炬气回收装置，1 万吨 / 年硫磺回收装置（1#），1.5 万吨 / 年硫磺回收装置（2#），二氧化硫排放达到 GB31570–2015 标准；污水处理单元包括 600 立方米 / 时污水处理装置，1.5 立方米 / 时油泥干化处理装置，

60 立方米 / 天碱渣处理装置，150 立方米 / 时超稠油污水预处理装置和 4.5 万立方米 / 时废气净化装置，水质排放达到 DB21/1627—2008 标准。

2014 年 7 月，公司对五联合领导进行聘任：王金洪任主任，主要负责行政全面工作；曲洪昂任党支部书记兼副主任，主要负责党务工作；刚强、张文华任副主任，负责工艺管理工作；杜学兵任副主任，负责设备管理工作；徐铁任安全工程师，负责安全方面工作；刘龙军任部装置工程师，负责净化装置生产工艺管理工作，参与其他装置的生产工艺管理工作；方立刚任装置工程师，协助设备副主任负责设备管理工作。

2014 年 8 月，五联合成立党支部，选举产生党支部委员 7 人，组建 4 个党小组，共有党员 43 人，党组织关系隶属公司党委。

2014 年，五联合全年共计处理污水 379 万吨，外排水 COD 平均 46.04 毫克 / 升，氨氮平均 1.58 毫克 / 升，生产硫磺 7027 吨，处理酸性水 56.94 万吨，回收瓦斯 871.8 万立方米，处理液化气 9.8 万吨，回炼酸性水 6000 吨，SO_2 排放平均为 512.74 毫克 / 立方米。被集团公司评为绿色车间（装置），被公司评为安全生产先进单位、环境保护先进单位、“三强化三提升”先进单位、信访维稳先进单位、计划生育先进单位。技术组长索永胜被评为集团公司环境保护先进个人。在册员工 139 人，其中党员 42 人。

2015 年，全年共计处理污水 417 万吨，处理碱渣 1550 吨；外排水 COD 平均 48.53 毫克 / 升，氨氮平均 2.20 毫克 / 升；生产硫磺 5818 吨；处理酸性水 56.90 万吨，回收瓦斯 1131.28 万立方米，处理液化气 9.79 万吨，处理干气 40557 吨；SO_2 排放平均 380 毫克 / 立方米。五联合被公司评为安全生产先进单位、环境保护先进单位、“三强化三提升”标杆单位、综合治理先进单位、新闻宣传先进单位、计划生育先进单位，在公司大检修中荣立集体三等功；党支部被公司评为先进党支部，酸水工段被公司评为“青年文明号”。在册员工 140 人，其中党员 43 人。

2016 年，1.5 万吨 / 年硫磺回收装置一次投产成功，32 吨 / 小时酸性水装置改造工程完工。全年共计处理非净化干气 4.0 万吨，处理液态烃 11.7 万吨，处理酸性水 65.4 万吨，处理污水 436.8 万吨，生产硫磺 7813 吨，火炬回收瓦斯 1471.2 万立方米；外排污水 COD 平均 46.85 毫克 / 升，氨氮平均 1.85 毫克 / 升，外排尾气 SO_2 稳定达标，平均为 450 毫克 / 立方米。运行部被公司评为双文明先进单位、安全生产先进单位、环境保护先进单位、综合治理先进单位、新闻宣传先进单位、计划生育先进单位、岗位责任制执行工作先进单位；党支部被公司评为先进党支部并获“辽宁省先进基层党组织”称号，酸水工段被公司评为青年文明号，郭俊峰被评为公司模范党员、劳动模范。截至2016年年底，五联合在册员工141人，其中党员44人。

2017年8月，公司决定：齐国良任第五联合运行部主任，李宝任第五联合运行部副主任，免去王金洪的第五联合运行部主任职务（保留副处级）；免去曲洪昂的第五联合运行部副主任职务。

2017年8月，公司党委决定：李宝任第五联合运行部党支部副书记（主持党务工作）；免去曲洪昂的第五联合运行部党支部书记职务，改任副处级调研员。

2017年9月，公司党委决定：徐铁任第五联合运行部安全总监。刘龙军任第五联合运行部副主任。

2017年12月，公司决定：陈云波为第五联合运行部装置工程师（副科级）；郭俊峰为第五联合运行部装置工程师（副科级）；汲祥为第五联合运行部装置工程师（副科级）。

2017年，32吨/小时酸性水常压汽提装置一次投产成功。火炬气回收装置实现了东西区火炬并网。全年共计处理非净化干气4.07万吨，处理液态烃14.05万吨，处理酸性水81.56万吨，处理污水450.91万吨，生产硫磺6699吨。外排污水COD平均45.51毫克/升，氨氮平均1.45毫克/升，外排尾气SO_2平均168毫克/立方米。8月，五联合领导进行了调整。五联合被公司评为环境保护先进单位、新闻宣传先进单位、计划生育先进单位、先进党支部、四季度主题劳动竞赛优胜单位。党支部被公司评为先进党支部，酸水工段被公司评为青年文明号，截至2017年年底，五联合在册员工140人，其中党员46人。

2018年，五联合全年共计处理非净化干气4.11万吨，处理液态烃13.25万吨，处理酸性水87.88万吨，处理污水436.31万吨，生产硫磺6502吨。外排污水COD平均44.68毫克/升，氨氮平均1.20毫克/升，外排尾气SO_2平均178.22毫克/立方米。五联合被评为集团公司绿色基层站（队），截至2018年年底，五联合在册员工134人，其中党员46人。

一、第五联合运行部领导名录（2014.7—2018.12）

主　　任　王金洪（2014.7—2017.8）
　　　　　　齐国良（2017.8—2018.12）
副 主 任　曲洪昂（2014.7—2017.8）
　　　　　　李　宝（2017.8—2018.12）
　　　　　　刚　强（满族，2014.7—2018.12）
　　　　　　杜学兵（2014.7—2017.8）
　　　　　　张文华（2014.7—2018.12）
　　　　　　刘龙军（2017.9—2018.12）
装置工程师　刘龙军（2014.7—2017.9）
　　　　　　方立刚（2014.7—2018.12）
　　　　　　陈云波（2017.12—2018.12）
　　　　　　郭俊峰（2017.12—2018.12）
　　　　　　汲　祥（满族，2017.12—2018.12）
安全工程师　徐　铁（2014.7—2017.9）
安全总监　徐　铁（2017.9—2018.12）
调 研 员　曲洪昂（2017.8—2018.12）

二、第五联合运行部党支部领导名录（2014.7—2018.12）

书　　记　曲洪昂（2014.7—2017.8）
　　　　　　李　宝（2017.9—2018.12）
副 书 记　王金洪（2014.8—2017.8）
　　　　　　李　宝（主持工作，2017.8—9）
　　　　　　齐国良（2017.9—2018.12）
组织委员　杜学兵（2014.8—2017.8）
　　　　　　刚　强（2017.8—2018.12）
宣传委员　张文华（2014.8—2018.12）
纪检委员　刚　强（2014.8—2017.8）
　　　　　　刘龙军（2017.8—2018.12）
群工委员　徐　铁（2014.8—2018.12）

综 治 委 员　刘龙军（2014.8—2017.8）
方立刚（2017.8—2018.12）

第四十一节　油品储运部（2014.7—2018.12）

油品储运部为公司所属二级机构，成立于 2014 年 7 月，由油品车间、原油车间、运输车间重组构成，机构规格为副处级。油品储运部主要负责原油接卸，公司 13 套生产装置原料的供给，一次、二次加工装置的半成品油和成品油的接收，油品的储存、加温、计量、脱水、调合，污油的回收、计量，公司劣质污水的预处理工作，新建瓦斯管网的管理，油品的铁路运输，内燃机车、自备铁路罐车、专用自备铁路线路、微机连锁铁路信号等设备的使用、维修和管理等工作。油品储运部主要区域分为油品单元、原油单元、铁路运输单元；下设工艺组、设备组、安全组、综合管理组、统计组、轻油工段、东油品工段、沥青工段、原油工段液化气工段、焦化工段、卸油工段、驻在工段、机车班、槽车班、信号班、线路班、扳道道口班、管网班。油品储运部主要设备包括：储罐 147 台，分为 21 个罐区，总储量为 68.5 万立方米；铁路罐车 208 辆，内燃机车 2 台，专用自备铁路 13 公里 ，微机联锁铁路信号设备 1 套。截至 2013 年年底，在册员工 297 人，其中党员 80 人。

2014 年 7 月，公司对油品储运部领导进行聘任：黄亮任主任，主要负责行政全面工作；罗义仁任党支部书记兼副主任，主要负责党务工作；张宝柱、闫恒、杨宏任副主任，分别负责铁路运输、原油单元、油品单元的生产运行和设备工作；宋歌任安全工程师，负责安全方面工作；杜德辉任装置工程师，协助副主任负责原油单元的生产工艺管理工作；程斌任装置工程师，协助副主任负责油品单元的设备管理工作；祁伟任装置工程师，协助副主任负责铁路运输单元的管理工作。

2014 年 8 月，油品储运部成立党支部，选举产生党支部委员 7 人，组建 4 个党小组，党组织关系隶属分公司党委。

2014 年 11 月，油品储运部解散沥青工段和原油工段，组建重油工段。

2014 年，油品储运部原油罐区共接收各种原料油进厂 242.93 万吨，接收其他原料 14.74 万吨，供给生产装置原料 246.53 万吨，预处理装置处理各种污水 25.28 万吨，回收污油 2.47 万吨，外排污水合格率 99.17 %；油品罐区共接收各种油品 348.5 万吨，外运 200 万吨，倒油 210 万吨，给装置上油 149.8 万吨，鲅鱼圈管输 27.3 万吨；汽油外运 29.1 万吨，柴油外运 67.6 万吨，沥青外运 81.7 万吨，液化气 2.9 万吨。油品储运部被公司评为安全环保先进单位、设备先进单位、培训先进单位、计划生育先进单位、综合治理先进单位、信访稳定先进单位、统计先进单位；技术组组长丁晓宇被评为公司级劳动模范。截至 2014 年年底，油品储运部在册员工 297 人，其中党员 80 人。

2015 年，油品储运部获集团公司节能节水先进基层单位、集团公司环保先进单位。主任黄亮被集团公司评为安全生产先进个人。截至 2015 年年底，油品储运部下分油品罐区、原油罐区、铁路运输 3 个单元，下设工艺组、设备组、安全组、综合管理组和统计组。油品单元下设轻油工段、东油品工段、重油工段、液化气工段，包括管网班共有运行班组 17 个；原油单元下设焦化工段、卸油工段、驻在工段，运行班组 12 个；运输单元下设机车班、槽车班、信号班、线路班、扳道道口班 5 个运行班组。油品储运部在册员工 294 人，其中党员 79 人。

2016 年，油品储运部全年接收各种原料油 503.41 万吨，新增冀东、龙卡多等 5 个品种，全年罐区配合调整原油生产方案 6 次。油品罐区全年共接收各类油品 759.62 万吨，外运 396.64 万吨，配合公司进行了航煤生产试验，新增一套地付流程。2016 年，储运部被公司评为双文明先进单位、安全生产先进单位、环境保护先进单位、设备管理先进单位、生产运行先进单位、培训工作先进单位、计划生育先进单位、信访先进单位、统计管理先进单位、先进党支部、四好班子。黄亮被评为集团公司安全生产先进个人。截至 2016 年年底，油品储运部下分油品罐区、原油罐区、铁路运输 3 个单元，下设工艺组、设备组、安全组、综合管理组和统计组。油品单元下设运行班组 16 个；原油单元下设运行班组 12 个；运输单元下设运行班组 5 个。油品储运部在册员工 291 人，其中党员 79 人。

2017 年 6 月，油品储运部整合焦化工段和液化气工程，成立南油品工段，原油单元撤销焦化工段，减少 4 个班组。

2017 年 9 月，公司研究决定：闫恒任油品储运部主任；杜德辉任油品储运部副主任；崔丰起任油品储运部副主任；宋歌任油品储运部安全总监。

2017 年 10 月，油品储运部对党支部委员进行增补，闫恒兼任副书记；程斌兼任宣传委员；崔丰起兼任综治委员。

2017 年，油品储运部优化生产管理、加强基础操作，消减罐区各类隐患，顺利完成了原油接卸、油品接收、存储、调合、倒油、给装置上原料、铁路运输、检维修、工艺优化等生产任务。共计完成原油罐区主要生产任务 7 项，完成油品罐区生产任务 11 项、完成原油罐区优化改造 7 项，完成油品生产优化改造 9 项。铁路内燃机车共有 3 辆，GK1C 和 GK1F 1033# 两台机车使用中，另外一台 GK1F 1032# 已封存报废。油品储运部全年接收各种原料油 514.54 万吨，新增利比亚油 1 个品种。油品罐区全年共接收各类油品 770.37 万吨，外运 352.17 万吨。配合公司进行了醚化装置配套罐区开工投用。配合公司组织烷基化油进 10# 罐区 1005# 罐的工艺改造和施工建设。配合石化总厂组织 906# 罐 MTBE 汽车现场装运。配合油气处对氢气线进行施工和维修。汽油地付项目开始实施，组织新建泵房、储罐改造、工艺管线铺设等施工任务。卸油台隐患整改，敞口卸车改为密闭卸车。配合西蒸馏系统检修，罐区进行工艺流程改造和优化。组织原油卸油台工艺流程改造。组织东区加氢重整污油线进焦化项目的实施。超稠油线和卸油台进焦化罐区过路埋地段抬高项目实施。特沥卸油台卸油进 1# 罐区进油线进行铺设。

2017 年，油品储运部被公司评为双文明先进单位、安全生产先进单位、环境保护先进单位、设备管理先进单位、生产运行先进单位、培训工作先进单位、计划生育先进单位、信访先进单位、统计管理先进单位、先进党支部、四好班子。云利辉被公司评为 劳动模范，宋歌被评为集团公司安全生产先进个人。截至 2017 年年底，油品储运部下分油品罐区、原油罐区、铁路运输 3 个单元，下设工艺组、设备组、安全组、综合管理组和统计组。油品单元下设运行班组 16 个；原油单元下设运行班组 8 个；运输单元下设运行班组 5 个。油品储运部在册员工 280 人，其中党员 79 人。

2018 年，油品储运部共计完成油品罐区和原油罐区主要生产任务 17 项，完成罐区技术改造及隐患治理 15 项，完成生产方案调整 25 次。全年共接收各种原料油 512.96 万吨，新增俄罗斯穆尔班原油 1 个品种。油品罐区全年共接收各类油品 735.52 万吨，外运 348.92 万吨。铁路运输共完成总运行车次2.4万次。油品储运部被公司评为双文明先进单位、安全生产先进单位、环境保护先进单位、设备管理先进单位、生产运行先进单位、培训工作先进单位、计划生育先进单位、信访先进单位、统计管理先进单位、先进党支部、四好班子。

截至2018年年底，油品储运部下分油品罐区、原油罐区、铁路运输3个单元，下设工艺组、设备组、安全组、综合管理组和统计组。油品单元下设运行班组16个；原油单元下设运行班组8个；运输单元下设运行班组5个。油品储运部在册员工270人，其中党员77人。

一、油品储运部领导名录（2014.7—2018.12）

主　　任　黄　亮（2014.7—2017.9）
　　　　　　闫　恒（2017.9—2018.12）
副 主 任　罗义仁（2014.7—2018.12）
　　　　　　张宝柱（2014.7—2018.12）
　　　　　　闫　恒（2014.7—2017.9）
　　　　　　杨　宏（2014.7—2017.4）
　　　　　　杜德辉（2017.9—2018.12）
　　　　　　崔丰起（2017.9—2018.12）
安全总监　宋　歌（2017.9—2018.12）
安全工程师　宋　歌（2014.7—2017.9）
装置工程师　杜德辉（2014.7—2017.9）
　　　　　　祁　伟（2014.7—2018.12）
　　　　　　程　斌（2014.7—2018.12）

二、油品储运部党支部领导名录（2014.7—2018.12）

书　　记　罗义仁（2014.7—2018.12）
副 书 记　黄　亮（2014.7—2017.10）
　　　　　　闫　恒（2017.10—2018.12）
组织委员　张宝柱（2014.7—2018.12）
宣传委员　闫　恒（2014.7—2017.10）
　　　　　　程　斌（2017.10—2018.12）

纪检委员　杜德辉（2014.7—2018.12）
群工委员　宋　歌（2014.7—2018.12）
综治委员　杨　宏（2014.7—2017.4）
杜德辉（2017.4—10）
崔丰起（2017.10—2018.12）

第四十二节　动力运行部（2014.7—2018.12）

动力运行部成立于 2014 年 7 月，由空分车间、供水车间重组构成，为公司所属二级机构，机构规格为副处级。动力运行部下设工艺技术组、设备技术组、安全组、综合管理组、管网班、制水班，拥有空分装置、东循环水场、西循环水场、三循环水场、联合泵站等装置。动力运行部主要负责为生产装置供应净化风、非净化风和氮气，为公司范围内其他装置及办公区提供合格的循环水、新鲜水、消防水、中 / 低压除氧水、中 / 低压蒸汽、除盐水、中水、采暖水；负责饮用水的生产、雨水与生产生活污水的系统管理工作、冷凝水的回收利用及管网系统的日常维护维修工作。

2014 年 7 月，公司对动力运行部领导进行任命：王飞任主任，负责行政工作；杨同臣任党支部书记兼副主任，负责党务工作；孙书文任副主任，负责工艺管理；张永高任副主任，负责设备管理；代元书任安全主管，负责安全管理；崔振东任专业主管，负责专业管理。

2014 年 8 月，动力运行部党支部成立，选举产生 7 名支部委员，下设 4 个党小组，共有党员 49 人，党组织关系隶属公司党委。

2014 年 10 月，动力运行部新建低温热利用开工。

2014 年 11 月，动力运行部联合泵站撤销，雨水、污水系统交由管网班负责，人员划归到其他工段。

截至 2014 年年底，动力运行部下设工艺技术组、设备技术组、安全组、综合管理组、管网班、制水班，拥有空分装置、东循环水场、西循环水场、三循环水场。空分装置全年供净化风、非净化风量为 11710 万标准立方米，供氮量为 1734 万标准立方米；供水装置全年生产循环水 17000 万吨，外购盘东水 385 万吨、除盐水 171.86 万吨、中水 160.39 万吨、中压蒸汽 23.8 万吨、低压蒸汽 19.9 万吨。动力运行部被公司评为工艺管理先进单位、生产管理先进单位、环保管理先进单位、劳动纪律先进单位、综合治理先进单位、宣传报道先进单位、计生协会先进单位。

2015 年 8 月，动力运行部冷凝水回收系统开工。空分装置全年供净化风、非净化风量为 12809 万标准立方米，供氮量为 1972 万标准立方米；供水装置全年生产循环水 13896 万吨，外购盘东水 355 万吨、化肥水 37 万吨、除盐水 159.2 万吨、中水 174.74 万吨、中压蒸汽 31.43 万吨、低压蒸汽 30.54 万吨。运行部被公司评为工艺管理先进单位、信访稳定先进单位等荣誉称号。截至 2015 年年底，动力运行部在册人数 154 人，其中党员 49 人。

2016 年，动力运行部被集团公司评为绿色基层队（站）、车间（装置），被公司评为 2016 年度工艺管理先进单位、生产运行先进单位、设备管理先进单位、环境保护工作先进单位、岗位责任制工作先进单位、综合治理先进单位、计划生育协会先进单位。截至 2016 年年底，动力运行部退休 4 人，调走 1 人，离岗退养 3 人，在册人数 146 人，其中党员 47 人。

2017 年 8 月，雨水系统清水回用正式投入使用，作为循环水场的补水和绿化用水。开发生产工业水项目投产，用于生产 80℃—95℃的工业水，取得良好收益。

2017 年 9 月，动力运行部党支部委员会换届选举，7 名支部委员续任。代元书职务由安全工程师（安全主管）更名为安全总监，纳入班子成员管理，原级别不变；于立福任专业主管。

2017 年 12 月，公司研究决定：李健任专业主管。

截至 2017 年年底，动力运行部退休 1 人，离岗 1 人，调走 1 人，调入 1 人，在册人数 144 人，其中党员 47 人。

2018 年 8 月，党支部对 4 个党小组进行优化整合，调整至 3 个。

2018 年，空分装置全年供净化风、非净化风量为 12922.21 万标准立方米，供氮量为 2427.64 万标准立方米；供水装置全年生产循环水 14037.76 万吨，外购盘东水 467.63 万吨，化肥水 28.09 万吨，除盐水 160.86 万吨，中水 127.12 万吨，中压蒸汽 39.12 万吨，低压蒸汽 40.46 万吨。动力运行部获得公司计划生育先进单位、新闻宣传先进单位、治安综合治理先进单位、岗位责任制工作先进单位、安全达标先进单位等荣誉称号。截至 2018 年年底，动力运行部退休 5 人，在册人数 139 人，其中党员 46 人。

一、动力运行部领导名录（2014.7—2018.12）

主　　任　王　飞（2014.7—2018.12）
副 主 任　杨同臣（2014.7—2018.12）
　　　　　孙书文（2014.7—2018.12）
　　　　　张永高（2014.7—2018.12）
安全总监　代元书（2014.7—2018.12）
专业主管　崔振东（2014.7—2018.12）
　　　　　于立福（2017.9—2018.12）
　　　　　李　健（女，2017.12—2018.12）

二、动力运行部党支部领导名录（2014.7—2018.12）

书　　记　杨同臣（2014.7—2018.12）
副 书 记　王　飞（2014.8—2018.12）
组织委员　孙书文（2014.8—2018.12）
宣传委员　张永高（2014.8—2018.12）
纪检委员　崔振东（2014.8—2018.12）
群工委员　李　健（2014.8—2018.12）
综治委员　代元书（2014.8—2018.12）

第四十三节　仪电运行部（2014.7—2018.12）

仪电运行部为辽河石化分公司所属二级机构，成立于 2014 年 7 月，由仪表车间和电工车间合并构成，机构规格为副处级，党组织关系隶属公司党委。部门下设技术组、综合管理组和 5 个仪表维护班组、5 个电气维护班组、1 个仪表检定班组、1 个电气试验班组。在册员工 235 人，其中党员 68 人。仪电运行部主要负责公司各装置电气、仪表设备的运行维护、维修、开工保运和大检修工作。具有企业级电力系统、DCS、SIS 以及 PLC 等控制系统安装、调试及维护、检修能力。

2014 年 7 月，公司对仪电运行部领导进行聘任，孙宏伟任主任负责行政及全面工作；张华庚任党支部书记兼副主任，主要负责党务工作；田刚任副主任，负责仪表专业工作；李铁山任副主任，负责电气专业工作；易江任专业主管，负责设备管理工作；鲁鹰任安全主管，负责安全方面的工作。

2014 年 8 月，仪电运行部成立党支部，并选举产生 7 名支部委员，组建 6 个党小组，共有党员 68 人。

8 月，管理人员办公地点统一搬迁至电工楼，技术人员办公地点统一搬迁至仪表楼。

截至 2014 年 12 月底，仪电运行部在册员工 235 人，其中党员 68 人。田刚、李铁山分别被公司聘任为企业级技术专家，韩立新被公司聘任为企业级技能专家。仪电运行部被公司评为年度先进单位、安全生产工作先进单位、先进党支部、先进四好班子、设备管理工作先进单位、环保工作先进单位、培训管理先进单位、新闻宣传工作先进单位、综合治理先进单位、计划生育工作先进单位。科技成果“东区开闭所改造项目中新技术的开发与应用”获公司 2014 年度科技进步奖一等奖；“机柜间大型设备运行状态实时监测系统”获公司 2014 年度科技进步奖三等奖；“新装置区 6 千伏供电系统集中控制系统开发与应用”获公司 2014 年度科技进步奖四等奖。

2015 年，仪电运行部圆满完成了催化系统和焦化系统大检修，对催化装置 DCS、ESD 系统进行了整体升级改造；对石化变进行了增容改造。韩立新、曾海军分别被公司聘任为企业级技能专家，任期 3 年，杨建平被评为公司“模范共产党员”。仪电运行部被公司评为年度先进单位、安全生产工作先进单位、先进党支部、先进四好班子、新闻宣传工作先进单位、人口和计划生育工作先进单位、培训管理先进单位、岗位责任制执行先进单位、物资管理先进单位、信访稳定工作先进单位、防范和处理邪教工作先进单位、“三强化、三提升”主题活动标杆单位。科技成果“催化和焦化装置自控率攻关”“辽河石化分公司石化变增容改造”获公司年度科技进步奖二等奖；“焦化装置新技术应用”“催化 DCS、ESD 系统整体升级改造”获公司年度科技进步奖三等奖。截至 2015 年 12 月，仪电运行部在册员工 230 人，其中党员 70 人。

2016 年 10 月，管理人员和技术人员统一将办公地点搬迁至原电子商务部大楼。

2016 年，仪电运行部圆满完成了润滑油系统加氢脱酸、南蒸馏、糠醛、白土、减粘五套装置大检修工作，以及日常维护工作，实现了电气仪表设备安全运行无事故的设备管理工作目标，杜绝了非计划停工事故的发生。仪电运行部被公司评为年度先进党支部、信息化工作先进单位、物资管理先进单位、信访稳定工作先进单位、计划生育工作先进单位。运行部党支部结合自身实践总结形成的政研成果“放心班组、放心岗位创建工作机制”获公司2016 年优秀创新实践案例二等奖。科技成果“重整催化剂再生系统微量氧分析仪的技术改造与应用”获公司年度科技进步奖二等奖；“仪表伴热实时监测系统”“仪电东区开闭所 6.3 千伏电容器无功补偿装置节能优化、增容改造项目”“2# 柴油加氢改质装置新氢压缩机高压软启动装置抗晃电改造”“西蒸馏 – 减粘装置自控率攻关项目”获公司年度科技进步奖三等奖；“焦化装置富气压缩机高压变频器深度维修”“电厂变系统非正常运行方式下催化 3200kW 备用主风机启动压降计算”获公司年度科技进步奖优秀奖。截至 2016 年 12 月，仪电运行部在册员工 224 人，其中党员 68 人。

2017 年 9 月，公司研究决定：田刚任仪电运行部主任。鲁鹰任仪电运行部副主任。易江任仪电运行部安全总监（原级别不变）。

2017 年 10 月，仪电运行部党支部进行了换届选举，并选举产生 7 名支部委员。

截至 2017 年年底，仪电运行部在册员工 215 人，其中党员 67 人。李铁山被公司聘任为企业级技术专家，任期 3 年，韩立新被评为公司“模范共产党员”，林辉获辽宁省首批百名“大工匠”荣誉称号，并被评为公司“劳动模范”。仪电运行部被公司评为年度先进单位、安全生产工作先进单位、先进党支部、设备管理工作先进单位、信息化工作先进单位、培训工作先进单位、计划生育工作先进单位、辽河油区反邪教先进单位。仪电运行部 3 名选手在 2017 年第九届全国石油和化工行业职业技能竞赛中，获得仪器仪表维修工团体一等奖（第四名）和个人第十名、十二名、十四名，并全部获全国石油和化学工业行业“技术能手”荣誉称号。

2017 年 9 月，公司研究决定：陈志强为仪电运行部专业主管（副科级）；

谢维志为仪电运行部专业主管（副科级）。

2018 年，仪电运行部完成催化、焦化、重整、气分—聚丙烯、东蒸馏、2# 制氢、2# 柴油加氢改质等十余套装置的大检修任务，并获大检修劳动竞赛优胜单位。完成对焦化、重整、加氢、硫磺、球罐、聚丙烯等 12 套装置的 SIL 安全等级评估整改工作、西区气柜 DCS 改造、第三联合运行部 6 套装置控制方案修改完善工作、西水场低压配电改造等，推进完成公司继电保护整定、石化变光差改造、西区电容器改造等。截至 2018 年年底，仪电运行部在册员工 208 人，其中党员 65 人。田卫东、姜大治分别被公司聘任为仪表维修工首席技师、维修电工首席技师。林辉被评为公司“模范党员”“劳动模范”。仪电运行部获公司年度先进单位、先进党支部、环境保护工作先进单位、信息化工作先进单位、物资管理先进单位、人口和计划生育工作先进单位、治安综合治理先进单位、优秀青工支部等称号。

一、仪电运行部领导名录（2014.7—2018.12）

主　　任　孙宏伟（2014.7—2017.9）

　　　　　　田　刚（2017.9—2018.12）

副 主 任　张华庚（2014.7—2017.12）

　　　　　　田　刚（2014.7—2017.9）

　　　　　　李铁山（2014.7—2018.12）

　　　　　　鲁　鹰（2017.9—2018.12）

专业主管　易　江（2014.7—2017.9）

　　　　　　陈志强（2017.12—2018.12）

　　　　　　谢维志（2017.12—2018.12）

安全主管　鲁　鹰（2014.7—2017.9）

　　　　　　易　江（2017.9—2018.12）

调 研 员　张华庚（2017.12—2018.12）

二、仪电运行部党支部领导名录（2014.7—2018.12）

书　　记　张华庚（2014.7—2017.12）

　　　　　　田　刚（2017.12—2018.12）

副 书 记　孙宏伟（2014.8—2017.9）

田　刚（2017.10—12）
组织委员　田　刚（2014.8—2017.10）
李铁山（2017.10—2018.12）
纪检委员　鲁　鹰（2014.8—2018.12）
宣传委员　易　江（2014.8—2018.12）
综治委员　李铁山（2014.8—2017.10）
范　勇（2017.10—2018.12）
群工委员　刘　坤（女，2014.8—2018.12）

第四十四节　检维修部（2014.7—2018.12）

检维修部为公司所属二级机构，成立于 2014 年 7 月，由钳工车间和工程质量监督站整合而成，机构规格为副处级，党组织关系隶属公司党委。检维修部负责公司转动设备的日常维护、检修和计划大检修工作，对公司在建工程项目进行质量监督，对建设、勘察、设计、监理、施工、检测等工程质量责任主体的质量行为实施监督。

2014 年 7 月，公司对检维修部领导进行聘任：王建明任主任兼党支部书记，主要负责行政全面工作和党务工作；马晋学任副主任，负责工程质量监督管理工作；王强任副主任，负责设备管理工作，鞠君辉任副主任，负责现场设备检修、维护工作；李彦川任安全主管，负责安全方面工作；谢峰任技术主管，负责工程质量监督工作。

2014 年 8 月，检维修部组建成立党支部，选举产生支部委员 5 人。马晋学担任检维修部党支部纪检委员，王强担任组织委员，鞠君辉担任群工委员，李彦川担任宣传委员。组建 4 个党小组，共有党员 31 人。

2014 年，检维修部提升现场设备管理力度，开展机组及关键设备漏点排查工作，消除机组漏点；公司西区三级防控设施 2 × 20000 立方米事故水罐、2# 罐区 2 × 10000 立方米汽油罐区等 7 个单位工程项目质量始终处于受控状态，各生产单元均实现一次开工成功，主体装置及配套项目生产能力在短期内，达到设计指标。检维修部被公司评为安全生产先进单位、“三强化三提升”主题活动标杆单位、计划生育协会先进单位、五四读书奖先进集体和结对共建先进单位。截至 2014 年 12 月底，检维修部在册员工 113 人，其中党员 31 人。

2015 年 5 月，检维修部精心筹备，完成公司装置及系统大检修任务，并开展技术攻关和升级改造工作，完成对热油机泵油水系统的整体改造和高危机泵密封改造。部门负责质量监督公司基本建设和改造项目共 9 项，质量监督严格按照工程项目施工质量监督工作方案、项目施工重要部位、关键工序质量控制计划开展质量检查。工程质量全部处于受控状态，各生产单元均实现一次开工成功，主体装置及配套项目生产能力在短期内，达到设计指标。2015 年，检维修部荣立公司装置及系统大检修劳动竞赛集体三等功，被评为设备管理先进单位和物资管理先进单位。检维修部机关下设技术组、安全组、办事组、保管组、工程质量监督站、4 个检修班组和 1 个综合班组。在册员工 113 人，其中党员 32 人。

2016 年，检维修部开展润滑油系统大检修工作。工程质量监督站监督 1.5 万吨 / 年硫磺回收装置等 6 项工程项目，6 项工程施工资料齐全、符合要求，现场实物质量满足设计要求，各项实测数值全部合格，达到国家或行业质量标准。周强被公司聘任为企业级技能专家，张树明被评为公司模范共产党员。部门荣立公司装置及系统大检修劳动竞赛集体三等功，被评为检修厂房及作业现场 HSE 标准化建设达标装置、岗位责任制执行工作先进单位、维稳信访工作先进单位、培训工作先进单位、“优秀青年突击队”先进集体和青年文明号。

2017 年 12 月，吴涛任技术主管，级别为副科级。

2017 年，检维修部党支部换届选举。周强被公司聘任为企业级技能专家，张松被评为公司模范共产党员。部门荣立公司检修劳动竞赛集体三等功，被评为主题劳动竞赛优胜单位、设备管理先进单位、岗位责任制执行工作先进单位、培训工作先进单位、物资管理工作先进单位和五四读书先进单位。截至 2017 年年底，检维修部机关下设技术组、安全组、办事组、保管组、工程质量监督站、4 个检修班组和 1 个综合班组。在册员工 109 人，其中党员 34 人。

2018 年，检维修部开展现场设备维护维修、公司装置大检修工作，提升设备管理水平。组织开展工程质量检查，对中间交接、工程交接以及竣工验收实施监督。张松被评为公司模范共产党员、张树明并被评为公司“劳动模范”。截至2018年年底，检维修部机关下设技术组、安全组、办事组、保管组、工程质量监督站、4个检修班组和1个综合班组。在册员工107人，其中党员34人。

一、检维修部领导名录（2014.7—2018.12）

主　　任　王建明（2014.7—2018.12）
副 主 任　马晋学（2014.7—2018.12）
　　　　　　王　强（2014.7—2018.12）
　　　　　　鞠君辉（2014.7—2018.12）
安全主管　李彦川（2014.7—2018.12）
　　　　　　谢　峰（2014.7—2018.12）
　　　　　　吴　涛（2017.12—2018.12）

二、检维修部党支部领导名录（2014.7—2018.12）

书　　记　王建明（2014.7—2018.12）
组织委员　王　强（2014.8—2018.12）
宣传委员　李彦川（2014.8—2018.12）
纪检委员　马晋学（2014.8—2018.12）
群工委员　鞠君辉（2014.8—2018.12）

第四十五节　行政事务部（2014.7—2018.12）

行政事务部为公司所属二级机构，成立于2014年7月，由后勤服务中心、石化宾馆、机关车队、新闻中心、文体活动中心重组构成，机构规格为副处级，党组织关系隶属公司党委。行政事务部负责公司后勤服务保障、对外接待、车辆管理、新闻宣传、文体设施管理及矿区事务协调等工作。

2014年7月，公司对行政事务部领导进行聘任：胡永杰任主任，负责主抓部门全面工作；王玉岭任副主任，负责部门设备管理工作；梁忠哲任副主任，负责公务车辆、通勤车辆管理工作；孙国振任副主任，负责广播电视、报纸工作；于景利任安全主管，负责部门安全管理工作；句海萍任专业主管，主要负责石化宾馆各项工作；张红新任专业主管，负责车队各项具体工作；吴君任专业主管，负责石化报编辑、出版工作。

2014 年 8 月，行政事务部组建成立党支部，选举产生党支部委员 7 人，组建 4 个党小组，共有党员 42 人，党组织关系隶属公司党委。

2014 年，行政事务部被公司评为先进集体、“三强化三提升”标杆单位、计划生育协会先进集体、安全生产先进单位。行政事务部下设石化宾馆、4 个员工食堂、员工浴池、员工超市、文体中心、新闻中心、车队、员工公寓、水站。截至 2014 年年底，行政事务部在册员工 134 人，其中党员 42 人。

2015 年 3 月，石化宾馆更名为内部招待所，终止对外营业活动。

2015 年 4 月，对招待所餐厅进行改造，改造后餐厅更名为员工五食堂，解决石化小区周边单位员工就餐问题。

2015 年 12 月，李文因年龄原因，辞去行政事务部专业主管职务，改任副科级调研员。

2015 年，行政事务部被公司评为年度先进单位、岗位责任制执行先进单位、安全生产工作先进单位、治安综合治理先进单位。员工一食堂管理员张海忠被评为公司劳动模范。行政事务部在册员工 134 人，广济性质用工 28 人，外雇性质用工 22 人，其中党员 47 人。

2016 年 6 月，办公用品计划、绿化、环境卫生管理等职能分别从总经理办公室及安全环保处划归至行政事务部。

2016 年 12 月，免去王玉岭的行政事务部副主任职务，改任正科级调研员。

2016 年，行政事务部被公司评为安全生产先进单位、人口和计划生育先进单位、岗位责任制执行先进单位、维稳信访先进单位；员工一食堂管理员张海忠被评为公司劳动模范。截至 2016 年年底，行政事务部在册员工 124 人，广济性质用工 28 人，外雇性质用工 24 人，其中党员 51 人。

2017 年 9 月，公司研究决定：于景利任行政事务部安全总监。

2017 年 9 月，行政事务部党支部举行换届选举，选举产生党支部委员 7 人，组建 4 个党小组，共有党员 49 人，党组织关系隶属公司党委。

2017 年 10 月，根据工作需要，行政事务部班子进行重新分工。胡永杰任主任、党支部书记，负责行政、党务全面工作；孙国振任副主任，负责新闻中心、文体中心、公寓、浴池、水站等管理工作；梁忠哲任副主任，负责车队、招待所、超市等管理工作；于景利任安全总监，负责安全、环保、员工食堂等管理工作；句海萍任专业主管，协助负责设备管理、招待所管理等工作；张红新任专业主管，协助负责绿化卫生管理、车队管理等工作；吴君任专业主管，协助负责党务工作、办公用品管理、新闻中心管理等工作。

2017 年 12 月，公司聘张海忠任行政事务部专业主管，主要负责员工一食堂各项工作；王绍军任行政事务部专业主管，主要负责文体中心各项工作。

2017 年，行政事务部被公司评为安全生产先进单位、人口和计划生育先进单位、岗位责任制执行先进单位、维稳信访先进单位。截至 2017 年年底，行政事务部在册员工 118 人，广济性质用工 28 人，外雇性质用工 24 人，其中党员 49 人。

2018 年，行政事务部被公司评为人口和计划生育先进单位、维稳信访先进单位。截至 2018 年年底，行政事务部在册员工 107 人，广济性质用工 26 人，外雇性质用工 15 人，其中党员 45 人。

一、行政事务部领导名录（2014.7—2018.12）

主　　任　胡永杰（2014.7—2018.12）

副 主 任　王玉岭（2014.7—2016.12）

梁忠哲（副科级，2014.7—2018.12）

孙国振（2014.7—2018.12）

安全主管　于景利（2014.7—2017.9）

安全总监　于景利（2017.9—2018.12）

专业主管　句海萍（女，2014.7—2018.12）

吴　君（女，2014.7—2018.12）

张红新（2014.7—2018.12）

李　文（2014.7—2015.12）

张海忠（2017.12—2018.12）

王绍军（2017.12—2018.12）

调 研 员 李 文（副科级，2015.12—2018.12）
王玉岭（正科级，2016.12—2018.12）

二、行政事务部党支部领导名录（2014.7—2018.12）

书 记 胡永杰（2014.7—2018.12）
副 书 记 吴 君（2017.9—2018.12）
组织委员 王玉岭（2014.7—2016.12）
梁忠哲（2017.9—2018.12）
纪检委员 孙国振（2014.7—2018.12）
群工委员 句海萍（2014.7—2018.12）
综治委员 贝 宇（2014.7—2017.9）
张海忠（2017.9—2018.12）
宣传委员 周 伟（2014.7—2018.12）

第四十六节 盘锦中油辽河沥青有限公司（2014.1—2018.12）

盘锦中油辽河沥青有限公司（简称沥青公司）是2001年5月由股份公司（简称中方）和嘉德威国际公司（简称外方）合作组建。沥青公司注册资本1450万元，中方出资55%，外方出资45%。沥青公司主要生产和销售改性沥青、特种沥青和经销重交沥青，在盘锦市、内蒙古集宁区、河北省邢台市设立改性沥青生产基地，产品主要经销东北、内蒙古、华北等地区，产品质量和售后服务均得到建设单位的好评。截至2014年1月1日，沥青公司下设办公室、生产部、财务部、营销调运部、质量技术部、企管人事部6个部门，其中生产部下设盘锦车间、内蒙分厂、河北分厂。

2014年1月，沥青公司注册资本由1450万元增至5000万元。

2014年6月，变更法定代表人。

2014年7月，沥青公司被列为辽河石化分公司二级机构。

2014年沥青公司销售改性沥青4.38万吨，重交沥青9.74万吨，实现利润 602 万元。

2015 年 1 月，沥青公司经营范围变更为研发、生产、销售改性沥青、乳化沥青和相关产品，销售润滑油系列产品、蜡油系列产品。

2015 年 8 月，外方在股东会上明确表示合作期满后退出沥青公司经营，公司开始调研沥青公司今后的发展方向，进行股权收购的可行性研究。

2015 年 12 月，总经理柴成忠调离，公司任命臧广林担任总经理，主持经营管理工作。

2015 年，沥青公司销售改性沥青 4.69 万吨，重交沥青 18.47 万吨，实现利润 1116 万元，资产总额 8673 万元。沥青公司在册员工 77 人，其中党员 26 人。

2016 年 1 月，沥青公司中方和外方股东代表在盘锦市会晤，商定股份公司以人民币 1900 万元收购嘉德威国际有限公司在沥青公司 44.83% 的股权。

2016 年 4 月，沥青公司经营期限延长至 2016 年 11 月 8 日。

2016 年 9 月，中方和外方股东代表在盘锦签署股权收购协议，外方正式退出沥青公司经营，沥青公司变更为股份公司全资子公司。

2016 年 9 月，股东任命屠规龙担任沥青公司执行董事，臧广林担任总经理，李宏才担任总会计师，孔德强担任副总经理，新一届领导班子自签署股权转让协议当日开始履职。

2016 年 10 月，完成工商变更登记，沥青公司由中外合作企业变更为法人独资企业，法定代表人变更为屠规龙，经营期限延长至 2026 年 11 月 8 日。2016 年，沥青公司销售改性沥青 4.6 万吨，重交沥青 31.3 万吨，实现利润 911 万元，资产总额 11039 万元。沥青公司在册员工 77 人，其中党员 28 人。

2017 年 9 月，公司研究决定：杨涛任副总经理、陈庆华任生产部长、啜波任财务部长、宋昌盛任办公室主任。

2017 年，沥青公司销售改性沥青 7.8 万吨，重交沥青 25.4 万吨，实现利润 1701 万元。沥青公司在册员工 71 人，其中党员 27 人。

2018 年 1 月，公司为加强沥青公司生产安全管理，陈庆华任沥青公司安全总监。

2018 年 7 月，内蒙分厂资产达到报废年限，辽河石化分公司批准对内蒙分厂资产和存货进行报废处理。9 月，通过国有资产备案表后，股份公司批准进行资产评估，内蒙分厂以商务谈判的形式转让。

2018年，沥青公司销售改性沥青6.67吨，销售重交沥青23.39万吨，实现销售收入7.9亿元，实现利润786万元，资产资产总额10748万元，固定资产总额7476万元，全年无新增应收账款。沥青公司被评为年度中国沥青行业诚信单位和岗位责任制执行先进单位，沥青公司党支部被评为2018年辽河石化分公司先进党支部。截至2018年年底，沥青公司在册员工69人，其中党员28人。

一、盘锦中油辽河沥青有限公司（合资，2014.1—2016.9）

（一）盘锦中油辽河沥青有限公司董事会名录（合资，2014.1—2016.9）

董　事　长　李天书（中方，2014.1—5）
　　　　　　李京辉（中方，2014.5—2016.9）
副董事长　梁英华（外方，2014.1—2016.9）
董　　　事　屠规龙（中方，2014.1—2016.9）
　　　　　　梁富强（外方，2014.1—2016.9）
　　　　　　柴成忠（中方，2014.1—2015.12）
　　　　　　臧广林（中方，2015.12—2016.9）

（二）盘锦中油辽河沥青有限公司领导名录（合资，2014.1—2016.9）

总　经　理　柴成忠（中方，2014.1—2015.12）
　　　　　　臧广林（中方，2015.12—2016.9）
副总经理　邓康发（外方，2014.1—2016.9）
经理助理　孔德强（中方，2014.1—2016.9）
生产部长　甄　毅（中方，2014.1—2016.9）
销售部长　靳和平（中方，2014.1—6）

二、盘锦中油辽河沥青有限公司（全资，2016.9—2018.12）

（一）盘锦中油辽河沥青有限公司领导名录（全资，2016.9—2018.12）

执行董事　屠规龙（2016.9—2018.12）
总　经　理　臧广林（2016.9—2018.12）
总会计师　李宏才（2016.9—2018.12）
副总经理　孔德强（2016.9—2018.12）

杨　涛（2017.9—2018.12）
生产部长　甄　毅（2016.9—2017.7）
陈庆华（2017.9—12）
安全总监　陈庆华（2018.1—12）
财务部长　啜　波（2017.9—2018.12）
办公室主任　宋昌盛（2017.9—2018.12）

（二）盘锦中油辽河沥青有限公司党支部领导名录（2014.1—2018.12）

书　　记　臧广林（2014.1—2018.12）
纪检委员　孔德强（2014.1—2018.12）
组织委员　甄　毅（2014.1—2017.7）
宋昌盛（2017.9—2018.12）
宣传委员　柴成忠（2014.1—2015.12）
徐桂贤（2017.9—2018.12）
群工委员　徐桂贤（2014.8—2017.7）
王俊杰（2017.9—2018.12）

第五章　附　　录

第一节　辽河石化分公司组织机构名录及沿革图

一、2014 年 1 月—7 月辽河石化分公司组织机构目录

单　　位		所在地
一、机关部门		
1	办公室（党委办公室）	辽宁省盘锦市兴隆台区
2	人事处（党委组织部）	辽宁省盘锦市兴隆台区
3	规划计划处	辽宁省盘锦市兴隆台区
4	财务处	辽宁省盘锦市兴隆台区
5	生产运行处	辽宁省盘锦市兴隆台区
6	机动设备处	辽宁省盘锦市兴隆台区
7	安全环保处	辽宁省盘锦市兴隆台区
8	科技管理处	辽宁省盘锦市兴隆台区
9	企管法规处	辽宁省盘锦市兴隆台区
10	审计监察处（纪委）	辽宁省盘锦市兴隆台区
11	企业文化处（党委宣传部）	辽宁省盘锦市兴隆台区
12	群团工作处（工会）	辽宁省盘锦市兴隆台区
二、机关附属单位		
1	培训中心（再就业中心）	辽宁省盘锦市兴隆台区
2	资金结算中心	辽宁省盘锦市兴隆台区
3	调度中心	辽宁省盘锦市兴隆台区
4	现场监察中心	辽宁省盘锦市兴隆台区
5	新闻中心	辽宁省盘锦市兴隆台区

续表

单　位		所在地
6	文体中心	辽宁省盘锦市兴隆台区
三、直属部门		
1	工程管理部	辽宁省盘锦市兴隆台区
2	营销调运部	辽宁省盘锦市兴隆台区
3	电子商务部	辽宁省盘锦市兴隆台区
4	信息管理部	辽宁省盘锦市兴隆台区
5	计量部	辽宁省盘锦市兴隆台区
四、所属基层单位		
1	东蒸馏车间	辽宁省盘锦市兴隆台区
2	南蒸馏车间	辽宁省盘锦市兴隆台区
3	西蒸馏车间	辽宁省盘锦市兴隆台区
4	催化车间	辽宁省盘锦市兴隆台区
5	焦化车间	辽宁省盘锦市兴隆台区
6	加氢一车间	辽宁省盘锦市兴隆台区
7	重整车间	辽宁省盘锦市兴隆台区
8	制氢车间	辽宁省盘锦市兴隆台区
9	糠醛白土车间	辽宁省盘锦市兴隆台区
10	气分—聚丙烯车间	辽宁省盘锦市兴隆台区
11	加氢二车间	辽宁省盘锦市兴隆台区
12	净化车间	辽宁省盘锦市兴隆台区
13	空分车间	辽宁省盘锦市兴隆台区
14	供水车间	辽宁省盘锦市兴隆台区
15	水处理车间	辽宁省盘锦市兴隆台区
16	油品车间	辽宁省盘锦市兴隆台区
17	原油车间	辽宁省盘锦市兴隆台区
18	销售车间	辽宁省盘锦市兴隆台区
19	分析化验中心	辽宁省盘锦市兴隆台区

续表

单 位		所在地
20	钳工车间	辽宁省盘锦市兴隆台区
21	电工车间	辽宁省盘锦市兴隆台区
22	仪表车间	辽宁省盘锦市兴隆台区
23	原油部	辽宁省盘锦市兴隆台区
24	鲅鱼圈储运公司	辽宁省营口市鲅鱼圈区
25	运输车间	辽宁省盘锦市兴隆台区
26	保卫部（信访稳定办公室）	辽宁省盘锦市兴隆台区
27	研究院	辽宁省盘锦市兴隆台区
28	工程预决算部	辽宁省盘锦市兴隆台区
29	信息管理部	辽宁省盘锦市兴隆台区
30	设计所	辽宁省盘锦市兴隆台区
31	工程质量监督站	辽宁省盘锦市兴隆台区
32	档案室	辽宁省盘锦市兴隆台区
33	机关车队	辽宁省盘锦市兴隆台区
34	后勤服务中心	辽宁省盘锦市兴隆台区
35	石化宾馆	辽宁省盘锦市兴隆台区
五、合资公司		
1	盘锦中油辽河沥青有限公司	辽宁省盘锦市兴隆台区

二、2014 年 7—12 月辽河石化分公司组织机构目录

单 位		所在地
一、机关部门		
1	办公室（党委办公室）	辽宁省盘锦市兴隆台区
2	人事处（党委组织部）	辽宁省盘锦市兴隆台区
3	规划计划处	辽宁省盘锦市兴隆台区
4	财务处	辽宁省盘锦市兴隆台区
5	生产运行处	辽宁省盘锦市兴隆台区

续表

单　位		所在地
6	机动设备处	辽宁省盘锦市兴隆台区
7	安全环保处	辽宁省盘锦市兴隆台区
8	科技处	辽宁省盘锦市兴隆台区
9	企管法规处（内控风险管理处）	辽宁省盘锦市兴隆台区
10	纪委监察审计处	辽宁省盘锦市兴隆台区
11	企业文化处（党委宣传部）	辽宁省盘锦市兴隆台区
12	群团工作处（工会）	辽宁省盘锦市兴隆台区
二、机关附属单位		
1	档案室	辽宁省盘锦市兴隆台区
2	培训中心（再就业中心）	辽宁省盘锦市兴隆台区
3	工程造价中心	辽宁省盘锦市兴隆台区
4	结算中心	辽宁省盘锦市兴隆台区
5	调度中心	辽宁省盘锦市兴隆台区
6	安全监督中心	辽宁省盘锦市兴隆台区
三、直属部门		
1	工程管理部	辽宁省盘锦市兴隆台区
2	营销调运部	辽宁省盘锦市兴隆台区
3	物资采购部	辽宁省盘锦市兴隆台区
4	计量部质检部	辽宁省盘锦市兴隆台区
5	信息管理部	辽宁省盘锦市兴隆台区
四、所属基层单位		
1	第一联合运行部	辽宁省盘锦市兴隆台区
2	第二联合运行部	辽宁省盘锦市兴隆台区
3	第三联合运行部	辽宁省盘锦市兴隆台区
4	第四联合运行部	辽宁省盘锦市兴隆台区
5	第五联合运行部	辽宁省盘锦市兴隆台区
6	油品储运部	辽宁省盘锦市兴隆台区

续表

单　位		所在地
7	动力运行部	辽宁省盘锦市兴隆台区
8	仪电运行部	辽宁省盘锦市兴隆台区
9	检维修部	辽宁省盘锦市兴隆台区
10	行政事务部	辽宁省盘锦市兴隆台区
11	保卫部（信访稳定办公室）	辽宁省盘锦市兴隆台区
12	研究院	辽宁省盘锦市兴隆台区
13	设计所	辽宁省盘锦市兴隆台区
14	鲅鱼圈储运部	辽宁省盘锦市兴隆台区
15	盘锦中油辽河沥青有限公司	辽宁省盘锦市兴隆台区

三、2015 年辽河石化分公司组织机构目录

单　位		所在地
一、机关部门		
1	办公室（党委办公室）	辽宁省盘锦市兴隆台区
2	人事处（党委组织部）	辽宁省盘锦市兴隆台区
3	规划计划处	辽宁省盘锦市兴隆台区
4	财务处	辽宁省盘锦市兴隆台区
5	生产运行处	辽宁省盘锦市兴隆台区
6	机动设备处	辽宁省盘锦市兴隆台区
7	安全环保处	辽宁省盘锦市兴隆台区
8	科技处	辽宁省盘锦市兴隆台区
9	企管法规处（内控风险管理处）	辽宁省盘锦市兴隆台区
10	纪委监察审计处	辽宁省盘锦市兴隆台区
11	企业文化处（党群工作处）	辽宁省盘锦市兴隆台区
二、机关附属单位		
1	档案室	辽宁省盘锦市兴隆台区
2	培训中心（再就业中心）	辽宁省盘锦市兴隆台区

续表

单　　位		所在地
3	工程造价中心	辽宁省盘锦市兴隆台区
4	结算中心	辽宁省盘锦市兴隆台区
5	调度中心	辽宁省盘锦市兴隆台区
6	安全监督中心	辽宁省盘锦市兴隆台区
三、直属部门		
1	工程管理部	辽宁省盘锦市兴隆台区
2	营销调运部	辽宁省盘锦市兴隆台区
3	物资采购部	辽宁省盘锦市兴隆台区
4	计量部质检部	辽宁省盘锦市兴隆台区
5	信息管理部	辽宁省盘锦市兴隆台区
四、所属基层单位		
1	第一联合运行部	辽宁省盘锦市兴隆台区
2	第二联合运行部	辽宁省盘锦市兴隆台区
3	第三联合运行部	辽宁省盘锦市兴隆台区
4	第四联合运行部	辽宁省盘锦市兴隆台区
5	第五联合运行部	辽宁省盘锦市兴隆台区
6	油品储运部	辽宁省盘锦市兴隆台区
7	动力运行部	辽宁省盘锦市兴隆台区
8	仪电运行部	辽宁省盘锦市兴隆台区
9	检维修部	辽宁省盘锦市兴隆台区
10	行政事务部	辽宁省盘锦市兴隆台区
11	保卫部（信访稳定办公室）	辽宁省盘锦市兴隆台区
12	研究院	辽宁省盘锦市兴隆台区
13	设计所	辽宁省盘锦市兴隆台区
14	鲅鱼圈储运部	辽宁省盘锦市兴隆台区
15	盘锦中油辽河沥青有限公司	辽宁省盘锦市兴隆台区

四、2016年辽河石化分公司组织机构目录

单 位		所在地
一、机关部门		
1	办公室（党委办公室）	辽宁省盘锦市兴隆台区
2	人事处（党委组织部）	辽宁省盘锦市兴隆台区
3	规划计划处	辽宁省盘锦市兴隆台区
4	财务处	辽宁省盘锦市兴隆台区
5	生产运行处	辽宁省盘锦市兴隆台区
6	机动设备处	辽宁省盘锦市兴隆台区
7	安全环保处	辽宁省盘锦市兴隆台区
8	科技处	辽宁省盘锦市兴隆台区
9	企管法规处（内控风险管理处）	辽宁省盘锦市兴隆台区
10	纪委监察审计处	辽宁省盘锦市兴隆台区
11	企业文化处（党群工作处）	辽宁省盘锦市兴隆台区
二、机关附属单位		
1	档案室	辽宁省盘锦市兴隆台区
2	培训中心（再就业中心）	辽宁省盘锦市兴隆台区
3	工程造价中心	辽宁省盘锦市兴隆台区
4	结算中心	辽宁省盘锦市兴隆台区
5	调度中心	辽宁省盘锦市兴隆台区
6	安全监督中心	辽宁省盘锦市兴隆台区
三、直属部门		
1	工程管理部	辽宁省盘锦市兴隆台区
2	营销调运部	辽宁省盘锦市兴隆台区
3	物资采购部	辽宁省盘锦市兴隆台区
4	计量部质检部	辽宁省盘锦市兴隆台区
5	信息管理部	辽宁省盘锦市兴隆台区
四、所属基层单位		
1	第一联合运行部	辽宁省盘锦市兴隆台区

续表

单　　位		所在地
2	第二联合运行部	辽宁省盘锦市兴隆台区
3	第三联合运行部	辽宁省盘锦市兴隆台区
4	第四联合运行部	辽宁省盘锦市兴隆台区
5	第五联合运行部	辽宁省盘锦市兴隆台区
6	油品储运部	辽宁省盘锦市兴隆台区
7	动力运行部	辽宁省盘锦市兴隆台区
8	仪电运行部	辽宁省盘锦市兴隆台区
9	检维修部	辽宁省盘锦市兴隆台区
10	行政事务部	辽宁省盘锦市兴隆台区
11	保卫部（信访稳定办公室）	辽宁省盘锦市兴隆台区
12	研究院	辽宁省盘锦市兴隆台区
13	设计所	辽宁省盘锦市兴隆台区
14	鲅鱼圈储运部	辽宁省盘锦市兴隆台区
15	盘锦中油辽河沥青有限公司	辽宁省盘锦市兴隆台区

五、2017 年辽河石化分公司组织机构目录

单　　位		所在地
一、机关部门		
1	办公室（党委办公室）	辽宁省盘锦市兴隆台区
2	人事处（党委组织部）	辽宁省盘锦市兴隆台区
3	规划计划处	辽宁省盘锦市兴隆台区
4	财务处	辽宁省盘锦市兴隆台区
5	生产运行处	辽宁省盘锦市兴隆台区
6	机动设备处	辽宁省盘锦市兴隆台区
7	安全环保处	辽宁省盘锦市兴隆台区
8	科技处	辽宁省盘锦市兴隆台区
9	企管法规处（内控风险管理处）	辽宁省盘锦市兴隆台区

续表

单　位		所在地
10	纪委监察审计处	辽宁省盘锦市兴隆台区
11	企业文化处（党群工作处）	辽宁省盘锦市兴隆台区
二、机关附属单位		
1	档案室	辽宁省盘锦市兴隆台区
2	培训中心（再就业中心）	辽宁省盘锦市兴隆台区
3	工程造价中心	辽宁省盘锦市兴隆台区
4	资金结算中心	辽宁省盘锦市兴隆台区
5	调度中心	辽宁省盘锦市兴隆台区
6	安全监督中心	辽宁省盘锦市兴隆台区
三、直属部门		
1	工程管理部	辽宁省盘锦市兴隆台区
2	营销调运部	辽宁省盘锦市兴隆台区
3	物资采购部	辽宁省盘锦市兴隆台区
4	计量部质检部	辽宁省盘锦市兴隆台区
5	信息管理部	辽宁省盘锦市兴隆台区
四、所属基层单位		
1	第一联合运行部	辽宁省盘锦市兴隆台区
2	第二联合运行部	辽宁省盘锦市兴隆台区
3	第三联合运行部	辽宁省盘锦市兴隆台区
4	第四联合运行部	辽宁省盘锦市兴隆台区
5	第五联合运行部	辽宁省盘锦市兴隆台区
6	油品储运部	辽宁省盘锦市兴隆台区
7	动力运行部	辽宁省盘锦市兴隆台区
8	仪电运行部	辽宁省盘锦市兴隆台区
9	检维修部	辽宁省盘锦市兴隆台区
10	行政事务部	辽宁省盘锦市兴隆台区
11	保卫部（信访稳定办公室）	辽宁省盘锦市兴隆台区

续表

单　位		所在地
12	研究院	辽宁省盘锦市兴隆台区
13	设计所	辽宁省盘锦市兴隆台区
14	鲅鱼圈储运部	辽宁省盘锦市兴隆台区
15	盘锦中油辽河沥青有限公司	辽宁省盘锦市兴隆台区

六、2018 年辽河石化分公司组织机构目录

单　位		所在地
一、机关部门		
1	办公室（党委办公室）	辽宁省盘锦市兴隆台区
2	人事处（党委组织部）	辽宁省盘锦市兴隆台区
3	规划计划处	辽宁省盘锦市兴隆台区
4	财务处	辽宁省盘锦市兴隆台区
5	生产运行处	辽宁省盘锦市兴隆台区
6	机动设备处	辽宁省盘锦市兴隆台区
7	安全环保处	辽宁省盘锦市兴隆台区
8	科技处	辽宁省盘锦市兴隆台区
9	企管法规处（内控风险管理处）	辽宁省盘锦市兴隆台区
10	纪委监察审计处	辽宁省盘锦市兴隆台区
11	企业文化处（党委宣传部、工会、团委）	辽宁省盘锦市兴隆台区
二、机关附属单位		
1	档案室	辽宁省盘锦市兴隆台区
2	培训中心（再就业中心）	辽宁省盘锦市兴隆台区
3	工程造价中心	辽宁省盘锦市兴隆台区
4	资金结算中心	辽宁省盘锦市兴隆台区
5	调度中心	辽宁省盘锦市兴隆台区
6	安全监督中心	辽宁省盘锦市兴隆台区

续表

单　　位		所在地
三、直属部门		
1	工程管理部	辽宁省盘锦市兴隆台区
2	营销调运部	辽宁省盘锦市兴隆台区
3	物资采购部	辽宁省盘锦市兴隆台区
4	计量部质检部	辽宁省盘锦市兴隆台区
5	信息管理部	辽宁省盘锦市兴隆台区
四、所属基层单位		
1	第一联合运行部	辽宁省盘锦市兴隆台区
2	第二联合运行部	辽宁省盘锦市兴隆台区
3	第三联合运行部	辽宁省盘锦市兴隆台区
4	第四联合运行部	辽宁省盘锦市兴隆台区
5	第五联合运行部	辽宁省盘锦市兴隆台区
6	油品储运部	辽宁省盘锦市兴隆台区
7	动力运行部	辽宁省盘锦市兴隆台区
8	仪电运行部	辽宁省盘锦市兴隆台区
9	检维修部	辽宁省盘锦市兴隆台区
10	行政事务部	辽宁省盘锦市兴隆台区
11	保卫部（信访稳定办公室）	辽宁省盘锦市兴隆台区
12	研究院	辽宁省盘锦市兴隆台区
13	设计所	辽宁省盘锦市兴隆台区
14	鲅鱼圈储运部	辽宁省盘锦市兴隆台区
15	盘锦中油辽河沥青有限公司	辽宁省盘锦市兴隆台区

七、2014—2018 年组织机构沿革图

图例说明

1. 本图主要按编年记事的方式简要绘制组织机构的沿革变化，主要包括机构的成立、更名、合并、拆分、撤销、划转等事项。

2. 本图中机构沿革变化以“机构名称”中首字母对应年份为时间节点。机构名称在一年中发生多次变革的，只显示当年变更后最终名称。

3. 机构的延续用：⟶；撤销用：⟶|；机构的合并用：⏋；分设（分拆）用：⎾ 。

4. 一个机构挂两个牌子：用（ ）；机构与 ×× 合署办公用：⊃，并在其后标注合署对象。

5. 机构的托管、代管、挂靠、设在 ×× 单位、归口管理：用 ⇕ 直接连接托管机构或其后括号内标注具体挂靠机构。

6. 系统内的划入与划转，可以 ⇧⇩ 标注去向。

7. 移交地方或划转系统外的，括号内直接标明去向：↓（去向），由地方或系统外划入的，括号内直接表明来源：↑（来源）。

8. 上划上级组织或由上级组织划入（主要针对企业）：⇑、⇓。

9. 转为机关部门或基层单位用：◇。

10. 具体图例符号使用详见每页机构沿革图下的“图例说明”。

机关部门沿革图

2014.1	2014.7	2015.9	2018.12
办公室（党委办公室）	→	→	办公室（党委办公室）
人事处（党委组织部）	→	→	人事处（党委组织部）
规划计划处	→	→	规划计划处
财务处	→	→	财务处
生产运行处	→	→	生产运行处
机动设备处	→	→	机动设备处
安全环保处	→	→	安全环保处
科技管理处	科技处	→	科技处
企管法规处	企管法规处（内控风险管理处）	→	企管法规处(内控风险管理处)
审计监察处(纪委)	纪委监察审计处	→	纪委监察审计处
企业文化处（党委宣传部）	→	企业文化处（党群工作处）	企业文化处（党委宣传部、工会、团委）
群团工作处(工会、团委、计划生育办)	→	企业文化处（党群工作处）	企业文化处（党委宣传部、工会、团委）

图例说明　——→：延续　⇉：合并

直属机构沿革图

2014.1	2014.7	2018.12
工程管理部 →		工程管理部
营销调运部 →		营销调运部
电子商务部 →	物资采购部 →	物资采购部
计量部 →	计量质检部 →	计量质检部
分析化验中心 →	（合并入计量质检部）	
信息管理部 →		信息管理部

图例说明　→：延续　⇉：合并

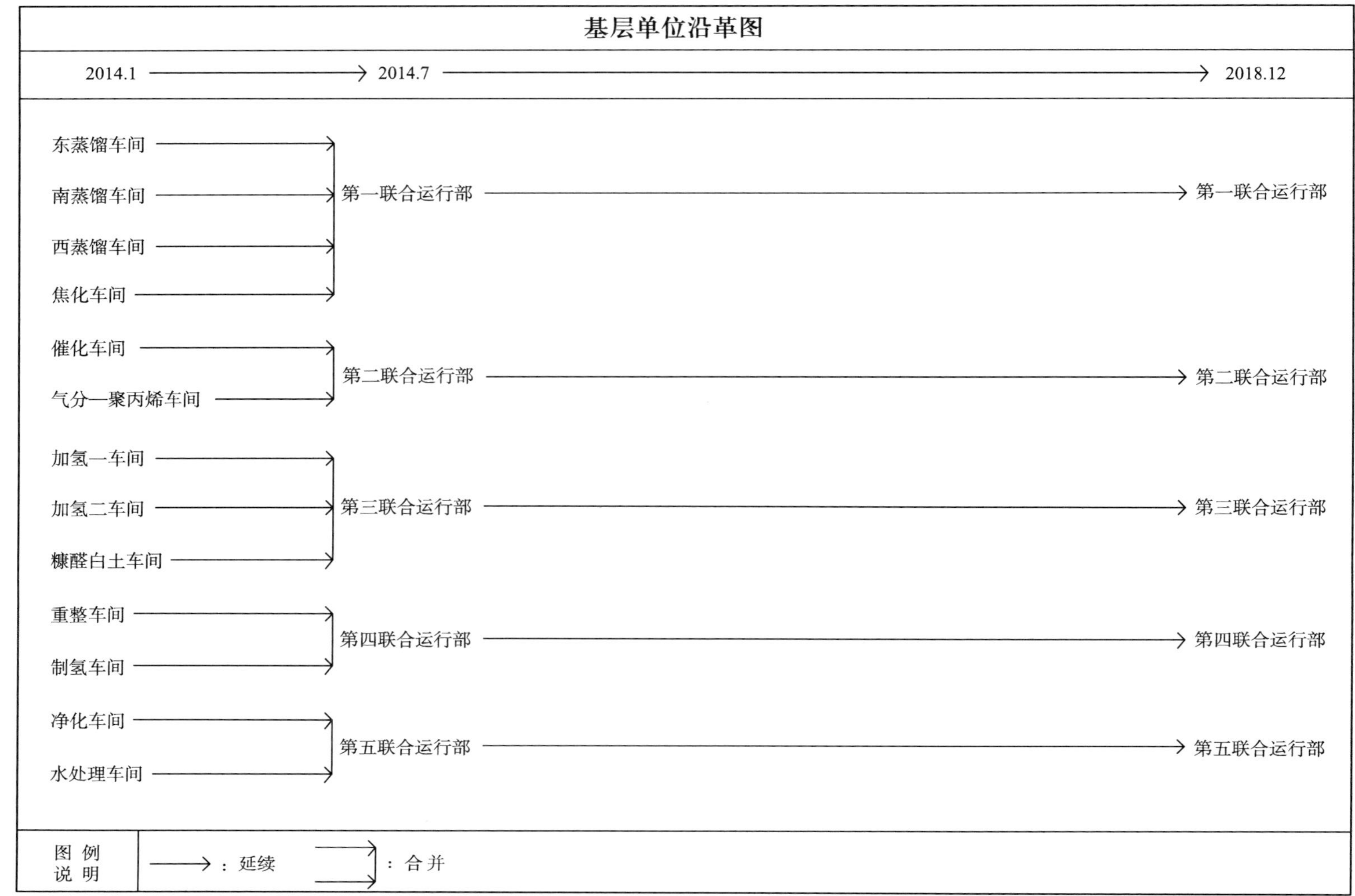
基层单位沿革图
2014.1
2014.7
2018.12
东蒸馏车间
南蒸馏车间
西蒸馏车间
焦化车间
第一联合运行部
第一联合运行部
催化车间
气分—聚丙烯车间
第二联合运行部
第二联合运行部
加氢一车间
加氢二车间
糠醛白土车间
第三联合运行部
第三联合运行部
重整车间
制氢车间
第四联合运行部
第四联合运行部
净化车间
水处理车间
第五联合运行部
第五联合运行部
图例说明
：延续
：合并

续表

基层单位沿革图
2014.1
2014.7
2018.12
空分车间
供水车间
动力运行部
动力运行部
油品车间
原油车间
运输车间
油品储运部
油品储运部
销售车间
分析化验中心
（分析化验中心并入计量质检部）
钳工车间
工程质量监督站
检维修部
检维修部
电工车间
仪表车间
仪电运行部
仪电运行部
原油部
图例说明
：延续
：合并
：撤销

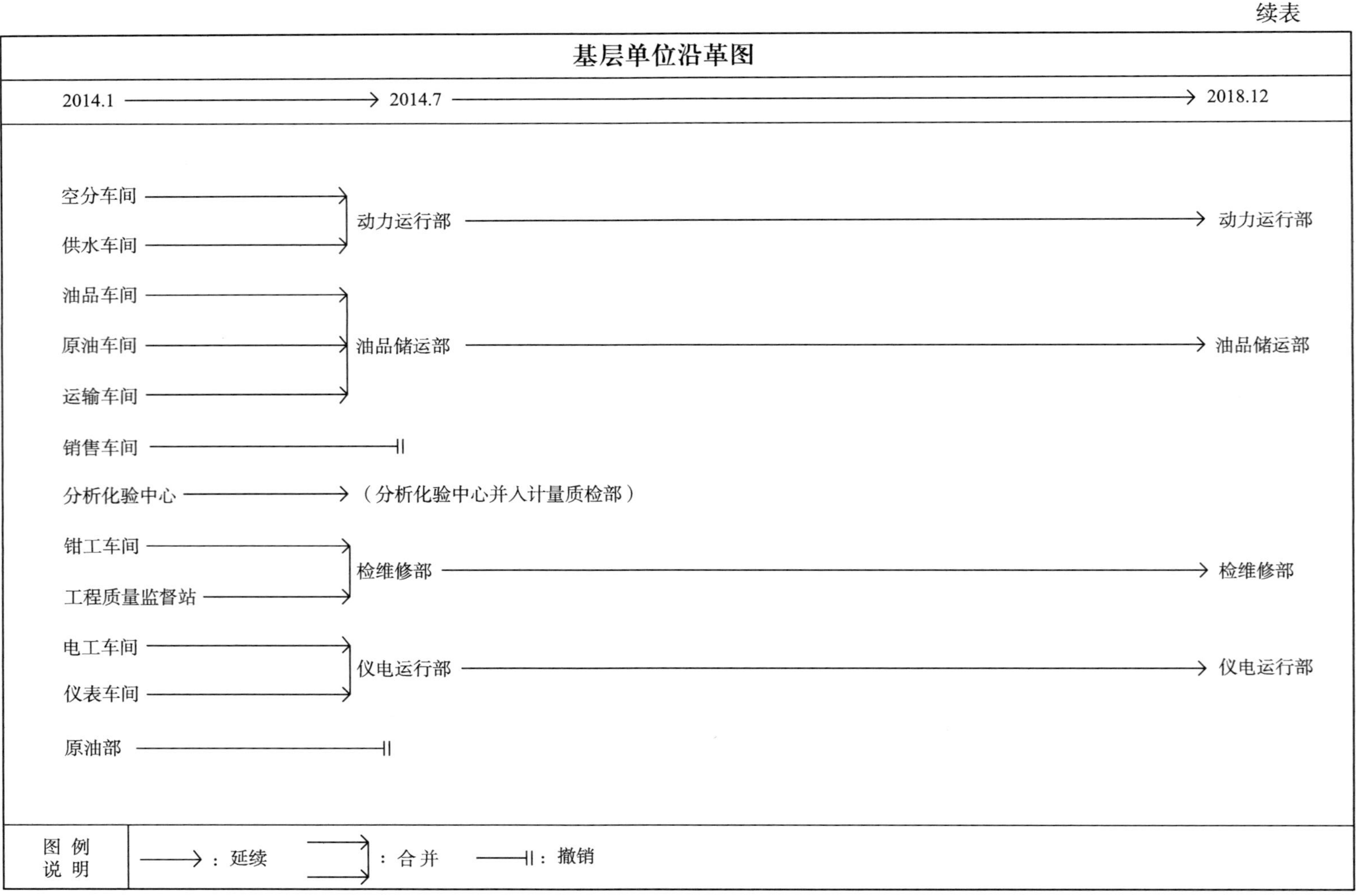

续表

基层单位沿革图

2014.1	2014.7	2018.12
机关车队	行政事务部	行政事务部
后勤服务中心		
石化宾馆		
新闻中心		
文体活动中心		
保卫部（信访稳定办公室）		保卫部（信访稳定办公室）
研究院		研究院
设计所		设计所
鲅鱼圈储运公司	鲅鱼圈储运部	鲅鱼圈储运部
盘锦中油辽河沥青有限公司		盘锦中油辽河沥青有限公司

图例说明　——→：延续　⊐→：合并

第二节　辽河石化分公司基本情况统计表

一、辽河石化分公司主要指标完成情况

项目＼年份	2014	2015	2016	2017	2018
一、主营业务收入					
1. 资产合计（万元）		391456	346294	406393	372894
2. 营业收入（万元）	2556067	1699570	1394595	1824382	1999823
3. 利润合计（万元）	24956	10308	1324	17291	3202
4. 上缴税费（万元）	427795	537858	406703	487675	394187
二、原料加工量（万吨）	538.75	490.82	483.45	485.81	479.88
三、主要产品产量					
产品总量（万吨）	511.91	466.5	459.54	460.45	453.66
1. 柴油（万吨）	146.17	142.62	132	137.83	126.34
2. 汽油（万吨）	68.62	54.28	56.66	64.48	64.7
3. 石油焦（万吨）	20.42	20.56	24.28	24.50	22.1
4. 润滑油（万吨）	17.98	17.19	12.53	4.07	3
5. 沥青（万吨）	184.5	172.55	177.33	154.03	165.59
6. 液化气（万吨）	7.92	7.61	10.00	10.35	9.51
7. 聚丙烯（万吨）	2.57	2.25	2.35	2.45	2.19
8. 燃料油（万吨）	20.89	11.29	11.61	11.14	11.54
9. 蜡油（万吨）	20.93	7.94	0.89	12.62	9.4

二、员工队伍结构情况

项目 \ 年份		2014	2015	2016	2017	2018
合计（人）		2848	2811	2766	2706	2562
用工形式	合同化员工（人）	2661	2624	2579	2523	2381
	市场化员工（人）	187	187	187	183	181
文化结构	硕士及以上（人）	40	38	40	38	38
	本科（人）	741	793	790	785	767
	大专（人）	562	555	556	545	521
	中专（人）	256	248	247	249	228
	技校（人）	198	197	271	335	328
	高中（人）	10	10	15	16	14
	初中及以下（人）	1001	970	847	738	666
年龄结构	30 岁以下（人）	240	236	244	199	167
	31 至 40（人）	868	669	614	496	383
	41 至 50（人）	1300	1419	1559	1603	1590
	51 岁以上（人）	253	300	349	408	422
	平均年龄	41.7	42.4	42.8	43.6	44.1

三、历年党员人数和基层党组织情况

项目 \ 年份	2014	2015	2016	2017	2018
党委（个）	1	1	1	1	1
党总支（个）	—	—	—	—	—
党支部（个）	32	32	32	32	32
党员（人）	979	989	994	978	963
其中：女	210	218	224	221	219
其中：少数民族	75	77	77	78	78
其中：在职职工	966	978	985	970	955
发展党员（人）	28	20	17	6	8

第三节　专家和正副高级职称人员名录

一、专家名录

年度	称号	姓名
2014	集团公司高级技术专家	黄　鹤
	集团公司技能专家	肖国营
	企业级技术专家	付耀铭
		刘海澄
		汪太龙
		徐　剑
		田　刚
		李铁山
		张继林
		张　峰
	企业级技能专家	陈　健
		戴　云
		陆　生
		邹尚强
		王晓颖
		韩立新
2015	集团公司高级技术专家	黄　鹤
	集团公司技能专家	肖国营
	企业级技能专家	戴　云
		陆　生
		邹尚强
		王晓颖
		韩立新

续表

年度	称号	姓名
2016	集团公司高级技术专家	黄　鹤
	集团公司技能专家	肖国营
	企业级技能专家	戴　云
		陆　生
		盖永强
		梁敬海
		崔彦平
		韩立新
		周　强
		曾海军
		斐　丽
2017	集团公司高级技术专家	黄　鹤
	集团公司技能专家	肖国营
	企业级技术专家	许　斌
		杨元彬
		刘　宇
		李铁山
		陈国栋
		刘海澄
		汪太龙
		徐　剑
	企业级技能专家	戴　云
		陆　生
		盖永强
		梁敬海
		崔彦平
		韩立新
		周　强
		曾海军
		斐　丽

续表

年度	称号	姓名
2018	集团公司高级技术专家	黄　鹤
	集团公司技能专家	肖国营
	企业级技术专家	许　斌
		杨元彬
		刘　宇
		李铁山
		刘海澄
		汪太龙
		徐　剑
	企业级技能专家	戴　云
		陆　生
		盖永强
		周　强
		林　辉

二、高级职称人员名录

年度	聘任时间	职称	姓　名
2014	2014.12.30	高级工程师	刘呈军
			孙祥忠
			赵新凯
			吴连喜
			许　斌
			于凤宝
			方　力
		高级政工师	王俐丽

续 表

年度	聘任时间	职称	姓 名
2015	2015.8.24	教授级高级会计师	沈 薇
	2015.12.30	高级工程师	刘 宇
			王雪飞
			梁士军
			苗兴东
			李京辉
			周 皓
		高级政工师	马德君
		高级经济师	季 东
2016	2016.12.30	高级工程师	孙井侠
			甄 毅
			李 航
			王志伟
			赵 斌
			孙茂祥
			朱希平
			赵 岚
		高级政工师	吴 君
2017	2017.12.30	高级工程师	王 磊
			吴 冰
			解 喆
			刘 冬
			刘 军
			田 欢
		高级政工师	马 楠
		高级会计师	钟生章
		高级经济师	王宏伟
			张 戬

续　表

年度	聘任时间	职称	姓　名
2018	2018.12.30	高级工程师	单亚德
			白　勇
			吕大成
			庄永跃
			郑长娥
			刘　洋
			卢壮志
			毛　卫
		高级政工师	杨　爽

第四节　省、市、区人大代表、政协委员名录

一、省、市、区人大代表名录

姓　名	届　　次
刘德佳	中共辽宁省第十二次代表大会

二、省、市、区政协委员名录

姓　名	届　　次
李京辉	辽宁省第十一届政协委员

第五节 先进集体和先进个人

一、先进集体名录

年度	荣誉称号	获奖单位
2014	辽宁省平安建设示范单位	辽河石化分公司
	辽宁省重合同守信用先进单位	
	集团公司安全生产先进企业	
	集团公司环境保护先进企业	
	集团公司信息化工作先进单位	
	集团公司安全生产先进监督部门	
	集团公司节能节水先进企业	
	集团公司规划计划工作先进单位	
	集团公司统计工作先进单位	
	集团公司物资统计先进单位	
	集团公司职业技能竞赛（加氢装置操作工）团体第九名	
	集团公司节能节水先进基层单位	第三联合运行部
	《中国石油报》三星级记者站	辽河石化分公司记者站
	中国石油工业优秀 QC 小组	辽河石化分公司净化车间攻关小组
	盘锦市践行社会主义核心价值观先进集体	计量质检部分析化验中心
	辽河油区百日会战先进单位	辽河石化分公司保卫部

续表

年度	荣誉称号	获奖单位
2015	全国石油和化工行业两化融合优秀实践奖	辽河石化分公司
	辽宁省石油石化学会先进集体	
	辽宁省工矿企业保卫工作先进集体	
	辽宁省守合同重信用企业	
	集团公司安全生产先进企业	
	集团公司环境保护先进企业	
	集团公司统计工作先进单位	
	集团公司节能节水先进单位	
	集团公司物资采购管理先进单位	
	集团公司物资统计先进单位	
	沥青行业诚信单位	
	沥青行业卓越贡献奖	
	集团公司催化裂化操作工职业技能竞赛团体第三名	
	集团公司职业技能竞赛应急演练项目团体第二名	
	“十二五”期间集团公司科技工作先进单位	
	“十二五”期间集团公司科技工作创新团队	研究院润滑油产品研究室
	集团公司安全生产先进监管部门	安全环保处
	集团公司绿色基层队（站）、车间（装置）	第五联合运行部　油品储运部
	集团公司信息化工作创新团队	信息管理部
	《中国石油报》三星级记者站	辽河石化分公司记者站
	集团公司五四红旗团支部（总支）	研究院团支部
	集团公司青年文明号	第三联合运行部团支部
	辽河油区综合治理先进单位	安全环保处

续表

<table>
<tr><th>年度</th><th>荣誉称号</th><th>获奖单位</th></tr>
<tr><td rowspan="8">2016</td><td>辽宁省内保协会保卫工作突出贡献单位</td><td rowspan="4">辽河石化分公司</td></tr>
<tr><td>辽宁省平安建设示范单位</td></tr>
<tr><td>集团公司“六五”普法先进单位</td></tr>
<tr><td>炼油与化工分公司装置检修优胜单位</td></tr>
<tr><td>辽河油田治安综合治理工作先进单位</td><td rowspan="4">辽河石化分公司保卫部</td></tr>
<tr><td>辽河油田禁毒工作先进单位</td></tr>
<tr><td>辽河油田防范和处理邪教工作先进单位</td></tr>
<tr><td>辽河油田民兵预备役工作先进单位</td></tr>
<tr><td rowspan="15">2017</td><td>第九届全国石油和化工行业职业技能竞赛仪器仪表维修工团体一等奖、工业废水处理工团体三等奖</td><td rowspan="10">辽河石化分公司</td></tr>
<tr><td>省级“平安建设达标单位”</td></tr>
<tr><td>石油和化工行业“绿色工厂”</td></tr>
<tr><td>中国沥青协会“沥青行业民族品牌贡献奖”</td></tr>
<tr><td>中国沥青行业“社会最佳贡献奖”企业</td></tr>
<tr><td>集团公司统计工作先进单位</td></tr>
<tr><td>集团公司环境保护先进企业</td></tr>
<tr><td>集团公司节能节水型企业先进单位</td></tr>
<tr><td>集团公司组织史资料编纂工作先进单位</td></tr>
<tr><td>集团公司物资统计先进单位</td></tr>
<tr><td>辽宁名牌产品称号</td><td>辽河石化分公司“欢喜岭牌道路石油沥青”</td></tr>
<tr><td>集团公司组织史资料企业卷优秀著作一等奖</td><td>《中国石油辽河石化组织史资料》</td></tr>
<tr><td>集团公司铁人先锋号</td><td>公司第一联合运行部南蒸馏操作一班</td></tr>
<tr><td>集团公司 2017 年度绿色基层队（站）、车间（装置）</td><td>第二联合运行部、第四联合运行部</td></tr>
<tr><td>集团公司人事统计工作先进单位
集团公司企业年金工作先进单位</td><td>人事处</td></tr>
</table>

续表

年度	荣誉称号	获奖单位
2018	辽宁省平安示范单位	辽河石化分公司
	辽宁省企业事业单位安全保卫工作集体二等功	
	“中国石化杯”全国催化裂化工职业技能竞赛优秀组织奖	
	第十届全国石油石化行业工职业技能竞赛化学检验员团体三等奖	
	第十届全国石油石化行业工职业技能竞赛机修钳工团体三等奖	
	改革开放40年中国企业文化优秀单位	
	集团公司第九届党建思想政治工作优秀组织单位	
	盘锦市市长质量奖	
	盘锦市2018年创新型领军企业	
	辽宁省企业事业单位安全保卫工作先进集体	辽河石化分公司保卫部
	辽宁省公安厅企业内保工作先进集体	
	集团公司宣传思想文化工作先进集体	
	辽宁名牌产品	“欢喜岭”牌聚丙烯
	集团公司绿色基层队（站）、车间（装置）	第五联合运行部、第四联合运行部
	集团公司先进HSE标准化站（队）	第三联合运行部
	集团公司青年文明号集体	第三联合运行部青年突击队
	集团公司远程培训网络课件开发征集活动优秀组织奖	辽河石化分公司人事处

二、先进个人名录

获奖时间	姓　名	荣誉称号
2014	闫铁伦	集团公司管理提升活动先进个人
	闫铁伦	集团公司质量管理小组活动卓越领导者
	邹　晖	集团公司质量管理小组活动优秀推进者
	李亚林	集团公司安全管理先进个人
	胡崇海	集团公司安全监督先进个人
	刘志远	集团公司安全生产先进个人
	周　皓	集团公司环境保护先进个人
	宋迎霞	集团公司物资统计工作先进个人
	马德君	集团公司年鉴工作先进个人
	于洋洋	集团公司职业技能竞赛（加氢装置操作工）铜牌
	蔡少波	辽河油区百日会战先进个人

续表

获奖时间	姓 名	荣誉称号
2015	林 辉	全国技术能手
	林 辉	第六届全国石油和化工行业职业技能竞赛金牌
	孙玉嵘	辽宁省五一劳动奖章
	何志刚	辽宁省技能能手
	杨印桐	集团公司安全管理先进个人
	黄 亮 孙宏伟	集团公司安全生产先进个人
	许立新 李连昆	集团公司安全监督先进个人
	周 皓 王 磊	集团公司环境保护先进个人
	黄 鹤 于 洋 刘海澄 孙井侠 曾 海 徐 剑	集团公司“十二五”先进科技工作者
	王毅民 翟大军	集团公司物资采购与招标管理先进个人
	程文嘉 刘 明	集团公司催化裂化操作工职业技能竞赛铜牌
	方 焜	集团公司优秀共青团员
	关雨豪	集团公司优秀共青团干部
	王献民	集团公司“十二五”员工培训先进工作者
	杨长文	集团公司“十二五”优秀兼职培训教师
2016	宫树和	集团公司优秀党务工作者
	姚振芳	集团公司维稳信访先进工作者
	罗大勇	全国石油和化工行业先进信息工作者
	李亚林	集团公司安全管理先进个人
	胡崇海 许立新	集团公司安全监督先进个人
	黄 亮	集团公司安全生产先进个人
	周 皓 孔 锦	集团公司环境保护先进个人
	宫树和	集团公司“优秀党务工作者”
	孙 伟	集团公司“优秀共产党员”
	时丕斌	集团公司“优秀青年”
	于大军	盘锦市五一劳动奖章
	于大军	盘锦市职业技术状元
	李连昆 宋 歌	集团公司 2017 年度安全监督先进个人

续表

获奖时间	姓　名	荣誉称号
2017	董敬伟	集团公司安全生产先进个人
	周　皓　王　飞	集团公司环境保护先进个人
	时丕斌	集团公司优秀青年
	宫树和	省级平安建设先进个人、荣立一等功
	王宏伟	集团公司企业年金先进个人
	宋迎霞	集团公司物资统计先进个人
	陈　闯	中国石油组织史资料编纂工作先进个人
	关雨豪	2016—2017 年集团公司优秀共青团干部
	宋　健	2016—2017 年集团公司优秀共青团员
	陈志强　何志刚　李　军	集团公司技术能手
	时丕斌	集团公司技术能手
2018	时丕斌	集团公司炼化专业职业技能竞赛设备管理人员竞赛金牌
	于洋洋	集团公司炼化专业职业技能竞赛催化重整操作工竞赛银牌
	韩　强	集团公司炼化专业职业技能竞赛安全管理人员竞赛铜牌
	时丕斌	集团公司优秀青年
	胡崇海　李　绥	集团公司安全监督先进个人
	董敬伟	集团公司安全生产先进个人
	刘龙军　孔　锦	集团公司环境保护先进个人
	王宏伟	集团公司人力资源管理系统优秀关键用户
	李昌茂	集团公司主题教育优秀宣讲员

第六章　组织人事大事纪要

二〇一四年

1 月 7 日　辽河石化分公司党委决定：张允金同志因年龄原因，不再担任营销调运部党支部书记职务，改做具体工作（保留副处级）。【中油辽石化党发〔2014〕2 号】

4 月 25 日　集团公司决定：李京辉任辽河石化分公司总经理；刘德佳任辽河石化分公司副总经理；免去李天书的辽河石化分公司总经理职务，另有任用。【石油任〔2014〕108 号】

4 月 25 日　集团公司党组决定：刘德佳同志任辽河石化分公司党委委员、书记；李京辉同志任辽河石化分公司党委副书记，免去其党委书记职务；免去李天书同志的辽河石化分公司党委副书记、委员职务。【中油党组〔2014〕36 号】

5 月 23 日　股份公司人事部决定：辽河石化分公司机关设办公室（党委办公室）、人事处（党委组织部）、规划计划处、生产运行处、机动设备处、安全环保处、科技处、企管法规处（内控与风险管理处）、纪委监察审计处、企业文化处（党群工作处）11 个职能处室，机构规格为处级，人员编制 110 人（含公司领导），其中，处级职数 31 人（含总经理助理、副总师等职数 4 人）；机关附属机构设结算中心、调度中心、培训中心、档案室、工程造价中心、安全监督中心，机构规格均为正科级，人员编制 46 人，其中纳入中层领导管理的部门领导职数 6 人；直属机构设工程管理部、营销调运部、物资采购部、计量质检部、信息管理部，机构规格为处级，管理人员编制 67 人，其中处级职数 15 人；公司下设第一联合运行部、第二联合运行部、第三联合运行部、第四联合运行部、第五联合运行部、油品储运部、动力运行部、仪电运行部、检维修部、行政事务部、保卫部（信访稳定办公室）、研究院、设计所、鲅鱼圈储运部、盘锦中油辽河沥青有限公司 15 个二级机构，机构规格为副处级，二级机构领导职数控制在 68 人以内，其中副处级职数 27 人。【油人事〔2014〕171 号】

7 月 26 日　辽河石化分公司决定：成立新装置开工办公室，为生产运行处下设机构；成立新产品开发办公室，为科技处下设机构；成立岗位责任制检查办公室，为人事处下设机构。专项管理机构的工作职责由企管法规处（内控与风险管理处）编制下发。【油辽石化字〔2014〕54 号】

7 月 26 日　辽河石化分公司决定：撤销原油部，其职能划归生产运行处；撤销销售车间，将原销售车间职能与气分—聚丙烯车间产品出厂计量职能划归营销调运部；计量部与分析化验中心合并，成立计量质检部，为公司直属机构；工程预决算部更名为工程造价中心，变更为规划计划处下设的机关附属机构；档案室变更为办公室（党委办公室）下设的附属机构；审计监察处（纪委）更名为纪委监察审计处；企管法规处更名为企管法规处（内控与风险管理处）；现场监察中心更名为安全监督中心；资金结算中心更名为结算中心；电子商务部更名为物资采购部；鲅鱼圈储运公司更名为鲅鱼圈储运部；整合东蒸馏车间、南蒸馏车间、西蒸馏车间、焦化车间，组建第一联合运行部；整合催化车间、气分—聚丙烯车间，组建第二联合运行部；整合加氢一车间、加氢二车间、糠醛白土车间，组建第三联合运行部；整合重整车间、制氢车间，组建第四联合运行部；整合净化车间、水处理车间，组建第五联合运行部；整合油品车间、原油车间、运输车间，组建油品储运部；整合空分车间、供水车间，组建动力运行部；整合仪表车间、电工车间，组建仪电运行部；整合钳工车间、工程质量监督站，组建检维修部；整合后勤服务中心、石化宾馆、机关车队、新闻中心、文体活动中心，组建行政事务部。变更后，公司的组织机构为：公司机关设办公室（党委办公室）、人事处（党委组织部）、规划计划处、财务处、生产运行处、机动设备处、安全环保处、科技处、企管法规处（内控与风险管理处）、纪委监察审计处、企业文化处（党委宣传部）、群团工作处（工会、团委、计划生育办）12 个职能处室。机构规格为正处级。公司机关附属机构设结算中心、调度中心、培训中心（再就业中心）、档案室、工程造价中心、安全监督中心。机构规格为正科级。公司直属机构设工程管理部、营销调运部、物资采购部、计量质检部、信息管理部。机构规格为正处级。公司二级机构设第一联合运行部、

第二联合运行部、第三联合运行部、第四联合运行部、第五联合运行部、油品储运部、动力运行部、仪电运行部、检维修部、行政事务部、保卫部（信访稳定办公室）、研究院、设计所、鲅鱼圈储运部、盘锦中油辽河沥青有限公司。机构规格为副处级。【油辽石化字〔2014〕53号】

7月26日　辽河石化分公司决定：副总工程师于建林为正处级；副总工程师赵学成为正处级；安全副总监、安全环保处处长汤规成为正处级；副总会计师李艳辉为正处级；办公室主任陈绍元为正处级；人事处处长马宝山为正处级；规划计划处处长姚成宏为正处级；财务处处长王成宏为正处级；生产运行处处长史承文为正处级；企业文化处处长王罡为正处级；群团工作处处长马楠为正处级；工程管理部部长刘耐文为正处级；营销调运部部长孙德胜为正处级；规划计划处副处长杨立祥为副处级；规划计划处副处长郭宇光为副处级；财务处副处长李宏才为副处级；财务处副处长杨淑凤为副处级；生产运行处副处长刘洪江为副处级；机动设备处副处长付耀铭为副处级；安全环保处副处长刘崇华为副处级；企业文化处副处长李明为副处级；群团工作处副处长宁宝财为副处级；信息管理部部长邓柏贵为副处级；设计所主任关金玲为副处级；办公室副主任杨丹为正科级；人事处副处长林彬原级别不变；安全环保处副处长胡崇海原级别不变；工程管理部副部长王振友为正科级；设计所副主任张伟为正科级。【油辽石化字〔2014〕55号】

7月26日　辽河石化分公司决定：王大东任纪委监察审计处处长；付炜任纪委监察审计处副处长；熊亚杰任纪委监察审计处副处长；李荣峰任企管法规处（内控与风险管理处）处长；王京宇任企管法规处（内控与风险管理处）副处长（原级别不变）；于凤宝任机动设备处处长（副处级）；刘维功任科技处处长（副处级）；张继林任科技处副处长；黄鹤兼任新产品开发办公室主任（原级别不变）；杨刚任生产运行处副处长；常忠伟任新装置开工办公室主任（原级别不变）；黄守杰任办公室高级主管（正科级）；李斗任办公室高级主管（正科级）；张思友任岗位责任制检查办公室主任（原级别不变）；张德海任岗位责任制检查办公室副主任（原级别不变）；甄占胜任安全环保处高级主管（正科级）；王绍霞任群团工作处高级主管（正科级）；于建林任物资采购部部长；宋宝利任物资采购部副部长（原级别不变）；吴连喜任物资采购部副部长（原级别不变）；郑亚天任物资采购

部高级主管（原级别不变）；南连水任计量质检部部长；刘艳清任计量质检部副部长；隋福生任计量质检部副部长；王月江任计量质检部高级主管（正科级）；叶明任计量质检部主管（副科级）；王静任计量质检部主管（副科级）；王立国任营销调运部副部长；房玉柱任营销调运部副部长；王俊伟任营销调运部高级主管（正科级）；周志勇任营销调运部高级主管（正科级）；付耀坤任营销调运部高级主管（正科级）；刘建华任营销调运部主管（副科级）；崔丰起任营销调运部主管（副科级）；谢宏任工程管理部副部长（正科级）；秦运江任信息管理部副部长（原级别不变）；王福军任信息管理部高级主管（正科级）；朱卫国任信息管理部高级主管（正科级）；钟生章任结算中心主任；胡崇海兼任安全监督中心主任；董德君任工程造价中心主任；王永明任工程造价中心副主任；于洋任研究院院长；王磊任第一联合运行部主任；李茂东任第一联合运行部副主任；毛卫任第一联合运行部副主任；许斌任第一联合运行部副主任；王雷任第一联合运行部副主任；裴力君任第一联合运行部安全工程师（副科级）；庄野任第一联合运行部装置工程师（原级别不变）；陈庆华任第一联合运行部装置工程师（副科级）；赵斌任第一联合运行部装置工程师（副科级）；邱柏任第一联合运行部装置工程师（副科级）；郑翚任第一联合运行部装置工程师（副科级）；王强任第一联合运行部装置工程师（副科级）；刘志远任第二联合运行部主任；陆顺良任第二联合运行部副主任；张丛杰任第二联合运行部副主任；张峰任第二联合运行部副主任；杨元彬任第二联合运行部副主任；许立新任第二联合运行部安全工程师（副科级）；赵岚任第二联合运行部装置工程师（副科级）；胡春佳任第二联合运行部装置工程师（副科级）；姚斌任第三联合运行部主任（原级别不变）；王学文任第三联合运行部副主任；寇卫民任第三联合运行部副主任；李宝任第三联合运行部副主任；张勇任第三联合运行部副主任；宋国柱任第三联合运行部安全工程师（副科级）；张立军任第三联合运行部装置工程师（副科级）；王亮任第三联合运行部装置工程师（副科级）；尤峰任第三联合运行部装置工程师（副科级）；赵真义任第三联合运行部装置工程师（副科级）；刘宇任第三联合运行部装置工程师（副科级）；董敬伟任第四联合运行部主任；齐国良任第四联合运行部副主任；单育民任第四联合运行部副主任；陈国栋任第四联合运行部副主任；徐庆俭任第四联合运

行部副主任；刘长虹任第四联合运行部安全工程师（原级别不变）；刘军任第四联合运行部装置工程师（副科级）；王金洪任第五联合运行部主任；曲洪昂任第五联合运行部副主任；刚强任第五联合运行部副主任；杜学兵任第五联合运行部副主任；张文华任第五联合运行部副主任（原级别不变）；徐铁任第五联合运行部安全工程师（副科级）；刘龙军任第五联合运行部装置工程师（副科级）；方立刚任第五联合运行部装置工程师（副科级）；黄亮任油品储运部主任；罗义仁任油品储运部副主任；闫恒任油品储运部副主任；张宝柱任油品储运部副主任；杨宏任油品储运部副主任；宋歌任油品储运部安全主管（副科级）；祁伟任油品储运部专业主管（副科级）；杜德辉任油品储运部专业主管（副科级）；程斌任油品储运部专业主管（副科级）；王飞任动力运行部主任；杨同臣任动力运行部副主任；孙书文任动力运行部副主任；张永高任动力运行部副主任；代元书任动力运行部安全主管（副科级）；崔振东任动力运行部专业主管（副科级）；孙宏伟任仪电运行部主任；张华庚任仪电运行部副主任；李铁山任仪电运行部副主任；田刚任仪电运行部副主任；鲁鹰任仪电运行部安全主管（副科级）；易江任仪电运行部专业主管（副科级）；王建明任检维修部主任；马晋学任检维修部副主任；王强任检维修部副主任；鞠君辉任检维修部副主任；李彦川任检维修部安全主管（副科级）；谢峰任检维修部专业主管（副科级）；胡永杰任行政事务部主任；孙国振任行政事务部副主任；王玉岭任行政事务部副主任；梁忠哲任行政事务部副主任（原级别不变）；于景利任行政事务部安全主管（副科级）；李文任行政事务部专业主管（副科级）；张红新任行政事务部专业主管（副科级）；吴君任行政事务部专业主管（副科级）；句海萍任行政事务部专业主管（副科级）；王永刚任鲅鱼圈储运部主任；陈玉江任鲅鱼圈储运部副主任；杨涛任鲅鱼圈储运部副主任。以上人员原职务均免去。主管、高级主管岗位的具体职务、职责由所在单位确定。【油辽石化字〔2014〕56】

7 月 27 日 辽河石化分公司党委决定：党委办公室主任陈绍元同志为正处级；党委组织部部长马宝山同志为正处级；纪委副书记王大东同志为正处级；党委宣传部部长王罡同志为正处级；党委宣传部副部长李明同志为副处级；工会副主席宁宝财同志为副处级；共青团中油辽河石化分公司委员会书记王俐丽同志为副处级；党委办公室副主任杨丹同志为正科级；党委组织

部副部长林彬同志原级别不变。【中油辽石化党发〔2014〕11号】

7月27日　辽河石化分公司党委决定：刘耐文同志任工程管理部党支部书记；孙德胜同志任营销调运部党支部书记；王明山同志任物资采购部党支部书记（原级别不变）；刘艳清同志任计量质检部党支部副书记（主持工作）；邓柏贵同志任信息管理部党支部书记（副处级）；李茂东同志任第一联合运行部党支部书记；陆顺良同志任第二联合运行部党支部书记；王学文同志任第三联合运行部党支部书记；齐国良同志任第四联合运行部党支部书记；曲洪昂同志任第五联合运行部党支部书记；罗义仁同志任油品储运部党支部书记；杨同臣同志任动力运行部党支部书记；张华庚同志任仪电运行部党支部书记；王建明同志任检维修部党支部书记；胡永杰同志任行政事务部党支部书记；王永刚同志任鲅鱼圈储运部党支部书记；付小波同志改任设计所党支部副书记（主持工作）（原级别不变）；免去谢宏同志的工程管理部党支部副书记职务。【中油辽石化党发〔2014〕12号】

9月29日　辽河石化分公司党委决定：于建林同志任物资采购部党支部书记；免去王明山同志的物资采购部党支部书记职务，改任调研员。【中油辽石化党发〔2014〕16号】

9月30日　辽河石化分公司决定：叶明任环境监测站站长（原级别不变）。【油辽石化字〔2014〕88号】

二〇一五年

9月15日　辽河石化分公司决定：马楠任办公室主任；宁宝财任企业文化处副处长；王绍霞任企业文化处高级主管（正科级）；免去陈绍元的办公室主任职务。【油辽石化字〔2015〕78号】

9月15日　辽河石化分公司党委决定：马楠同志任党委办公室主任；王罡同志任党群工作处处长；宁宝财同志任党群工作处副处长；李明同志任党群工作处副处长；免去陈绍元同志的党委办公室主任职务。【中油辽石化党发〔2015〕13号】

9月15日　辽河石化分公司决定：企业文化处（党委宣传部）与群团工作处（工会、团委、计划生育办）合并为企业文化处（党群工作处），为

公司机关职能处室，机构规格为正处级。【油辽石化字〔2015〕77号】

9月26日 集团公司党组决定：刘德佳同志任辽河石化分公司纪委书记、工会主席。【中油党组〔2015〕191号】

12月16日 辽河石化分公司决定：柴成忠任计量质检部副部长，免去其盘锦中油辽河沥青有限公司总经理职务（交由盘锦中油辽河沥青有限公司董事会确认）；臧广林任盘锦中油辽河沥青有限公司总经理（交由盘锦中油辽河沥青有限公司董事会确认）；免去赵学成的副总工程师职务，改任正处级调研员；陈绍元因年龄原因，改任正处级调研员；免去杨立祥的规划计划处副处长职务，改任副处级调研员；免去黄守杰的办公室高级主管职务，改任正科级调研员；免去张德海的岗位责任制检查办公室副主任职务，改任正科级调研员；免去李文的行政事务部专业主管职务，改任副科级调研员。【油辽石化字〔2015〕111号】

二〇一六年

5月24日 股份公司决定：沈薇任辽河石化分公司总会计师。【石油任〔2016〕134号】

5月24日 集团公司党组决定：沈薇任辽河石化分公司党委委员。【中油党组〔2016〕71号】

9月2日 辽河石化分公司决定：臧广林任盘锦中油辽河沥青有限公司总经理；李宏才兼任盘锦中油辽河沥青有限公司总会计师；孔德强任盘锦中油辽河沥青有限公司副总经理。【油辽河石化〔2016〕67号】

9月2日 辽河石化分公司党委决定：臧广林同志任盘锦中油辽河沥青有限公司党支部书记。【中油辽石化党发〔2016〕11号】

11月28日 辽河石化分公司决定：根据王京宇本人申请，依照有关规定，免去王京宇的企管法规处（内控与风险管理处）副处长职务，改任调研员，享受副处级待遇。【辽河石化〔2016〕91号】

12月19日 辽河石化分公司决定：免去杨淑凤的财务处副处长职务，改任副处级调研员；免去李明的企业文化处副处长职务，改任副处级调研员；免去刘艳清的计量质检部副部长职务，改任副处级调研员；免去王玉岭的行政事务部副主任职务，改任正科级调研员；免去马作侠的研究院油品分析室主任职务，改任副科级调研员。【辽河石化〔2016〕92号】

12月19日　辽河石化分公司党委决定：南连水同志任计量质检部党支部书记；免去刘艳清同志的计量质检部党支部副书记职务，改任副处级调研员；免去李明同志的党群工作处副处长职务，改任副处级调研员。【中油辽石化党发〔2016〕22号】

二〇一七年

3月15日　辽河石化分公司决定：马宝山任公司总经理助理。【辽河石化〔2017〕28号】

4月22日　辽河石化分公司决定：于凤宝的职级为正处级；刘维功的职级为正处级；邓柏贵的职级为正处级；林彬的职级为副处级；胡崇海的职级为副处级；吴连喜的职级为副处级；宋宝利的职级为副处级；秦运江的职级为副处级；姚斌的职级为副处级；郑亚天的职级为正科级；姚振芳的职级为正科级；张文华的职级为正科级；梁忠哲的职级为正科级。【辽河石化〔2017〕35号】

8月1日　辽河石化分公司党委决定：李宝同志任第五联合运行部党支部副书记（主持党务工作）（原级别不变）；免去曲洪昂同志的第五联合运行部党支部书记职务，改任副处级调研员；免去齐国良同志的第四联合运行部党支部书记职务。【中油辽石化党发〔2017〕11号】

8月1日　辽河石化分公司决定：齐国良任第五联合运行部主任，免去其第四联合运行部副主任职务；李宝任第五联合运行部副主任，免去其第三联合运行部副主任职务；免去王金洪的第五联合运行部主任职务（保留副处级）；免去曲洪昂的第五联合运行部副主任职务。【辽河石化〔2017〕70号】

9月18日　辽河石化分公司决定：李斗任办公室副主任；董德君任规划计划处副处长；钟生章任财务处副处长；孙宏伟任机动设备处副处长，免去其仪电运行部主任职务；黄亮任安全环保处副处长，免去其油品储运部主任职务；谢宏任企管法规处副处长，免去其工程管理部副部长职务；王俐丽任企业文化处副处长；王永刚任工程管理部副部长，免去其鲅鱼圈储运部主任职务；王振友任工程管理部副部长（副处级）；闫恒任油品储运部主任；

田刚任仪电运行部主任；宁宝财任鲅鱼圈储运部主任，免去其企业文化处副处长职务；张爽任新工街道再就业协调管理办公室主任（正科级）；孙会洪任生产运行处调度中心主任；王俊伟任营销调运部安全总监；尤峰任第三联合运行部副主任；刘宇任第三联合运行部副主任；邱柏任第四联合运行部副主任；刘龙军任第五联合运行部副主任；杜德辉任油品储运部副主任；崔丰起任油品储运部副主任；鲁鹰任仪电运行部副主任；杜学兵任鲅鱼圈储运部副主任，免去其第五联合运行部副主任职务；杨涛任盘锦中油辽河沥青有限公司副总经理，免去其鲅鱼圈储运部副主任职务；甄毅任办公室主管，免去其盘锦中油辽河沥青有限公司生产部部长职务；刘建华任信息管理部主管，免去其营销调运部主管职务；于立福任动力运行部专业主管；易江任仪电运行部安全总监（原级别不变）；啜波任盘锦中油辽河沥青有限公司财务部部长（副科级）；陈庆华任盘锦中油辽河沥青有限公司生产部部长（副科级），免去其第一联合运行部装置工程师职务；免去刘洪江的生产运行处调度中心主任职务。【辽河石化〔2017〕91 号】

9 月 18 日　辽河石化分公司决定：免去李艳辉的副总会计师职务，改任正处级调研员。【辽河石化〔2017〕93 号】

9 月 18 日　辽河石化分公司决定：二级机构中的安全工程师（安全主管）更名为“安全总监”，纳入班子成员管理，原级别不变。裴力君任第一联合运行部安全总监；许立新任第二联合运行部安全总监；宋国柱任第三联合运行部安全总监；刘长虹任第四联合运行部安全总监；徐铁任第五联合运行部安全总监；宋歌任油品储运部安全总监；代元书任动力运行部安全总监；李彦川任检维修部安全总监；于景利任行政事务部安全总监。【辽河石化〔2017〕92 号】

9 月 18 日　辽河石化分公司党委决定：王罡同志任工会副主席；李斗同志任党委办公室副主任；王俐丽同志任党群工作处副处长；单育民同志任第四联合运行部党支部书记；李宝同志任第五联合运行部党支部书记；宁宝财同志任鲅鱼圈储运部党支部书记，免去其党群工作处副处长、工会副主席职务；免去王永刚同志的鲅鱼圈储运部党支部书记职务。【中油辽石化党发〔2017〕14 号】

9 月 25 日　辽河石化分公司决定：于占春任生产运行处调度中心值班

长（副科级）；王慧文任生产运行处调度中心值班长（副科级）；郑江永任生产运行处调度中心值班长（副科级）；代雨东任生产运行处调度中心值班长（副科级）；宋昌盛任盘锦中油辽河沥青有限公司总经理办公室主任（副科级）。【辽河石化〔2017〕95号】

12月18日　辽河石化分公司党委决定：田刚同志任仪电运行部党支部书记；免去张华庚同志的仪电运行部党支部书记职务，改任副处级调研员。【中油辽石化党发〔2017〕18号】

12月18日　辽河石化分公司决定：王月江任计量质检部安全总监（原级别不变）；王静任计量质检部高级主管（正科级）；叶明任计量质检部高级主管（正科级）；王永明任物资采购部高级主管（招标组组长）（正科级）；陈庆华任盘锦中油辽河沥青有限公司安全总监（原级别不变）；免去关金玲的设计所主任职务，改任副处级调研员；免去王绍霞的企业文化处高级主管职务，改任正科级调研员；免去张华庚的仪电运行部副主任职务。【辽河石化〔2017〕116号】

12月18日　辽河石化分公司决定：周魁任营销调运部主管（副科级）；王飞任计量质检部主管（副科级）；王国伟任第一联合运行部装置工程师（副科级）；赵新凯任第一联合运行部装置工程师（副科级）；杨永生任第二联合运行部装置工程师（副科级）；王勇任第二联合运行部装置工程师（副科级）；卢壮志任第二联合运行部装置工程师（副科级）；孙祥忠任第三联合运行部装置工程师（副科级）；时丕斌任第三联合运行部装置工程师（副科级）；王磊任第四联合运行部装置工程师（副科级）；单亚德任第四联合运行部装置工程师（副科级）；陈云波任第五联合运行部装置工程师（副科级）；郭俊峰任第五联合运行部装置工程师（副科级）；汲祥任第五联合运行部装置工程师（副科级）；丁晓宇任油品储运部专业主管（副科级）；岳林任油品储运部专业主管（副科级）；李健任动力运行部专业主管（副科级）；陈志强任仪电运行部专业主管（副科级）；谢维志任仪电运行部专业主管（副科级）；吴涛任检维修部专业主管（副科级）；张海忠任行政事务部专业主管（副科级）；王绍军任行政事务部专业主管（副科级）；朱志新任保卫部专业主管（副科级）；王雪飞任设计所专业主管（副科级）；孙明威任设计所专业主管（副科级）；董帅任鲅鱼圈储运部专业主管（副科级）；

包闯任鲅鱼圈储运部安全总监（副科级）。【辽河石化〔2017〕117 号】

二〇一八年

4 月 3 日　集团公司党组决定：李京辉同志任辽河石化分公司党委书记；免去刘德佳同志的辽河石化分公司党委书记、委员、工会主席职务。【中油党组〔2018〕48 号】

4 月 3 日　股份公司决定：免去刘德佳的辽河石化分公司副总经理职务。【石油任〔2018〕96 号】

10 月 12 日　集团公司党组决定：免去屠规龙、余昌信同志的辽河石化分公司党委委员职务。【中油党组〔2018〕187 号】

10 月 12 日　股份公司决定：相养冬任辽河石化分公司常务副总经理；免去屠规龙的辽河石化分公司副总经理职务；免去余昌信的辽河石化分公司副总经理、安全总监职务。【石油任〔2018〕276 号】

12 月 7 日　辽河石化分公司党委决定：关雨豪同志任共青团辽河石化分公司委员会副书记（副科级）。【中油辽石化党发〔2018〕32 号】

12 月 7 日　辽河石化分公司决定：甄毅任办公室（党委办公室）高级主管（正科级）；杨爽任办公室（党委办公室）主管（副科级）；王宏伟任人事处（党委组织部）主管（副科级）；张延红任人事处（党委组织部）主管（副科级）；高纪绥任岗位责任制检查办公室主管（副科级）；刘绍宏任规划计划处主管（副科级）；刘驰任规划计划处主管（副科级）；李航任规划计划处主管（副科级）；侯艳玲任财务处主管（副科级）；吕宏娥任财务处主管（副科级）；张丽任结算中心主管（副科级）；刘呈军任生产运行处主管（副科级）；李明任生产运行处主管（副科级）；陈黎蓉任生产运行处主管（副科级）；刘延斌任机动设备处主管（副科级）；刘民德任机动设备处主管（副科级）；吴亮任机动设备处主管（副科级）；李亚林任安全环保处主管（副科级）；周皓任安全环保处主管（副科级）；李连昆任安全监督中心主管（副科级）；张英任科技处主管（副科级）；张勇任科技处主管（副科级）；杨纯洲任企管法规处（内控与风险管理处）主管（副科级）；李昌茂任企业文化处（党群工作处）主管（副科级）；海波为工程管理部主管（副

科级）；刘宝文任工程管理部主管（副科级）；廖卫任工程管理部主管（副科级）；孙宝胜任营销调运部主管（副科级）；温景军任物资采购部主管（副科级）；赵肖潇任物资采购部主管（副科级）；郭春梅任计量质检部主管（副科级）；李为民任计量质检部主管（副科级）；刘志亮任信息管理部主管（副科级）。【辽河石化〔2018〕99号】

12月28日　辽河石化分公司党委决定：王罡同志任党委宣传部部长；王俐丽同志任党委宣传部副部长，免去其共青团中油辽河石化分公司委员会书记职务。【中油辽石化党发〔2018〕34号】

12月28日　辽河石化分公司决定：免去吴连喜的物资采购部副部长职务，改做具体工作（保留副处级）；免去张文华的第五联合运行部副主任职务，改做具体工作（保留正科级）；免去马晋学的检维修部副主任职务，改做具体工作（保留正科级）。【辽河石化〔2018〕101号】

12月28日　辽河石化分公司决定：企业文化处（党群工作处）更名为企业文化处（党委宣传部、工会、团委）；行政事务部下设的新闻中心、文体中心业务职能划归党委宣传部管理，人事关系保持不变。【辽河石化〔2018〕100号】

后　记

根据中国石油天然气集团有限公司的统一部署，在集团公司组织史资料编纂办公室的指导与帮助下，在辽河石化分公司各级领导的关心与支持下，由党委组织部牵头，会同行政事务部档案室共同开展《中国石油辽河石化组织史资料（2014—2018）》企业卷的续编工作。公司成立以党委书记为主任，相关领导组成的组织史编审委员会，下设编纂办公室，相关岗位人员负责编纂工作的组织协调、业务指导以及全书的资料征集和编纂工作。

2019 年 5 月，公司组织史编纂办公室正式开始企业卷的续编工作，按照集团公司组织史资料编纂的技术规范要求，并结合公司发展实际，梳理了从 2014 年以来公司及所属单位历次机构沿革和领导任免情况，相继起草制定了《辽河石化组织史资料（2014—2018）编纂工作方案》《公司组织史编纂目录及职责分工表》，使编纂工作思路和技术方法更为明晰。这是继 2016 年《中国石油辽河石化组织史资料（1970.3—2013.12）》出版以来，辽河石化分公司组织史资料征编工作取得的又一重大成果。本次续编对展现辽河石化分公司发展历程，总结组织建设发展规律和经验，传承历史，资政育人，促进辽河石化分公司持续发展，将起到积极的作用。

组织史资料编纂是一项政策性、业务性、技术性、规范性很强的工作，是一项艰巨浩繁的系统工程，是在辽河石化分公司全面开展的一项基础性工作，是组织人事部门的一项日常性业务工作，也是一项需要持之以恒长期坚持的政治任务。

书稿的征编工作从 2019 年 5 月开始，在对涉编部门和单位上报资料逐一进行 3 轮审核和修订后，同年 11 月形成初稿。此后，按照集团公司对编纂工作的多项指示和要求，对编纂工作方案和编纂结构体例进行了多次讨论和修订。2022 年 1 月，报请集团公司组织史资料编纂办公室审核，并根据意见进行了修改完善。辽河石化分公司组织史资料编审委员会办公室组织涉编部门和单位对企业卷组织史资料进行了最终审核和确认，同时由辽河石化分公司党委组织部、人事处、保密委员会办公室等部门进行审定，并在一定范围内征求了意见，在此基础上，对本书进行了最后一次修订和统稿，呈报辽河石化分公司主要领导审定通过后，上报集团公司组织史资料编审委员会办公室进行终审，于 2022 年 9 月出版印刷。

编纂《中国石油辽河石化组织史资料（2014—2018）》，得到了集团公司有关业务部门和辽河石化分公司领导班子的高度重视和悉心指导，他们多次对书稿内容进行了审阅，提出了许多宝贵意见。各涉编部门和单位的供稿人员不辞辛苦，为本书提供了包括文字叙述、领导名录、大事纪要、机关科室员工名录等大量基础性资料。在时间紧、任务重的情况下，广大企业卷编纂人员严格按照集团公司组织史资料编纂工作要求，怀着对历史、对后人负责的高度责任心和对辽河石化的浓厚感情，坚持实事求是的原则和“广征、核准、精编、严审”的工作方针，加班加点，任劳任怨，十易其稿，基本做到了结构体例合乎规范，观点鲜明正确，文字简明精炼，内容详略得当，前后相互照应。编纂人员严格按照自审、互审、会审和最后报审的“四审”制度，分级负责，层层把关，从而保证了本书的准确性、真实性和可靠性，保质保量地完成了编纂任务。参与本书上报资料执笔的共有 50 余人。

值此《中国石油辽河石化组织史资料（2014—2018）》出版之际，谨向对该套丛书编纂工作给予支持和帮助的所有单位和人员表示衷心感谢。

由于编者水平有限，虽经一再努力，书中内容难免有错漏之处，恳请读者批评指正。按照集团公司有关规定，辽河石化分公司及所属二级单位今后每年都要进行企业卷组织史资料的编纂工作，并每五年统一续编出版一卷。届时，错漏之处一并修正。

《辽河石化公司组织史资料》编纂办公室

2022 年 9 月

出版说明

为充分发挥组织史“资政、存史、育人、交流”的作用，2012 年 3 月，中国石油天然气集团公司（以下简称集团公司）全面启动《中国石油组织史资料》的编纂工作，并明确由集团公司人事部负责具体牵头组织。《中国石油组织史资料》系列图书分总部卷、企业卷、基层卷三个层次进行编纂出版。首次编纂出版以本单位成立时间作为编纂上限，以本单位编纂时统一规定的截止时间为编纂下限。

《中国石油组织史资料》总部卷由集团公司人事部负责组织编纂，石油工业出版社负责具体承办。总部卷（1949—2013）卷本分第一卷、第二卷、第三卷和附卷一、附卷二共五卷九册，于 2014 年 12 月出版。2021 年，集团公司决定对《中国石油组织史资料（1949—2013）》进行补充与勘误，并在此基础上将编纂时间下限延至 2020 年 12 月。《中国石油组织史资料（1949—2020）》卷本分第一卷、第二卷、第三卷、第四卷和附卷一、附卷二共六卷十二册，于 2021 年 6 月正式付梓。此后，总部卷每五年续编出版一卷。

《中国石油组织史资料》企业卷系列图书，由各企事业单位人事部门负责牵头组织编纂，报集团公司人力资源部编纂办公室规范性审查后，由石油工业出版社统一出版。企业卷规范性审查由集团公司人力资源部编纂办公室白广田、于维海、宋艳钊、傅骏雄负责组织，图书出版统筹由石油工业出版社组织史编辑部马海峰、李廷璐负责，由秦雯、鲁恒、孙林超具体负责。企业卷首次续编一般按“2014—2015”和“2014—2018”两种方案编纂出版，此后每五年续编出版一卷。

《中国石油组织史资料》基层卷由各企事业单位人事（史志）部门负责组织下属单位与企业卷同步编纂，并报集团公司人力资源部编纂办公室备案，由石油工业出版社组织史编辑部负责提供具体出版和技术支持。

企业卷统一出版代码：

CNPC-YT——油气田企业

CNPC-XS——成品油销售企业

CNPC-HW——海外企业

CNPC-JS——工程建设企业

CNPC-KY——科研单位

CNPC-LH——炼化企业

CNPC-GD——天然气与管道企业

CNPC-GC——工程技术企业

CNPC-ZB——装备制造企业

CNPC-QT——金融经营服务等企业

编纂《中国石油组织史资料》系列图书是集团公司组织人事和基础管理建设工作的大事，是一项政策性、业务性、技术性、规范性很强的业务工作，是一项艰巨浩繁的系统工程。该系列图书以企业的组织沿革为线索，收录了编纂时限内各级党政组织的成立、更名、发展、撤并以及领导干部变动情况等内容，为企业资政、存史、育人、交流提供了可信的依据。这套系统、完整的中国石油组织史资料，既丰富了石油企业的历史资料，又增添了国家的工业企业史资料，不仅为组织人事、史志研究、档案管理等部门从事有关业务提供了诸多便利，而且为体制改革和机构调整提供了历史借鉴。在此，谨向对该套图书出版工作给予支持和帮助的所有单位和人员表示衷心的感谢！

由于掌握资料和编纂者水平有限，丛书难免存有错漏，恳请读者批评指正。对总部卷的意见建议请联系集团公司人力资源部编纂办公室或石油工业出版社组织史编辑部；对各单位企业卷、基层卷的意见建议请联系各单位编纂组或组织史资料编辑部。对书中错漏之处我们将统一在下一卷续编时一并修改完善。

中国石油组织史资料编纂办公室联系方式

联系单位：中国石油天然气集团有限公司人力资源部综合处

通信地址：北京市东直门北大街 9 号石油大厦 C1103，100007

联系电话：010-59984340　59984721，传真：010-62095679

电子邮箱：rsbzhc@cnpc.com.cn

中国石油组织史编辑部联系方式

联系单位：石油工业出版社人力资源出版中心

通信地址：北京市朝阳区安华里三区 18 号楼 201，100011

联系电话：010-64523611　62067197

电子邮箱：cnpczzs@cnpc.com.cn

《中国石油组织史资料》系列图书目录

总部卷			
编号	**书名**	**编号**	**书名**
第一卷	国家部委时期 （1949—1988）（上中下）	第四卷	中国石油天然气集团公司— 中国石油天然气集团有限公司 （2014—2020）（上中下）
第二卷	中国石油天然气总公司 （1988—1998）	附卷一	组织人事大事纪要（1949—2020） （上下）
第三卷	中国石油天然气集团公司 （1998—2013）（上下）	附卷二	文献资料选编（1949—2020）

续表

企业卷			
编号	书名	编号	书名
油气田企业（16）			
CNPC-YT01	大庆油田组织史资料	CNPC-YT09	青海油田组织史资料
CNPC-YT02	辽河油田组织史资料	CNPC-YT10	华北油田组织史资料
CNPC-YT03	长庆油田组织史资料	CNPC-YT11	吐哈油田组织史资料
CNPC-YT04	塔里木油田组织史资料	CNPC-YT12	冀东油田组织史资料
CNPC-YT05	新疆油田组织史资料	CNPC-YT13	玉门油田组织史资料
CNPC-YT06	西南油气田组织史资料	CNPC-YT14	浙江油田组织史资料
CNPC-YT07	吉林油田组织史资料	CNPC-YT15	煤层气公司组织史资料
CNPC-YT08	大港油田组织史资料	CNPC-YT16	南方石油勘探开发公司组织史资料
炼油化工单位和海外企业（32）			
CNPC-LH01	大庆石化组织史资料	CNPC-LH17	华北石化组织史资料
CNPC-LH02	吉林石化组织史资料	CNPC-LH18	呼和浩特石化组织史资料
CNPC-LH03	抚顺石化组织史资料	CNPC-LH19	辽河石化组织史资料
CNPC-LH04	辽阳石化组织史资料	CNPC-LH20	长庆石化组织史资料
CNPC-LH05	兰州石化组织史资料	CNPC-LH21	克拉玛依石化组织史资料
CNPC-LH06	独山子石化组织史资料	CNPC-LH22	庆阳石化组织史资料
CNPC-LH07	乌鲁木齐石化组织史资料	CNPC-LH23	前郭石化组织史资料
CNPC-LH08	宁夏石化组织史资料	CNPC-LH24	东北化工销售组织史资料
CNPC-LH09	大连石化组织史资料	CNPC-LH25	西北化工销售组织史资料
CNPC-LH10	锦州石化组织史资料	CNPC-LH26	华东化工销售组织史资料
CNPC-LH11	锦西石化组织史资料	CNPC-LH27	华北化工销售组织史资料
CNPC-LH12	大庆炼化组织史资料	CNPC-LH28	华南化工销售组织史资料
CNPC-LH13	哈尔滨石化组织史资料	CNPC-LH29	西南化工销售组织史资料
CNPC-LH14	广西石化组织史资料	CNPC-LH30	大连西太组织史资料
CNPC-LH15	四川石化组织史资料	CNPC-LH31	广东石化组织史资料
CNPC-LH16	大港石化组织史资料	CNPC-HW01	中国石油海外业务卷
成品油销售企业（37）			
CNPC-XS01	东北销售组织史资料	CNPC-XS13	河北销售组织史资料
CNPC-XS02	西北销售组织史资料	CNPC-XS14	山西销售组织史资料
CNPC-XS03	华北销售暨北京销售组织史资料	CNPC-XS15	内蒙古销售组织史资料
CNPC-XS04	上海销售组织史资料	CNPC-XS16	陕西销售组织史资料
CNPC-XS05	湖北销售组织史资料	CNPC-XS17	甘肃销售组织史资料
CNPC-XS06	广东销售组织史资料	CNPC-XS18	青海销售组织史资料
CNPC-XS07	云南销售组织史资料	CNPC-XS19	宁夏销售组织史资料
CNPC-XS08	辽宁销售组织史资料	CNPC-XS20	新疆销售组织史资料
CNPC-XS09	吉林销售组织史资料	CNPC-XS21	重庆销售组织史资料
CNPC-XS10	黑龙江销售组织史资料	CNPC-XS22	四川销售组织史资料
CNPC-XS11	大连销售组织史资料	CNPC-XS23	贵州销售组织史资料
CNPC-XS12	天津销售组织史资料	CNPC-XS24	西藏销售组织史资料

续表

编号	书名	编号	书名
CNPC-XS25	江苏销售组织史资料	CNPC-XS32	湖南销售组织史资料
CNPC-XS26	浙江销售组织史资料	CNPC-XS33	广西销售组织史资料
CNPC-XS27	安徽销售组织史资料	CNPC-XS34	海南销售组织史资料
CNPC-XS28	福建销售组织史资料	CNPC-XS35	润滑油公司组织史资料
CNPC-XS29	江西销售组织史资料	CNPC-XS36	燃料油公司组织史资料
CNPC-XS30	山东销售组织史资料	CNPC-XS37	大连海运组织史资料
CNPC-XS31	河南销售组织史资料		
天然气管道企业（13）			
CNPC-GD01	北京油气调控中心组织史资料	CNPC-GD08	京唐液化天然气公司组织史资料
CNPC-GD02	管道建设项目经理部组织史资料	CNPC-GD09	大连液化天然气公司组织史资料
CNPC-GD03	管道公司组织史资料	CNPC-GD10	江苏液化天然气公司组织史资料
CNPC-GD04	西气东输管道公司组织史资料	CNPC-GD11	华北天然气销售公司组织史资料
CNPC-GD05	北京天然气管道公司组织史资料	CNPC-GD12	昆仑燃气公司组织史资料
CNPC-GD06	西部管道公司组织史资料	CNPC-GD13	昆仑能源公司组织史资料
CNPC-GD07	西南管道公司组织史资料		
工程技术企业（7）			
CNPC-GC01	西部钻探公司组织史资料	CNPC-GC05	东方物探公司组织史资料
CNPC-GC02	长城钻探公司组织史资料	CNPC-GC06	测井公司组织史资料
CNPC-GC03	渤海钻探公司组织史资料	CNPC-GC07	海洋工程公司组织史资料
CNPC-GC04	川庆钻探公司组织史资料		
工程建设企业（8）			
CNPC-JS01	管道局组织史资料	CNPC-JS05	中国昆仑工程公司组织史资料
CNPC-JS02	工程建设公司组织史资料	CNPC-JS06	东北炼化工程公司组织史资料
CNPC-JS03	工程设计公司组织史资料	CNPC-JS07	第一建设公司组织史资料
CNPC-JS04	中国寰球工程公司组织史资料	CNPC-JS08	第七建设公司组织史资料
装备制造和科研企业（12）			
CNPC-ZB01	技术开发公司组织史资料	CNPC-KY02	规划总院组织史资料
CNPC-ZB02	宝鸡石油机械公司组织史资料	CNPC-KY03	石油化工研究院组织史资料
CNPC-ZB03	宝鸡石油钢管公司组织史资料	CNPC-KY04	经济技术研究院组织史资料
CNPC-ZB04	济柴动力总厂组织史资料	CNPC-KY05	钻井工程技术研究院组织史资料
CNPC-ZB05	渤海石油装备公司组织史资料	CNPC-KY06	安全环保技术研究院组织史资料
CNPC-KY01	勘探开发研究院组织史资料	CNPC-KY07	石油管工程技术研究院组织史资料
金融经营服务及其他企业（14）			
CNPC-QT01	北京石油管理干部学院组织史资料	CNPC-QT08	运输公司组织史资料
CNPC-QT02	石油工业出版社组织史资料	CNPC-QT09	中国华油集团公司组织史资料
CNPC-QT03	中国石油报社组织史资料	CNPC-QT10	华油北京服务总公司组织史资料
CNPC-QT04	审计服务中心组织史资料	CNPC-QT11	昆仑信托中油资产组织史资料
CNPC-QT05	广州培训中心组织史资料	CNPC-QT12	中油财务公司组织史资料
CNPC-QT06	国际事业公司组织史资料	CNPC-QT13	昆仑银行组织史资料
CNPC-QT07	物资公司组织史资料	CNPC-QT14	昆仑金融租赁公司组织史资料

中国石油

中国石油

中国石油